세상의 끝, 포르투갈의 숨결

낯선 도시에서 발견한 새로운 날들

세상의 끝

—

포르투갈의 숨결

고경일

일러두기

- 이 책은 2024년 10월부터 11월까지의 포르투갈 체류 경험과 여행 정보를 바탕으로 작성되었다.
- 본문에 등장하는 포르투갈의 고유 지명 및 인명은 원칙적으로 포르투갈어 표기를 따랐다. 예를 들어, 수도 리스본(Lisbon)은 포르투갈어인 리스보아(Lisboa)로 표기했다.
- 포르투갈어의 한글 표기는 국립국어원의 외래어 표기법을 최대한 준수했으나, 우리에게 더 익숙하거나 관용적으로 굳어진 지명과 인명, 관광지명 등은 일부 예외적으로 통용 표기를 사용했다.
- 포르투갈어가 처음 언급될 때는 한글과 포르투갈어를 병기했고, 이후에는 대체로 한글로만 표기했다.

프롤로그

2년 전인 2022년 5월, 우리 부부는 스페인 산티아고 순례길 장도에 올라 40일간 약 900킬로미터를 걸으며, 자기 성찰뿐만 아니라 인내심과 체력을 기르는 소중한 경험을 한 바 있다. 사실 산티아고 순례길은 나의 버킷 리스트 중 하나였고, 몇 년 동안 기회를 엿보다 드디어 2년 전 아내와 함께 그 꿈을 이룰 수 있었다. 프랑스 생장에서 출발하여 36일간 약 800킬로미터를 쉼 없이 걸어 산티아고 데 콤포스텔라(Santiago de Compostela)에 감격 어린 포옹을 하고, 연이어 땅의 끝이요 대서양의 시작점이라고 하는 피니스테레(Finisterre)까지 4일간 100킬로미터를 더 걸어 40일간의 대장정을 무사히 마칠 수 있었다.

지금도 900킬로미터를 완주하고 피니스테레의 조그만 바위 위에서 장엄한 대서양을 바라보던 그 순간, 내 마음속 깊은 곳에서 휘몰아치던 감정을 잊을 수가 없다. 그곳에서 느꼈던 벅차오름과 희열은 시간이 지나도 여전히 생생하다.

그래서 산티아고 순례길을 걸으며 40일 간의 순례 여정을 추억하고 그 기록을 남기기 위해 '카미난도(caminando)'라는 아이디로 유튜브 계정을 개설하고, 순례길 전체 여정을 일자별 영상으로 제작해 유튜브에 업로드해 두었다. 지금도 가끔 그때의 추억을 회상하고 대서양의 광활한 바다가 생각날 때면 영상을 찾아보곤 한다.

최근 '관광 말고 살기'라는 슬로건 아래, 한 달 살기에 대한 관심이 부쩍 높아지고 있다. 한 달 살기는 여행의 또 다른 트렌드로 자리 잡아 가고 있으며, 일상의 소소함을 경험할 수 있는 체류형 여행으로 점점 더 많은 이들의 버킷 리스트에 오르고 있다. 더 이상 단체로 이동하며 여러 곳의 랜드마크를 숨 가쁘게 돌아보는 패키지 여행이 아니라, 한 도시에서 한 달을 살면서 주변을 둘러보고, 마트에서 식재료를 사 요리해 먹는 등 현지인처럼 살아 보는 생활형 여행이 새로운 대안으로 떠오르고 있다. 특히 건강과 체력을 겸비한 중장년층에게는 은퇴 후 삶의 한 방식으로 오랜 꿈이자 로망으로 자리 잡고 있는 듯하다.

우리 부부도 이런 관점에서 작년부터 해외에서 한 달 살기를 해 보기로 마음먹고, 적합한 도시를 물색해 왔다. 처음에는 동남아 등 가까운 지역이 후보에 올랐지만, "한 살이라도 덜 먹고 체력이 허락할 때 먼 곳을 다녀오자."는 아내의 의견이 설득력이 있어, 유럽이나 미주 등 장거리 지역으로 눈을 돌리게 되었다. 특히 유럽은 이미 한 달 살기가 활발히 이루어지고 있는 곳이기도 하여, 유럽의 도시 중에서 선택하기로 했다. 여러 경로를 통해 정보를 수집한 결과, 파리, 프라하, 베를린, 부다페스트, 포르투 등이 한 달 살기에 적합한 도시로 추천되었다. 그러나 포르투를 제외한 도시는 이미 한두 차례 다녀온 기억이 있어서 마음을 움직이기엔 조금 부족했다. 대신, 평소 관심을 가졌던 터키의 안탈리아, 그리스의 아테네, 포르투갈의 포르투, 이 세 도시를 최종 후보에 올린 후 다양한 여건을 비교·검토한 끝에 포르투를 한 달 살기의 도시로 결정하게 되었다. 그리고 그렇게 우리의 첫 번째 '살아 보는 여행'이 시작되었다.

우리가 첫 번째 한 달 살기 도시로 다소 낯선 포르투를 선택하게 된 데는 몇 가지 이유가 있었다. 무엇보다도 머무를 도시에는 유럽 특유의 정취와 운치가 깃들어 있어야 했고, 도시 전체가 눈을 즐겁게 하는 풍경을 간직한 곳이기를 바랐다.

두 번째로는 도시의 규모가 너무 크지 않아 도보로 천천히 걸으며 여행할 수 있는 곳이면 좋겠다는 바람이었다. 더불어 버스나 기차 등 대중교통으로 한두 시간 내에 닿을 수 있는 매력적인 소도시들이 주변에 자리하고 있어, 일상처럼 가볍게 떠날 수 있는 여백이 있길 기대했다. 구시가지의 명소들이 비교적 가까이 모여 있어, 걸음만으로도 충분히 도시의 매력을 누릴 수 있는 곳이라면 금상첨화였다.

세 번째 이유는, 과거 대서양을 마주하며 느꼈던 그 벅찬 감정을 언젠가 다시 되새기고 싶다는 간절한 충동이었다. 2년 전 산티아고 순례길을 완주한 뒤, 이베리아반도의 끝자락 포르투까지 이어 가고 싶었지만, 일정 등의 이유로 아쉽게 발길을 돌려야 했다. 그 미완의 기억은 오히려 더 선명하게 남았고, 진정한 '세상의 끝'에서 마주할 수 있는 신비로운 감정을 이번엔 꼭 온전히 느껴 보고 싶었다.

네 번째로는 물가와 안전, 기후였다. 런던이나 파리처럼 물가가 부담스러운 도시보다는 비교적 경제적인 여건에서 생활할 수 있는 도시가 우선이었다. 포르투갈은 유럽 내에서도 물가가 상대적으로 낮은 편이며, 치안 역시 안정적인 나라로 알려져 있다. 집시의 유입이 적어 소매치기 걱정도 덜 한 편이고, 전반적으로 여행자에게 친화적인 분위기를 느낄 수 있다. 기후 또한 매력적이다. 봄과 여름이 우리나라보다 조금 이르고 겨울도 온화하여 대체로 영상의 기온을 유지한다. 특히 우리가 여행할 11월엔 낮 기온이 16~18도 정도로, 따뜻한 햇살과 맑은 공기를 자주 만날 수 있는 시기다.

그리고 마지막, 어쩌면 가장 결정적인 이유는 아내의 한마디였다. 여행 블로그와 유튜브를 뒤적이던 어느 날, 포르투에서 한 달쯤 살아 보고 싶다는 바람을 조심스레 꺼냈고, 그 말은 곧 우리의 여정을 이끄는 나침반이 되었다. 60대 중반의 남편이 어찌 아내의 소망을 외면할 수 있겠는가?

과거 대항해 시대의 포문을 연 포르투갈은 유럽의 중심축을 지중해에서 대서양으로 옮겨 놓았다. 대서양을 통해 다양한 문화를 받아들였던 이 나라는 지금은 작고 소박한 유럽의 변방 국가지만, 한때는 국토의 100배가 넘는 식민지를 거느릴 정도로 막강한 국력을 자랑하던 제국이었다. 그런 포르투갈의 역사와 정수를 가장 잘 품고 있는 도시가 바로 포르투다. '오포르투'라고도 불리는 이곳은 포르투갈에서 가장 오래되고 아름다운 도시 중 하나로 북부 해안에 위치해 있으며, 수도 리스보아 다음으로 큰 도시다. 한 블로그에서는 스페인의 세비야, 체코의 프라하와 함께 유럽에서 가장 로맨틱한 도시로 꼽았고, 도루강을 따라 펼쳐진 절경과 깊이 있는 문화는 여행자의 마음을 단숨에 사로잡는다.

《해리포터》의 영감이 된 도시이자, 고운 아줄레주 타일이 도시 전역을 장식하고 있는 포르투는 믿기 어려울 정도로 친절한 사람들, 상대적으로 저렴한 물가 등 수많은 매력을 지닌 도시다. 더욱이 포르투 주변으로는 아베이루(Aveiro), 코스타 노바(Costa Nova), 브라가(Braga), 코임브라(Coimbra), 기마랑이스(Guimarães) 등 매혹적인 소도시들이 기차나 버스로 한두 시간 거리에 자리해서, 체류형 여행지로서 이상적인 조건을 갖추고 있다. 이런 매력과 여건 덕분에 대략 4~5년 전부터 포르투에서의 한 달 살기가 유행처럼 번지기 시작했고, 이제는 많은 여행자들의 로망이 되었다.

우리 역시 이러한 요소들을 종합적으로 고려해 이번 여행의 거점 도시로 포르투를 선택했다. 총 한 달의 일정 중 3주는 포르투에 머물고, 나머지 1주는 수도 리스보아에서 보내기로 했다. 포르투에서 온전히 한 달을 보내고 픈 마음도 있었지만, 첫 시도인 만큼 한곳에 오래 머물렀을 때 찾아오는 익숙함과 단조로움이 여행의 설렘과 신선함을 조금씩 앗아갈 수 있다는 점도 감안했다. 또한, 리스보아는 포르투와는 또 다른 매력을 지닌 도시라서 그 속을 조용히 들여다보고 싶은 마음이 간절했다. 여행 기간은 늦가을, 10월 말부터 11월 말까지로 잡았다.

여행지에서는 매일 간단하게라도 여행기를 작성했다. 2년 전 산티아고 순례길 때처럼, 이번에도 한 달 살기의 전 여정을 영상으로 편집해 추억으로 남기는 방법을 고민했지만, 이번에는 막연히 책으로 기록을 남기고 싶다는 생각이 들었다.

그래서 매일의 여정을 날짜별로 정리하며, 방문한 도시와 명소, 식당과 식사, 그리고 그날의 에피소드와 개인적인 느낌 등을 형식에 얽매이지 않고 자유롭게 써 내려갔다. 여행 중에는 시간적 제약으로 인해 방문지의 역사적 배경이나 구체적인 사실을 충분히 다루지 못했지만, 가능한 부분은 최대한 구체적으로 기록해 두었다. 방문한 도시와 명소에 대한 설명은 각 명소의 공식 홈페이지, 위키피디아(Wikipedia), 네이버 지식백과, 유네스코 세계유산 및 다양한 블로그, 그리고 기존에 출간된 포르투갈 관련 여행기나 서적 등을 참고하여 보완했다.

긴 시간을 들여 낯선 곳으로 떠나는 여행은 아직 대다수 사람에게는 쉽지 않은 일이다. 그런 우리에게 어느새 '한 달 살기'는 하나의 로망이 되었다. 과연 한 달이라는 시간 동안 우리는 얼마나 현지인의 삶을 이해하고 체험할 수 있을까? 그저 스쳐 지나가는 이방인으로 머물기에도 부족한 시간일지도 모른다.

그럼에도 우리는 세상의 끝자락, 포르투갈을 선택했다. 익숙함을 벗고 낯선 세계로, 새로운 풍경과 낯선 언어, 느릿하게 흐르는 시간 속으로 조용히 걸어 들어갔다. 이 여정은 아직 만나보지 못한 세계에 대한 호기심과 설렘, 그리고 언젠가 살아 보고 싶었던 삶의 또 다른 모습에 대한 막연하지만 깊은 그리움을 품고 시작되었다.

차례

프롤로그   5

Part 1
새로운 여정의 서막

꿈의 여정을 위한 첫걸음	21
시간과 장소의 조화	21
하늘을 나는 꿈의 시작	22
편안함이 스며든 쉼터 찾기	23
여정의 흐름 엮기	25
디테일에 숨겨진 열쇠 찾기	26
소중한 기억을 담은 공간 만들기	28

Part 2
포르투와 근교 소도시

10월 29일	포르투갈을 향한 첫걸음	32
10월 30일	포르투, 우리의 꿈이 현실로!	40
10월 31일	작지만 찬란한 포르투	49
11월 1일	도루강변의 낭만, 허베이라의 숨결	68
11월 2일	운하의 화려함, 줄무늬의 유혹: 아베이루와 코스타 노바	80
11월 3일	렐루 서점의 마법, 모후 정원의 황혼	93
11월 4일	포르투의 숨결: 알마스 성당에서 산타 클라라까지	106
11월 5일	애절한 멜로디의 향연, 파두	114
11월 6일	포트와인 셀러에서 마주한 시간의 조각들	121
11월 7일	역사와 맛의 시간 속으로	130
11월 8일	대서양의 향연, 포즈와 마토지뉴스	139
11월 9일	기도와 성찰의 도시, 브라가	149

11월 10일	해변의 예배당에서 역사적 중심지로	164
11월 11일	순례길 I, 마토지뉴스에서 빌라 두 콘드	169
11월 12일	순례길 II, 빌라 두 콘드에서 이스포젠드	179
11월 13일	순례길 III, 이스포젠드에서 비아나 두 카스텔루	188
11월 14일	달콤한 숨 고르기	199
11월 15일	비 내리는 도루강변의 속삭임	201
11월 16일	고대와 현대의 교차로, 코임브라	206
11월 17일	태동의 역사를 따라, 기마랑이스	224
11월 18일	마음을 훔치는 포르투의 야경	242

Part 3
리스보아와 근교 소도시

11월 19일	코메르시우 광장에서 펼쳐진 리스보아의 첫 발자국	248
11월 20일	언덕을 넘나드는 리스보아의 매력	258
11월 21일	동화 같은 신트라의 마법	273
11월 22일	리스보아의 찬란한 보석 벨렝	288
11월 23일	오비두스의 동화, 나자레의 파도, 파티마의 기도	315
11월 24일	언덕과 골목의 낭만, 알파마와 그라사	340
11월 25일	카스카이스 그리고 땅의 끝 카보 다 호카	349
11월 26일	리스보아의 마지막 여운을 담아	362
11월 27일	리스보아를 등지고 귀국길에!	372
11월 28일	포르투갈의 온기를 품고	376

에필로그	378
작가 인터뷰	387

일자별 방문지

Day 1
10월 29일
| 인천공항 출발하여 리스보아 도착

Day 2
10월 30일
| 리스보아 오리엔트 역 → 포르투 캄파냥 역 → 상 벤투 역 경유하여 숙소 도착

Day 3
10월 31일
| 상 벤투 역 → 포르투 대성당 → 루아 다스 알다스 전망대 → 그릴로스 성당 → 플로레스 거리 → 비토리아 전망대 → 인판트 동 엔히크 정원 → 브라간사 식당 → 클레리구스 탑/성당

Day 4
11월 1일
| 리베르다드 광장 → 포르투 시청사 → 맥도날드 매장 → 볼사 궁전 → 상 프란시스쿠 대성당 → 히베이라 광장 → 동 루이스 1세 다리 → 긴다이스 푸니쿨라

Day 5
11월 2일
| 아베이루 → 코스타 노바 → 아베이루

Day 6
11월 3일
| 렐루 서점 → 카르무 성당 → 수정궁 정원 → 모후 정원 → 세하 두 필라르 수도원

Day 7
11월 4일
| 알마스 성당 → 산타 클라라 성당 → 마제스틱 카페

Day 8
11월 5일
| 소아레스 두스 레이스 국립 미술관 → 파두 공연

Day 9 11월 6일	동 루이스 1세 다리 → 와이너리 투어 → 인판트 동 엔히크 전망대 → 모후 정원
Day 10 11월 7일	프라델루스 성당 → 라파 성당/묘지 → 수정궁 탑 → 부페트 파즈 → 산투 일드푼수 성당 → 만테이가리아
Day 11 11월 8일	1번 트램 → 포즈 → 페르골라 다 포즈 → 케이주 성 → 포르투 시립공원 → 그녀의 변화 → 마토지뉴스 → 세할베스 현대 미술관
Day 12 11월 9일	브라가 대성당 → 아르코 다 포르타 노바 → 봉 제수스 두 몬트 성소 → 산타 바바라 정원 → 아 브라질레이라 → 산타 크루즈 성당 → 헤푸블리카 광장 → 콩그레가두스 수도원/성당
Day 13 11월 10일	세뇨르 다 페드라 해변 → 카사 두 인판트
Day 14 11월 11일	순례길 I: 마토지뉴스 → 레사 다 팔메이라 → 모레이라 다 마이아 → 프라이아 드 앙헤이라스 → 빌라 차 → 민델루 → 아주라라 → 빌라 두 콘드
Day 15 11월 12일	순례길 II: 빌라 두 콘드 → 포보아 드 바르징 → 아 베르 오 마르 → 아구사도라 → 에스텔라 → 아풀리아 → 팡 → 이스포젠드
Day 16 11월 13일	순례길 III: 이스포젠드 → 마리냐스 → 마르 → 벨리뉴 → 안타스 → 카스텔루 두 네이바 → 비아나 두 카스텔루

Day 17
11월 14일

휴식

Day 18
11월 15일

히베이라 광장 → 메이아 두지아 → 프로메테우 아르테사나투

Day 19
11월 16일

코임브라 대학교 → 코임브라 신구 대성당 → 세레이아 정원 → 망가 정원 → 산타 크루즈 수도원

Day 20
11월 17일

페냐 성소 → 브라질 헤푸블리카 광장 → 콘솔라상의 성모 성당 → 올리베이라 광장 → 살라두 기념비 → 올리베이라 성모 성당 → 기마랑이스 벽 → 브라간사 공작 저택 → 상 미구엘 성당 → 기마랑이스 성 → 토랄 광장 → 상 페드루 대성당 → 포르투갈 건국도시 성벽

Day 21
11월 18일

동 루이스 1세 다리 → 모후 정원

Day 22
11월 19일

리스보아 도착 → 호시우 기차역 → 호시우 광장 → 코메르시우 광장

Day 23
11월 20일

베르트란드 서점 → 카몽이스 광장 → 산타 카타리나 전망대 → 카르무 수도원 → 헤스타우라도르스 광장 → 상 페드루 알칸타라 전망대 → 상 호케 성당 → 피게이라 광장 → 상 도밍고스 성당 → 굴벤키안 미술관 → 산타 루지아 전망대

Day 24
11월 21일

신트라 페나 궁 → 무어 성 → 헤갈레이라 별장 → 신트라 궁

Day 25 11월 22일	제로니무스 수도원 → 발견 기념비 → 벨렘 탑 → 아주다 국립 궁전 → 상 조르즈 성 → 상 비센트 드 포라 수도원 → 국립 판테옹 → 아줄레주 국립 박물관 → 산타 주스타 엘리베이터
Day 26 11월 23일	오비두스 → 나자레 → 파티마
Day 27 11월 24일	산투 안토니우 성당 → 성 마리아 막달레나 성당 → 폼발 광장 → 에두아르도 7세 공원 → 엘 코르테 잉글레스 → 세뇨라 두 몬트 전망대
Day 28 11월 25일	카보 다 호카 → 카스카이스 → 파스테이스 드 벨렘
Day 29 11월 26일	벼룩 시장 → 포르타스 두 솔 전망대 → 리스보아 대성당 → 예수 상 → 타임아웃 마켓 → 상 페드루 알칸타라 전망대
Day 30 11월 27일	리스보아를 등지고 귀국길에!
Day 31 11월 28일	인천공항 도착

Part 1

새로운
여정의 서막

여행은 비행기를 타는 순간이 아니라, 계획을 세우는 순간부터 시작된다고 들 한다. 나도 이 말에 전적으로 동의한다. 여행지에 대해 정보를 수집하고 일정을 구상하는 과정은 단순한 준비가 아니라 여행의 즐거움을 앞당기는 중요한 여정의 일부다.

    우리 부부는 50대가 된 이후로 부득이한 경우가 아니면 패키지 여행은 피하는 편이다. 물론 그 편리함과 장점을 모르는 건 아니다. 하지만 그보다는 계획을 세우는 과정에서만 느낄 수 있는 소소한 즐거움을 놓치고 싶지 않기 때문이다. 특히, 여행 일정을 구상하는 동안 마치 현지에 있는 듯한, 그래서 이미 여행이 시작된 듯한 느낌이 들어 그것 자체를 즐긴다. 이번 '포르투갈 한 달 살기' 역시 예외는 아니어서 출국 두 달 전부터 여행의 첫 페이지를 차분히 펼쳐 나가기 시작했다.

꿈의 여정을 위한 첫걸음

한 달 살기 대상지를 포르투와 리스보아로 결정한 뒤 다양한 경로를 통해 포르투갈 및 두 도시에 대한 정보를 수집했다. 포르투갈의 역사와 문화, 경제, 사회 전반에 대한 기본적인 사항을 포함하여, 두 도시에 대한 개괄적인 정보 또한 수집 대상이었다. 특히 각 도시의 역사와 문화, 특색, 음식, 교통 등은 물론, 여행 시기인 11월의 날씨와 기후, 주요 명소 및 인근 소도시에 관한 정보까지 꼼꼼히 확인했다.

포르투갈 여행 관련 블로그, 유튜브, 여행 가이드북 등은 실용적인 정보를 얻는 데 큰 도움이 되었고, 포르투갈 여행 서적 또한 유익한 자료였다. 특히 《60대 부부의 포르투갈 한 달 살기》는 여행 준비에 실질적인 도움을 주었으며, 우리의 일정과 유사한 점이 많아 참고하기에 매우 적절한 자료였다.

시간과 장소의 조화

여행 시기는 11월, 전체 여행 기간은 30일로 정했다. 이 기간 동안 포르투에서 3주, 리스보아에서 8일을 머물기로 했다. 여행 기간 전체를 오롯이 포르투에서만 지내는 방안도 고려했지만, 리스보아 역시 매력이 넘치는 아름다운 도시라는 정보를 많이 접하여 최소 일주일 정도는 리스보아를 경험해 보기로 결정했다.

여행 기간이 한 달로 넉넉한 만큼 매일의 일정을 구체적으로 세우기보다는 도시별로 큰 틀의 일정만 계획하고, 그때그때의 상황에 맞춰 유연하게 운영하기로 했다. 포르투에 머무는 동안 계획한 '포르투 해안길 순례 도보여행'은 3일간 진행할 예정이었으며, 이를 위해 체류 기간 내내 기상 예보를 꾸준히 확인하고, 날씨가 가장 좋은 날을 골라 실행하기로 했다. 또한, 포르투에서 4회, 리스보아에서 3회 예정된 인근 소도시 방문 역시 체력이 충분하고 날씨가 좋은 날을 선택해 효율적이고 유동적으로 운용하기로 했다. 구체적인 방문지와 명소 등 일일 계획은 매일 저녁 아내와 상의하여 확정하는 방식으로 부담 없이 여행을 즐기고자 했다.

하늘을 나는
꿈의 시작

항공권 예약은 본격적인 여행의 시작점이다. 이번 여행지를 포르투갈로 정하면서, 항공편은 대한항공 마일리지를 활용한 보너스 항공권으로 이용하기로 마음먹었다. 그동안 대한항공 이용과 신용카드 사용으로 쌓아 둔 마일리지가 충분해 비즈니스석을 선택할 수 있었고, 나이가 드니 장거리 비행에는 체력적인 문제를 고려해 되도록 비즈니스석을 이용하는 편이다. 마침 대한항공이 새롭게 리스보아 직항편을 운항하게 되어 시기적으로도 최적의 조건이었다. 출발 약 2개월 전에 10월 말 출국, 11월 말 귀국 일정으로 인천~리스보아 왕복 항공권을 예약했다.

그러나 예상보다 훨씬 큰 난관이 기다리고 있었다. 마일리지 보너스 항공권으로 원하는 날짜에 좌석을 확보하는 일은 생각보다 훨씬 어려웠다. 원래 계획한 날짜와 인접한 날들로 여러 차례 예약을 시도했지만 여전히 대기 상태만 반복되었고, 한 달이 지나도록 확정되지 않았다. 이로 인해 숙소 예약에도 차질이 생기기 시작했다. 하는 수 없이 리스보아 직항편 대신 스페인 마드리드를 경유하는 대안까지 검토했지만, 이 역시 대기 예약만 가능하다는 암울한 답변만 돌아올 뿐이었다.

젊은 시절 숱한 해외 출장으로 밀리언 마일러의 자격까지 갖춘 나로서는 대한항공의 이러한 행태가 야속하게 느껴졌다. 마지막으로 일주일만 더 기다려 보고 대기 예약이 확정되지 않으면 다른 항공편으로 여행하기로 결심했다. 결국 여행 출발 3주 전까지 대기 예약은 끝내 확정되지 않았다. 하는 수 없이 대한항공 보너스 항공권을 취소하고, 같은 스카이팀 소속인 에어프랑스의 항공권을 직접 구매했다. 비용은 상당했지만, 놀랍게도 동일한 비즈니스석 항공권임에도 에어프랑스 운임은 대한항공의 절반 수준에 불과했다. 물론 출국 시에는 파리를 경유하여 리스보아에 도착하고, 귀국 시에는 네덜란드 항공을 이용해 암스테르담을 거쳐 인천으로 돌아오는 일정이다. 따라서 대한항공 직항편보다 비행에 서너 시간 더 소요되었지만, 큰 불편은 아니었다.

여행 날짜를 확정하고 항공 티켓을 구입하고 나니, 비로소 진짜 여행이 시작되었다는 실감이 났다. 체류지 숙소와 교통편 예약도 일정에 쫓기지 않고 차질 없이 진행할 수 있게 된 점 또한 다행스러웠다. 그런데 출발 3일 전 대한항공 측으로부터 리스보아 직항편 예약 중 하나가 확정되었다는 연락을 받았을 때는 한 편의 웃지 못할 코미디 같았다.

편안함이 스며든
쉼터 찾기

포르투와 리스보아에서 체류할 숙소는 부킹닷컴(Booking.com)을 통해 예약했다. 물론 에어비앤비(Airbnb)나 아고다(Agoda) 같은 다른 숙박 플랫폼도 가격 비교를 위해 참고했지만, 평소 해외여행에서 주로 부킹닷컴을 이용해 왔던 익숙함과 신뢰감이 작용했고, 결국 자연스럽게 부킹닷컴을 선택하게 되었다. 무엇보다 꾸준한 이용 덕분에 쌓인 부킹닷컴의 고객 로열티 프로그램인 지니어스(Genius) 등급 덕분에, 객실 할인이나 무료 조식, 객실 무료 업그레이드 등 다양한 혜택을 누릴 수 있었던 점도 무시할 수 없는 결정 요인이었다.

포르투에서 21박 22일, 리스보아에서 8박 9일을 머물 숙소를 고르는 일은 생각보다 쉽지 않았다. 이번 여행은 단기 체류가 아닌 '한 달 살기'였기에 단순한 숙박보다는 '살아 보는 공간'이 중요했다. 따라서 주방 시설을 갖춘 아파트형 숙소로 선택 범위를 좁혔다. 숙소의 위치는 예약 시 가장 중요한 고려 요소였다.

우리는 각 도시에서의 주요 방문지와 이동 동선, 대중교통 접근성, 안전성 등을 종합적으로 고려해, 포르투는 상 벤투 역 북쪽의 볼량 시장이 있는 볼량 지구에, 리스보아는 아우구스타 거리와 인접한 바이샤 지구에 숙소를 잡기로 했다.

아파트는 침실 하나, 거실, 주방 및 욕실이 있는 약 25평형 정도면 적당하다고 판단했다. 쿡탑과 전자레인지 등 기본적인 조리도구는 물론, 세탁기 구비 여부도 필수 조건으로 삼았다. 이 외에도 마트 및 재래시장의 접근성, 인근 소도시 방문을 위한 기차역과의 거리, 야간 소음 발생 여부 등은 물론 투숙객 평점과 리뷰도 꼼꼼히 확인했다. 또한 쓰레기 분리수거 방식, 아파트 청소 주기, 타월 및 침구 교체 빈도 역시 중요한 체크 포인트로, 숙소 측에 직접 문의해 사전 확인을 마쳤다.

우리가 예약한 포르투와 리스보아의 아파트들은 개인 호스트가 아닌 전문 숙소 운영업체가 여러 채를 관리하는 형태로 보였다. 특히 포르투의 숙소는 뷔페식 조식이 제공되어 머무는 내내 아침 식사 걱정을 덜 수 있는 장점이 있었다.

숙소 예약은 여행 출발 약 20일 전에 마무리했으며, 혹시 모를 변수에 대비해 요금이 다소 높더라도 무료 취소가 가능한 옵션을 선택했다는 점도 여행 전 준비에서 중요한 결정이었다.

여정의 흐름 엮기

이번 여행에서는 리스보아에서 포르투, 그리고 다시 포르투에서 리스보아까지의 이동 수단으로 기차를 이용하기로 했다. 인천에서 출발해 저녁 늦게 리스보아에 도착한 다음 날, 포르투행 열차를 타고 북쪽으로 이동한 후 약 3주간 머문 뒤 다시 리스보아로 돌아오는 일정이다. 두 구간의 열차표는 서울에서도 미리 예매가 가능해, 출국 전에 온라인으로 모두 예약을 완료했다.

포르투갈의 열차는 크게 네 가지 등급으로 나뉜다. 가장 빠르고 쾌적한 초특급 열차 AP(Alpha Pendular), 그보다 조금 느리지만 주요 도시를 연결하는 급행 열차 IC(Inter Cidades), 자유석으로 운영되는 IR(Inter Regional), 그리고 수도권을 중심으로 한 근교를 운행하는 완행 열차 U(Urbano)가 있다. 이 중 AP와 IC 등급은 출발일 기준 약 두 달 전부터 온라인으로 예매가 가능하며, 조기 예약 시 할인 혜택도 주어진다. 반면 IR과 U 열차는 현장에서만 승차권을 구매할 수 있다. 예매는 포르투갈 국영철도인 CP(Comboios de Portugal)의 공식 웹사이트(www.cp.pt)나 앱을 통해 간편하게 진행할 수 있다.

우리는 10월 29일 인천 공항을 출발해, 같은 날 밤 리스보아에 도착하는 항공편을 이용했다. 공항과 가까운 오리엔트(Oriente) 역 인근의 이비스(IBIS) 호텔에서 하룻밤을 묵은 뒤, 다음 날 오전 포르투행 열차에 탑승하는 일정이다. 리스보아에는 여섯 개의 주요 기차역이 있으나 공항과의 접근성을 고려해 오리엔트 역을 출발역으로 선택했다. 도착역은 포르투의 캄파냐(Campanhã) 역과 상 벤투(São Bento) 역 중 선택할 수 있으며, 캄파냐 역에서 하차해 U등급 완행 열차로 상 벤투 역까지 환승하는 방식도 가능하다. 반대로 포르투에서 리스보아로 돌아올 때는 포르투 상 벤투 역에서 출발해, 숙소와 가까운 리스보아의 산타 아폴로니아(Santa Apolónia) 역을 도착지로 설정했다. 이 구간에는 AP와 IC 두 종류의 열차가 운행되는데 출발 시간대가 서로 교차하고 걸리는 시간도 다르다. AP는 약 3시간, IC는 약 3시간 15분이 소요된다. 좌석은 1-2 배열의 1등석과 2-2 배열의 2등석으로 나뉘며, 예매 시 여권 정보를 입력해야 하므로 열차 탑승 시 여권을 소지하는 것이 좋다.

참고로, 리스보아에서 포르투로 향할 때는 열차 왼편 좌석, 반대로 포르투에서 리스보아로 이동할 때는 오른편 좌석에 앉아야 대서양 바다를 창밖으로 감상할 수 있다.

우리는 리스보아에서 포르투로 향하는 10월 29일 열차는 IC 급행열차로, 포르투에서 리스보아로 돌아오는 11월 19일 열차는 AP 초특급 열차의 일등석으로 각각 예매했다.

한편, 리스보아와 포르투 근교에 위치한 소도시들로는 대부분 완행 열차나 장거리 버스를 통해 쉽게 이동할 수 있다. 포르투갈의 대표적인 버스 회사 헤데 익스프레수스(Rede Expressos)를 비롯해, 스페인의 알사(Alsa), 유럽 저가 버스 브랜드 플릭스(Flix) 등을 활용할 수 있으며, 대부분 사전 예약 없이도 가능하다. 이런 근교 일정은 여행 중 유동적으로 조정할 계획이었기에, 예매는 하지 않고 현지에서 오미오(Omio) 앱을 통해 필요한 승차권을 수시로 구매하기로 했다.

**디테일에 숨겨진
열쇠 찾기**

나이가 들수록 우리 부부는 해외여행 시 해외여행자 보험에 가입하는 것을 당연한 일로 여기게 되었다. 특히 이번처럼 한 달에 가까운 장기 여행에서는 보험이 선택이 아닌 필수였다. 인터넷을 통해 여러 대형 보험사의 보장 범위, 조건, 보험료 등을 꼼꼼히 비교한 끝에, 우리 여행 일정에 가장 적합한 표준형 상품으로 가입을 완료했다. 다만 이번에는 한 사람이 주 가입자가 되어 동반자를 등록하는 방식보다는 나와 아내가 각각 개별로 가입하는 것이 더 안전하고 실질적인 혜택 면에서도 유리하다고 판단했다.

여행 경비 관리에도 나름의 전략이 있었다. 50유로 이상의 지출에는 선불 체크카드 형태의 트래블 카드 대신 신용카드를 사용하기로 했다. 신용카드는 수수료 부담이 약간 있긴 했지만 그 금액이 크지 않았고, 특히 최근 발급받은 카드의 경우 일정 기간 내 해외 사용 금액에 대해 국내 사용분의 5배에 해당하는 마일리지를 적립해 주는 혜택이 있어 적극적으로 활용할 계획이었다. 물론 비상 상황이나 소액 결제에 대비해 일부 경비는 현금으로도 준비해 두었다.

통신 수단 역시 예전과는 달라졌다. 과거에는 해외 현지에서 유심칩을 구매해 사용하곤 했지만, 최근에는 해외 로밍 상품의 가격이 상당히 저렴해졌고, 데이터 공유가 가능한 상품도 다양해졌다. 우리는 통신사 유플러스에서 제공하는 30일간 음성통화 무제한에 데이터 10GB가 포함된 로밍 요금제를 구매해, 데이터를 아내와 나누어 쓰는 방식으로 선택했다.

또한, 리스보아 체류 중 하루 일정으로 오비두스, 나자레, 파티마 세 곳을 함께 여행하는 소그룹 투어를 신청했다. 참가 인원이 제한되어 있고 자주 운영되는 상품이 아니어서 사전에 날짜를 확인하고 예약을 완료해 두었다.

포르투갈 현지에서 유용하게 사용할 앱들도 미리 다운로드해 준비했다. 구글맵(Google Maps)은 물론, 포르투갈 국영 철도 CP 앱으로 열차표 예매가 가능하고, 도시 간 이동 시 교통편과 소요 시간을 확인할 수 있는 오미오(Omio)도 필수였다. 차량 호출 서비스로는 볼트(Bolt)와 우버(Uber)를 사용할 계획이며, 포르투와 리스보아 등지에서 레스토랑 예약 시에는 더포크(TheFork), 날씨 확인은 아큐웨더(AccuWeather) 앱을 활용하기로 했다. 사소해 보일 수 있는 준비들이지만, 실제 현지에서는 이런 디테일이 여행의 편의와 질을 좌우하는 열쇠가 되곤 한다.

소중한 기억을 담은
공간 만들기

　　　　　　　　　　한 달이라는 결코 짧지 않은 여행, 그것도 관광이 아닌 '살기 여행'을 앞두고 우리는 평소보다 가방 하나를 더 준비하기로 했다. 큰 가방 하나, 중간 크기의 가방 하나, 그리고 소형 가방 하나로 나누어 짐을 꾸렸다. 특히 포르투 체류 중 계획한 3일간 순례길 트레킹을 위해 트레킹화, 등산복, 등산 스틱 등도 빠뜨리지 않고 챙겼다.

　장기 체류인 만큼 현지 음식만으로 식생활을 꾸려 가기엔 부담스러워하는 아내의 식습관을 고려해, 우리의 입맛에 맞는 최소한의 기본 식재료도 함께 준비했다. 전체 일정과 한 달 살기의 취지를 고려했을 때, 특별한 외식을 제외하면 대부분 저녁 식사는 숙소에서 해 먹을 가능성이 높았다. 밥을 짓기 위해 준비한 소형 저당 밥솥은 처음 접하는 기기였지만 간편하고 유용해 보였다. 된장, 고추장, 쌈장, 미역, 김, 카레, 라면류, 즉석밥 등은 물론 깻잎 통조림과 무말랭이 같은 간단한 밑반찬도 함께 챙겼다. 쌀과 김치 등 일부 식재료는 현지의 한인 마트나 아시안 마트에서 조달하기로 했다.

　여행 짐을 준비하면서 가장 공을 들인 건 역시 약이었다. 나의 경우 건강상의 이유로 복용하는 약의 종류가 많아, 아내보다 훨씬 많은 양의 약을 준비해야 했다. 매일 복용하는 약은 물론, 연령대에 맞는 다양한 영양제에, 비상시를 대비한 상비약까지 더하니 약 가방 하나가 따로 필요할 정도였다. 여행 준비 과정에서 약의 양을 바라보며 앞으로의 여행에서 점점 더 약에 의존하게 될지도 모른다는 생각에 잠시 씁쓸한 기분도 들었다.

　한편, 이번 여행의 추억을 하나의 책으로 남기고 싶다는 생각에, 여행지에서 매일 여행기를 작성하기로 했다. 노트북을 들고 갈까 고민했지만, 무게와 부피를 고려해 더 작고 가벼운 갤럭시 패드를 새로 구입해 가져가기로 했다. 현지에서의 정보를 확인하고 틈틈이 기록을 남기기에는 더없이 실용적인 선택이었다. 또한, 참고용으로 몇 권의 포르투갈 관련 서적과 가이드북도 함께 챙겨 넣었다.

포르투갈 여행 도시 지도

Part 2

포르투와
근교 소도시

10월 29일

포르투갈을
향한
첫걸음

　　　　　　포르투갈 한 달 살기 여정의 첫날이 밝았다. 삶은 달걀 하나와 사과 한 쪽으로 간단히 아침을 해결한 뒤, 오전 7시 20분에 집을 나섰다. 비행기는 오후 12시 15분에 출발할 예정이었지만, 출근 시간대의 교통 정체와 공항까지의 2시간 소요를 고려해 여유 있게 출발했다. 첫 목적지인 프랑스 파리까지는 약 14시간 30분, 파리에서 리스보아까지는 2시간 40분이 걸린다. 환승 대기 시간까지 포함하면, 집을 나선 순간부터 리스보아에 도착하기까지 총 24시간이 소요되는 긴 여정이다. 젊은 시절 잦은 해외 출장을 통해 장거리 비행엔 익숙한 편이고, 지금도 해마다 한두 번은 15시간 내외의 비행을 하곤 한다. 그럼에도 나이가 들수록 시차 적응이 점점 힘들어진다는 사실을 이번에도 절감했다.

원래 인천에서 파리까지는 보잉 777 기종이 투입될 예정이었지만, 하루 전 A350으로 변경되면서 내가 선택했던 좌석도 바뀌었다. 게다가 체크인 시 또 한 번 좌석이 조정되었다는 소식을 듣고 약간 찜찜한 기분으로 기내에 올랐다. 기내에 들어서자 비즈니스석은 전부 만석이었고, A350 특유의 다소 좁은 좌석 간격이 답답하게 느껴졌다. 그러나 외형적인 불편함은 금세 사라졌다. 식사 시간마다 승무원들은 승객의 취향과 컨디션을 세심하게 배려했고, 특히 아내가 비행 중 두통을 호소하자 혈압까지 체크해 주며 도와준 모습이 인상 깊었다. 아내도 지금껏 여러 항공편을 이용해 봤지만, 이렇게 정성 어린 서비스를 받은 건 처음이라며 칭찬을 아끼지 않았다.

시차 적응을 위해 파리까지는 잠을 자고, 파리에서 리스보아 구간은 깨어 있기로 했지만 생각처럼 쉽게 잠들 수는 없었다. 결국 목적지인 리스보아까지 뜬눈으로 이동해야 했다. 파리 샤를 드골 공항은 2년 전, 산티아고 순례길의 하나인 프랑스길(Camino Francés)의 출발지인 생장을 향해 올 때 경유했던 곳이기도 하다. 그러나 개인적으로는 좋지 않은 기억도 남아 있다. 약 20년 전, 공항 내 카페에서 잠시 한눈을 판 사이 테이블 위에 두었던 중요한 서류 가방을 도난당한 적이 있었다. 그때 온 공항을 헤매며 가방을 찾으려 했지만 결국 끝내 되찾지 못했다. 당시 드골 공항은 소매치기 사고가 잦기로 악명이 높았고, 그 이후로 나는 유럽의 공항에서는 항상 소지품에서 눈을 떼지 않는 습관이 생겼다.

환승을 마치고 리스보아 공항에 도착한 시간은 현지 시각으로 밤 10시 20분, 한국 시간으로는 30일 오전 7시 20분 정각이었다. 집에서 출발하여 정확히 24시간 만에 여정의 첫 기착지인 리스보아에 도착한 것이다. 뜬눈으로 밤을 새운 탓에 몸이 무겁고 눈도 충혈된 상태였다. 아내 역시 많이 지친 모습이었다. 세월 앞에는 장사가 없다는 옛말이 실감 나는 긴 여정이었다.

우리 부부의 최종 목적지는 포르투(Porto)였지만 당일 이동은 어려워, 리스보아에서 하룻밤 머물기로 했다. 숙소는 다음 날 포르투행 열차를 타기 쉬운 오리엔트 역 인근의 이비스 호텔로 정했다. 공항 도착 후 원래는 볼트(Bolt)를 이용하려 했지만, 앱에서 결제 카드 재등록 메시지가 뜨면서 시간이 지체되었고, 결국 편의상 공항 택시를 이용했다.

하지만 이 선택은 다소 아쉬운 결과로 이어졌다. 탑승한 택시는 미터기가 없었고, 목적지 도착 후 기사는 38유로를 요구했다가 최종적으로 24.90유로를 받았다. 고작 10분 거리였지만, 한국 돈으로 약 3만 8,000원을 지불한 셈이다. 볼트를 이용했다면 5~6유로면 충분했을 거리였다. 포르투갈에 도착하자마자 바가지 요금을 경험하게 된 셈이다. 다소 씁쓸했지만, 첫날부터 여행지에 대한 인상을 나쁘게 가질 필요는 없다고 생각하며 좋은 경험으로 넘기기로 했다.

호텔에 도착하니 몸은 천근만근이었고, 시계는 자정을 향해 가고 있었다. 간단히 샤워를 마친 뒤, 내일부터 시작될 한 달 살기 여정이 순조롭길 바라며 조용히 잠자리에 들었다.

포르투갈 Portugal

정식 명칭은 헤푸블리카 포르투게자República Portuguesa: 포르투갈 공화국로서, 유럽 대륙에서 가장 서쪽에 위치한 나라이다. 이베리아반도의 본토와 대서양의 아소르스Açores 제도 및 마데이라Madeira 제도를 해외 영토로 가지고 있다. 동쪽과 북쪽은 스페인과 접해 있으며, 서쪽과 남쪽은 대서양을 맞대고 있다. 나라 이름인 포르투갈은 제2의 도시 포르투의 라틴어 이름인 '포르투스 칼레Portus Cale'에서 유래했다. 국토의 총면적은 9.2만 제곱킬로미터로서 한반도의 5분의 2로 대한민국의 면적과 유사하나, 인구는 약 1,042만 명2024년 기준으로 대한민국 인구의 5분의 1에 불과하다. 수도는 리스보아이며, 화폐는 유로화를 사용하고 있다. 종족 구성은 이베리아족, 켈트족, 로마족, 게르만족, 무어족 등으로 이루어져 있으며, 종교는 인구의 94% 이상이 가톨릭교를 믿는다.

역사

약 200만 년 전에 인류가 이베리아반도에 살기 시작했지만, 이 땅이 주류 역사에 처음 등장한 것은 제2차 포에니 전쟁 뒤에 로마 제국이 지중해를 따라 영토를 넓혀가면서다. 포르투갈 땅은 기원전 29년에 속주 루지타니아Lusitānia로서 고대 로마 제국에 편입되면서 500년간 로마 제국의 지배를 받는데, 포르투갈어의 기원이 라틴어인 것에서 볼 수 있듯이 로마 제국으로부터 많은 영향을 받았다. 로마 제국이 쇠퇴기에 접어들면서 서고트족Visigoth과 수에비족Suevi 등의 게르만계 민족이 정착했고, 8세기경 북아프리카로부터 건너온 아랍인註: 무어인에 의해 이베리아반도 대부분이 점령당했다.

    포르투갈의 역사는 기독교 국가의 영토를 회복하기 위한 운동인 헤콩키스타Reconquista 기간에 포르투갈 백작령이 세워지면서 시작한다. 백작령은 갈리시아 왕국의 일부였다가 나중에 레온 왕국으로 편입된다. 1139년에 포르투갈 왕국이 세워졌고, 포르투갈의 백작인 엔히크스Henriques는 자신을 스스로 공작으로 격상하고, 카스티야-레온 연합 왕국과 전쟁을 시작했다.

상 마메드São Mamede 전투에서 승리한 후 아폰수 1세 엔히크스Afonso I Henriques는 포르투갈의 건국을 선언하고 스스로 초대 국왕으로 즉위했다. 1143년에 교황과 카스티야-레온 연합 왕국의 왕인 알폰소 7세Alfonso VII와 아라곤 왕국의 여왕인 페트로넬라Petronella가 독립을 정식으로 승인했다. 1249년에 아폰수 3세가 알가르브Algarve를 점령하면서 헤콩키스타가 끝나고 국경이 안정되었다.

15, 16세기 대항해 시대에 포르투갈은 아프리카, 아시아, 남아메리카에 식민지를 둔 세계적인 경제, 정치, 군사 강국이 되었다. 16세기 중반까지 포르투갈의 배는 유럽에서 가장 크고 빨랐으며, 이것은 항해왕 엔히크Henrique 왕자의 열성적인 연구와 지원, 그리고 바스쿠 다 가마Vasco da Gama와 같은 대 탐험가들의 진취적인 기상에 힘입은 바 크다. 그러나 1578년, 세바스티앙 1세Sebastiān I가 알카세르키비르Alcácer Quibir 전투에서 패하고 후계 없이 사망하여 승계권 위기를 겪자, 포르투갈은 이베리아 연합이라는 이름으로 에스파냐와 통합되고 이후 카스티야-레온 연합 왕국, 아라곤 왕국처럼 에스파냐 왕국의 부속 왕국으로 전락한다.

1640년에 국가 복원 혁명이 일어나 포르투갈은 브라간사Bragança 공작 주앙을 포르투갈의 주앙 4세João IV로 추대하며 독립을 선언했으나 에스파냐는 독립을 인정하지 않아서 에스파냐와 포르투갈 사이에 전쟁이 일어났고, 영국의 지원으로 포르투갈은 독립을 했으나 포르투갈 왕국은 나폴레옹 전쟁에 휘말리면서 약화하기 시작했다. 1755년에 리스본 대지진이 일어나고 1823년에 가장 큰 식민지인 브라질이 독립하면서 포르투갈은 정치, 경제적으로 분열했고, 19세기 중반부터 1950년대까지 200만 명 이상의 포르투갈인이 브라질과 미국에 이민하는 등 강대국으로서 포르투갈의 지위가 추락했다.

1910년에 왕정을 종식하고 포르투갈 제1공화국이 수립되었으나, 산적한 문제를 해결하지 못하고 국가는 파산 위기에 몰렸다. 1926년에 쿠데타가 일어났고 1933년에는 이스타두 노부Estado Novo: 새로운 체제라는 포르투갈 제2공화국 독재 체제가 시작되었다. 독재는 1974년에 무혈 쿠데타인 카네이션 혁명으로 올리베이라 살라자르Olveira Salazar 정부가 붕괴할 때까지 지속되었다.

1975년 새롭게 수립된 포르투갈 제3공화국은 아프리카의 앙골라Angola와 모잠비크Mozambique를 포함한 모든 해외 식민지를 독립시켰고, 마지막 해외 영토인 마카우

Macau는 1999년에 중국에 반환되었다.

포르투갈은 북대서양 조약 기구, 경제 협력 개발 기구, 유럽 자유 무역 연합의 창립 회원국이다. 포르투갈은 1986년 유럽 경제 공동체 EEC註: 유럽연합 EU의 전신에 가입을 계기로 경제발전과 현대화를 추진했으나, 최근에 이르기까지 여러 차례의 경제 위기로 어려움을 겪어 왔다.

경제

포르투갈의 경제는 세계 경제 포럼의 2024년 세계 경쟁력 보고서에서 34위를 차지했다. 주요 산업으로는 관광업과 제조업, 의약산업, 식품산업, 농업 등이 균형 있게 분포하고 있는데 최근 서비스업 비중이 확대되고 있다. 현재 유럽에서 그리스나 우크라이나, 벨라루스, 불가리아 등과 더불어 산업 구조가 비교적 덜 발달한 나라에 속한다. 2024년 1인당 GDP는 IMF 통계 기준 2만 9,341달러로 유럽 내에서는 체코와 유사한 수준이며, 우리나라의 3만 6,132달러에 비해서는 낮은 수준이다. 2024년 포르투갈의 경제 성장률은 1.7%로 예상되며, 이는 외부 수요가 약화되고 비즈니스 신뢰도가 낮아지는 것으로 인해 다소 둔화될 것으로 보인다. 그러나 2025년에는 1.9%, 2026년에는 2.1%로 반등할 것으로 예상되며, 이는 주로 내수 수요에 의해 지탱된다.

포르투갈은 1인당 국민소득은 상대적으로 낮은 수준이지만 그리스와 함께 선진국 중 경제 상황이 가장 열악한 '선진국의 최소'라고 할 수 있는 국가이자, 1990년대부터 꾸준히 '선진국의 최소' 지위를 유지하는 나라다. 삶의 질은 19위로, 세계적으로도 최상 수준의 의료 시스템을 가지고 있고 물가가 유럽에서 가장 저렴한 나라 중의 하나이며, 가장 세계화되고 평화로운 나라에 속한다.

문화

포르투갈은 문화, 언어 등 모든 면에서 스페인과 매우 유사하지만 좀 더 차분하고 서정적이며 덜 격정적이란 이미지가 있다. 스페인과 달리 포르투갈은 비교적 작은 나라지만 포르투갈 안에서는 상당히 일찍부터 안정적인 중앙집권 국가와 이로 인한 통합된 민족 정체성을 이룩했다는 점은 스페인과의 결정적인 차이다. 포르투갈인들은 외세의 문화적 개방이 비교적 진보적으로 발달했음에도 불구하고 고유문화에 대한 집

착이 강한 편이다. 포르투갈의 전통적인 포크 댄스는 여전히 포르투갈인들의 자존심으로 전수되고 있으며, 각 지방에서는 축제의 전통도 잘 지켜지고 있다.

포르투갈의 융성기인 16세기에는 마누엘 1세의 이름을 딴 마누엘 양식이 유행했다. 이 양식은 당대를 풍미했던 개발과 개척 정신의 반영으로 장식에 있어 트위스트와 소용돌이를 주제로 하는 것이 특색이다. 장식용 타일인 아줄레주Ajulejo는 포르투갈의 대표적인 공예품이다. 원래 무어인에게서 전수받은 것으로 포르투갈 전역에서 쉽게 볼 수 있고, 리스보아에는 아줄레주 국립 박물관도 있다. 작은 돌조각으로 규칙적인 무늬를 넣어 모자이크 형태로 포장한 보도 칼사다 포르투게자Calçada Portuguesa, 나무에 금박을 입힌 조각 기법 탈랴 도라다Talha Dourada 모두 포르투갈에서만 볼 수 있는 자랑스러운 문화유산이다.

포르투갈에서는 망토를 입은 대학생들 여럿이 거리에서 노래를 부르는 모습을 볼 수가 있는데, 이는 투나Tuna라고 부르는 밴드로 중세시대부터 내려온 음유시인의 전통을 잇고 있다.

가장 잘 알려진 포르투갈 음악은 대항해시대에 기원한 전통 음악인 파두Fado이다. 운명, 숙명을 뜻하는 라틴어 '파툼Fatum'에서 유래한 이름이다. 바다의 고된 삶, 가난한 자들의 삶을 표현한 노래로 우수, 그리움, 향수, 간절한 바람 등 사우다드Saudade의 정서가 짙게 깔려 있다. 최고의 파두 여가수인 아말리아 로드리게스Amália Rodrigues에 의해 포르투갈 대표 음악으로 자리 잡았다. 파두는 2011년 유네스코 인류무형문화유산으로 등재되었다.

국민성

포르투갈 국민은 기본적으로 가톨릭 규범이 깊이 자리 잡고 있으며, 가족 중심의 공동체주의적 성향을 가지고 있다. 다른 유럽 국가들과 비교할 때, 포르투갈 사회는 개인보다는 가족, 종교, 문화, 국가, 언어 등의 공통점으로 연결된 수평적 집단주의 사회를 특징으로 한다. 개개인의 개성은 존중받지만, 가톨릭에서 파생된 예절 규범을 중요시하며 전통적인 고유문화를 지키려는 노력이 강한 편이다. 포르투갈 사람들은 외세의 문화적 개방이 비교적 진보적으로 발달했음에도 불구하고, 자신들의 전통과 문화를 자부심을 가지고 지키고 있다. 역사적으로 전통적인 축제와 관습은 잘 보전되어 있으며, 각 지역의 특정 축제들은 지역 주민의 중요한 정체성을 형성한다.

포르투갈의 국민성에서 특히 두드러지는 점은 정과 오지랖의 문화이다. 이들은 타인과의 관계를 소중히 여기며, 큰 친절과 도움을 줄 준비가 되어 있다. 타인의 눈치를 보며 체면을 중시하는 경향도 있지만, 이러한 사회적 코드 아래에서도 경쟁은 과도하게 심하지 않은 편이다. 포르투갈 사회는 먼 미래의 행복보다는 현재의 행복을 중시하며, 워라밸Work-Life Balance을 매우 중요하게 여기는 사회다.

기후

포르투갈은 지중해성 기후대에 속하며, 유럽 국가들 가운데 가장 온화한 기후를 갖는 나라 가운데 하나이다. 가을과 겨울은 보통 바람이 많이 불며, 비가 내리고 선선하다. 중부와 북부 지방에서 가장 추우며, 이 가운데 일부 지역에서는 가장 추운 기간에는 온도가 영하로 내려가기도 한다. 하지만 남부 지방에서는 온도가 영하로 내려가는 일이 드물며, 대개 5°C 정도에서 머문다. 봄과 여름에는 맑은 날씨를 보인다. 온도는 건조한 7, 8월에 가장 높은데, 심한 날의 경우 포르투갈 대부분의 지역에서 간간이 최고 온도 40°C를 넘으며, 알렌테주Alentejo 지방 내륙에서는 이러한 고온 현상이 더욱 빈번히 발생한다. 눈은 북부 지방의 일부 현에서는 주기적으로 내리나, 남쪽으로 갈수록 빈도는 줄어든다. 남부 알가르브Algarve 대부분의 지역에서는 눈을 찾아볼 수 없다.

출처: Wikipedia>Portugal; 두산백과>포르투갈

10월 30일

포르투,
우리의 꿈이
현실로!

어제 장시간 비행으로 몸이 상당히 지쳤음에도 불구하고, 쉬이 잠을 이룰 수가 없었다. 새벽 2시까지 뒤척이다 간신히 잠이 들었으나, 눈을 뜨니 4시가 조금 넘은 시간이었다. 아내도 마침 깨어 있었다. 아내는 어제 잠자리에 들자마자 잠이 들었다고는 하지만, 두세 시간 정도밖에 수면을 취하지 못한 상태여서 가능한 한 좀 더 자 보려 애썼다.

조식이 포함된 호텔이라 숙소에서 아침을 해결하고, 짐을 챙겨 포르투행 열차를 타기 위해 도보 5분 거리의 오리엔트(Lisboa Oriente) 역으로 향했다.

오리엔트 역은 1993년 리스보아시 주관의 국제 공모전을 통해 스페인 건축가 산티아고 칼라트라바(Santiago Calatrava)가 설계한 역이다. 이는 1998년 리스보아 엑스포를 대비해 진행된 프로젝트로, 시는 이곳을 도시의 새로운 중심지로 만들고자 했다. 그러나 오리엔트 역은 사실상 리스보아와 엑스포 사이의 관문으로서만 기능했을 뿐이다. 이곳을 새로운 중심지의 촉매로 만들고자 했던 야심 찬 목표는 달성되지 않았다. 하지만 이곳은 항상 사람들로 북적인다. 교통 터미널일 뿐만 아니라, 역 로비에서 박람회를 열기도 하고 주요 쇼핑센터, 콘서트홀, 전시장이 근처에 자리 잡고 있기 때문이다. 오리엔트 역에서는 칼라트라바의 트레이드 마크인 유기적인 테마의 구조들을 많이 엿볼 수 있다. 열차 역 내부의 천장 볼트 부분은 거대한 콘크리트 구조물로 해양 생물의 뼈대를 연상시키며, 외부의 지붕 차양 부분은 마치

리스보아 오리엔트 역 내부

거대한 강철 야자수 나무처럼 보인다. 전체적인 외형은 거대한 범선처럼 보이기도 했다.

역사의 독특한 디자인은 매우 인상적이었다. 역사 옆쪽으로는 버스 터미널이 있어서 포르투뿐만 아니라 많은 근교 도시를, 버스를 이용하여 다닐 수도 있다. 그뿐만 아니라 도로를 사이에 두고 역사 맞은편으로는 바스쿠 다

리스보아 오리엔트 역 외부 모습

가마(Vasco da Gama)라는 꽤 큰 규모의 쇼핑몰이 위치해 있다.

열차 출발까지 1시간 이상의 여유가 있어 역 내부 1층에 있는 조그마한 카페에서 커피를 주문했다. 라테 그런데 사이즈 1잔과 미디엄 사이즈 1잔을 주문하고 3.10유로를 지불했다. 포르투갈의 커피 값이 저렴하다고 했는데 실제 한국에서 지불하는 커피 값의 절반 수준에 불과한 것 같았다. 열차 안에서 점심을 해결하기 위해 음료수와 간단한 빵을 사려고, 역사와 연결된 쇼핑몰 안에 위치한 콘티넨트(Continente)라고 하는 슈퍼마켓에서 물, 주스 및 간단한 빵 몇 가지를 구입했다. 가격은 6.85유로로, 역시 마트 물가는 한국에 비해 상당히 저렴한 수준이었다.

오리엔트 역에서 오전 11시 39분에 출발하는 특급 열차(IC)를 타고 포르투 캄파냥(Porto Campanhã) 역에 오후 2시 53분에 도착한 후, 캄파냥 역에서 3시 1분 완행 열차(U)로 환승하여 포르투 상 벤투(Porto São Bento) 역에 3시 5분에 도착하는 스케줄이다. 열차 티켓은 서울에서 이미 한 달 전에 포르투갈 국영철도 CP 앱을 통하여 구매해 두었다. 포르투갈의 1등석은 보통 제일 마지막 차량에 있으며, 각 차량에는 1등석 및 2등석 표시가 커다랗게 되어 있어 승객의 혼란을 방지해 두었다. 1등석과 2등석의 차이는 우리의 KTX나 SRT와 동일하다. 1등석 칸은 1-2석 구조, 2등석 칸은 2-2석 구조이다. 좌석 아래 콘센트가 있어 휴대전화 충전도 가능했다.

차량마다 끝에 짐을 보관하는 선반이 있긴 했으나, 공간이 넉넉하지 않아 이미 다른 승객들의 짐들로 가득 차 있었다. 일단 작은 가방과 중간 크기의 가방은 차량 위의 선반에 올려놓았지만, 가장 큰 가방은 선반에 올리기에는 너무 무거워 부득이 우리가 앉은 좌석 옆에 두고 최대한 가운데 통로를 방해하지 않으려고 애를 썼다. 그러나 자리에 앉은 지 몇 분이 지나지 않아 검표 차 다가온 열차 승무원은 가방이 통로를 방해한다며 반드시 선반에 올려놓으라고 다그치기 시작했다. 하는 수 없이 가방을 올려놓을 테니 도와달라고 부탁하자 혼자 하라는 무뚝뚝한 태도로 지켜만 보고 있는 게 아닌가!

혼자 힘으로는 큰 가방을 올릴 수가 없어 다른 방법을 찾아보던 중, 차량 맨 끝 열이 1-1석 구조로 되어 있고, 혼자 앉아 있는 승객 옆의 공간이 충분하여 그 승객에게 양해를 구한 후, 그 공간에 큰 가방을 놓을 수 있었다. 그러자 지켜보던 승무원은 별다른 말 없이 다른 차량으로 이동했다.

승무원의 무책임한 태도에 언짢아진 나를 위로하며 아내는 이것이 유럽식 스타일이라며 나를 달래 주었다. 한국의 열차 승무원이었더라면 승객의 어려운 상황에 어떻게 대처했을까 하는 생각에 씁쓸한 기분이 오랫동안 사라지지를 않았다.

리스보아에서 포르투로 가는 여정은 그다지 인상적이거나 기억에 남는 풍경은 없었고, 이름을 알 수 없는 나무들과 올리브 나무들만이 듬성듬성 자라고 있었다. 하지만 포르투에 거의 진입하여 도루강의 모습이 보일 때쯤, 주황색의 지붕들로 가득 찬 예쁜 집들과 강변의 풍광이 시선을 사로잡았다. 열차는 콘크리트 침목 위를 달려서인지 정확히 알 수는 없었지만, 한국의 고속 철도와는 달리 흔들거림이 다소 심한 편이었고, 그 이유에서인지는 몰라도 아내는 열차 내에서 속이 메스꺼움을 느꼈다고 한다. 3시간 20분을 달려 포르투 캄파냥 역에서 내려 완행 열차로 환승한 후, 종착지인 상 벤투 역에서 하차했다.

상 벤투 역 앞은 현재 공사로 인하여 주변 도로가 협소하고 많은 여행객들로 붐비고 있었다. 우리가 타고 온 상 벤투 행 완행 열차 안에서도 한국인 관광객들을 여럿 볼 수가 있었으며, 포르투도 한국인들에게 더 이상 낯선 도시가 아니라는 느낌이 들었다. 포르투는 포르투갈 제2의 도시로서 전형적인 유럽의 분위기를 간직한 구도시라는 인상이 강하게 와닿았다.

아름답기로 유명한 상 벤투 역은 다음 날 다시 자세히 둘러보기로 하고, 일단 무거운 가방을 끌고 도보로 약 15분간 이동하여 숙소에 도착했다. 숙소로 오는 길은 무거운 가방을 끌고 오기에는 너무나 힘에 벅차고, 특히 작은 돌맹이들로 만들어진 인도는 가방을 끌기에는 꽤 어려운 조건이었다. 택시를 이용하지 않은 게 상당히 후회되었다.

숙소는 침실 1개에 거실, 주방, 욕실이 있는 아파트를 부킹닷컴(Booking.com)에서 예약해 두었다. 3주를 지내기에는 별로 부족함이 없어 보였다. 거실에는 작은 발코니가 딸려 있고 약 25평 정도 되는 아파트이다. 취사를 할 수 있는 제반 시설을 다 갖추고 있다. 아내는 장기간의 여행에는 호텔보다 취사 장비가 갖춰져 있는 아파트를 훨씬 선호한다. 30년이 넘는 해외 생활이지만 여전히 한국 음식, 특히 밥과 싱싱한 야채가 없으면 다소 힘들어하는 체질이다. 40일간의 산티아고 순례길을 완주하면서도 가장 힘들었던 점이 900킬로미터에 달하는 거리를 매일 걷는 것이 아니라 식사 문제였다. 그래서 이번 한 달 살기의 숙소는 애초부터 아파트만을 대상으로 제반 취사 장비 및 세탁기, 주변 마트 등을 최우선 고려 대상으로 하여 선택했다. 또한 쓰레기 분리배출을 우리가 직접 하지 않아도 되고, 호스트가 매일 아파트 청소를 해주는 곳으로 선택했다. 뷔페식 조식이 포함되어 있어 체류 기간 아침 식사에 신경을 덜 써도 되는 장점이 있다.

다만 우리가 선택한 아파트의 조식 시간이 오전 8시 30분부터이고, 식사 장소가 우리가 체류하는 아파트가 아닌 약 400미터 떨어진 다른 아파트라는 불편함은 감수해야만 한다. 우리 숙소의 소유주가 근처에 또 다른 아파트를 소유하고 있는 것으로 보였다. 직원으로 보이는 필리파(Filipa)는 아주 유창한 영어를 구사했고, 필요시 아침 식사 시간을 조금 앞당겨 달라는 나의 요청에 긍정적인 반응을 보였다.

숙소는 상 벤투 역 인근에 위치하여 포르투 주변 소도시를 방문할 때 역까지의 이동이 용이하고, 포르투 대성당을 위시하여 상 프란시스쿠 대성당, 볼사 궁전, 플로레스 거리 및 도루강변의 히베이라 광장까지 모두 도보로 이동할 수 있는 곳이다. 특히, 포르투갈의 대표적인 슈퍼마켓인 '핑구 도스(Pingo Doce)'와 대표적인 재래시장인 '볼량 시장(Mercado Bolhão)'은 200미터 내의 가까운 거리에 위치해 있어 마트 접근성이 상당히 뛰어났다.

핑구 도스

오후 4시경 숙소에 도착한 후 일단 간단히 짐 정리를 마치고 밖으로 나와 아침 식사 장소를 미리 알아본 뒤, 슈퍼마켓인 핑구 도스에 들러 장을 보았다. 하지만 핑구 도스의 규모가 예상보다 크지 않고, 육류 제품이 신선하지 않아 인근의 다른 핑구 도스나 다른 마트를 찾아보기로 했다.

저녁 식사는 아파트 내에서 스테이크 요리를 하기로 하고, 일단 식생활에 필요한 물, 쌀, 올리브오일, 상추, 연어, 소 등심, 돼지불고기용 등심, 양파, 파프리카, 포도, 바나나 등과 더불어 스테이크에 어울리는 레드와인도 포르투갈 산으로 한 병 구입했다. 2015년 빈티지 와인의 가격은 29.90유로로 핑구 도스에서 판매하는 와인 가운데 고가였다. 오늘 핑구 도스에서 지불한 총액은 와인을 포함해 66.61유로였고, 다시금 마트 물가가 상당히 저렴함을 실감했다.

집에 돌아와 소 등심으로 스테이크를 굽고 준비해 간 소형 저당 밥솥에 밥을 지어, 와인 한 잔과 함께 아내와 행복한 저녁 식사를 즐길 수가 있었다. 저녁 식사를 마치고는 내일 방문할 곳에 대하여 아내와 의논했고, 일단 상 벤투 역 남쪽의 히베이라(Ribeira) 지역과 포르투 역사 지구를 둘러보기로 했다.

아직 시차 적응이 되지 않았고 포르투 이동으로 피곤한 상태라 아내는 다소 일찍 잠자리에 들었고, 나는 여행기를 작성하느라 조금 늦은 시간에 잠을 청하며 포르투에서의 첫날을 마무리했다.

포르투 Porto

포르투는 수도인 리스보아에 이어 인구와 경제면에서 포르투갈에서 두 번째로 큰 도시이며, 유럽에서 가장 오래된 중심지 중 하나이다.

'오포르투Oporto'라는 이름으로도 알려져 있으며, 포르투갈의 국가명은 바로 이 도시의 이름에서 유래했다. 포르투는 북부의 도루강Rio Douro 하구를 따라 위치하고 있으며, 서쪽 부분은 대서양의 해안선까지 뻗어 있다. 역사적으로 매우 중요한 항구도시였으며, 이를 기반으로 관광산업이 발달했다. 2012년, 2014년, 2017년에는 유럽 최고의 여행지로 선정되기도 했다.

'포르투 역사 지구Centro Histórico do Porto'는 1996년에 유네스코 세계문화유산에 등재되었으며, 이는 포르투갈의 국가 기념물이기도 하다. 대표적인 로마네스크 양식의 포르투 대성당과 바로크 양식의 클레리구스 성당Igreja do Clérigos, 상 프란시스쿠 성당Igreja Monumento de São Francisco 등은 포르투갈에서 현존하는 가장 오래된 건축물이다. 시 자체의 인구는 약 24만 명 정도이지만 17개 자치단체를 아우르는 포르투 수도권의 전체 인구는 약 173만 명에 이른다.

포르투는 포르투갈에서 유일하게 수입보다 수출이 많아 국가 수출에 가장 많이 기여하는 지역으로, 국제 무역량은 포르투갈 전체의 25%를 차지하고 있다.

포르투갈에서 가장 유명한 수출품 가운데 하나인 포트와인Vinho do Porto은 이 도시의 이름을 따라 명명되었고, 도루강 남쪽의 빌라 노바 드 가이아Vila Nova de Gaia 지역에서 와인의 포장, 운송 및 수출이 이루어졌다.

포트와인은 발효 중인 포도주가 완성되기 전에 숙성을 중단하고 브랜디를 첨가한 스위트한 주정 강화 와인으로, 발효가 중단된 상태에서의 잔당 함유량과 이어지는 블렌딩 작업에 따라 단맛의 정도가 달라지며 알코올 도수는 일반적으로 18~22% 정도이다. 최근 다른 나라에서 '포트Port'라는 이름을 함부로 쓰지 못하도록 포르투갈산 포트와인의 명칭을 '포르투Porto'로 변경했다.

포르투는 '교량의 도시'로 유명하다. 19세기에 건설된 동 루이스 1세 다리Ponte de

Dom Luis I와 마리아 피아 다리Ponte Maria Pia, 프레이소 다리Ponte do Freixo를 비롯하여, 1950년대에 세워진 아라비다 다리Ponte da Arrábida는 개통 당시 세계에서 가장 큰 콘크리트 아치를 가진 구조물로 알려져 있다. 가장 최근에 지어진 것은 2003년 완공된 경전철 전용 인판트 다리Ponte do Infante이다.

포르투는 포르투갈 영화의 요람이기도 하다. 1896년 공개된 최초의 포르투갈 영화는 포르투에서 촬영되었으며, 1981년부터 매년 국제 영화제인 '판타스포르투Fantasporto'를 개최하고 있다.

포르투의 기후는 온화하여 스페인 북부와 유사한 해양성 기후의 영향을 받는다. 따뜻한 여름과 비가 내리는 온화한 겨울이 특징이며, 유럽에서 가장 습도가 높은 도시 가운데 하나다. 여름 평균 기온은 보통 16°C에서 27°C 사이로 화창하고, 겨울은 일반적으로 5°C에서 15°C 사이다. 야간에는 0°C 이하로 떨어지는 일이 드물어 여행객들이 쾌적하게 방문할 수 있는 환경을 제공한다.

출처: Wikipedia>Porto

10월 31일

작지만
찬란한
포르투

　　　　　　　　　　　　이른 새벽 4시경에 눈이 떠졌다. 어제 여행기를 정리하느라 피곤한 몸을 이끌고 늦은 시간에 잠을 청했지만, 서너 시간도 채 잠들지 못했다. 아내는 그저께 거의 뜬눈으로 밤을 지새운 탓인지 어제는 그런대로 6시간 정도는 숙면을 취한 모양새다. 요 며칠 사이 아내의 몸이 썩 좋은 상태가 아니었는데 그나마 다행스러운 일이었다. 어제 저녁 식사 후, 포르투 시내의 명소를 어떤 식으로 방문하는 게 좋을지 아내와 의견을 나눴었다. 방문할 장소에 여러 번 왔다 갔다 하는 시간 낭비를 최소화하고 모든 명소를 가능한 도보로 이동할 수 있도록 구글맵에 모든 방문 예정지를 표시했다. 그렇게 내린 결론은 포르투 시내를 4개의 권역으로 나누어, 매일 동일한 권역 내의 명소를 방문키로 했다.

포르투 4개 지역은 첫째, 상 벤투 역 남쪽 지역(Ribeira)으로 도루강변과 골목의 낭만이 서려 있는 지역이며, 두 번째 지역은 상 벤투 역 북쪽 지역(Baixa-Bolhão)으로 언덕 위 활기찬 중심가이다. 세 번째 지역은 동 루이스 1세 다리 너머의 지역인 빌라 노바 드 가이아(Vila Nova de Gaia) 지역으로 포트 와인의 산지이자 달콤한 일몰로 유명한 지역이며, 마지막으로 포르투의 서북쪽에 자리한 보아비스타(Boavista), 포즈(Foz) 및 마토지뉴스(Matosinhos) 지역이다.

오늘은 아직 시차 적응이 부족하고 몸도 다소 무거운 상태라, 상 벤투 역 남쪽인 히베이라 지역에 위치한 명소들 가운데 일부를 둘러보기로 하고 가급적 이른 시간에 귀가하기로 했다. 어제 필리파가 이야기해 준 장소로 아침 식사를 하러 8시 20분에 아파트를 나섰다. 어제 위치를 미리 파악한 덕분인지, 어제처럼 멀게 느껴지지 않고 금방 도착한 느낌이었다. 2인용 테이블 기준 약 8개 정도가 놓여 있는 아담한 공간에서 뷔페식으로 아침이 준비되어 있었다. 충분히 먹을 만한 식사였으며 아내는 리스보아의 이비스 호텔보다는 훨씬 괜찮다고 했다.

아침 식사를 마치고는 곧바로 상 벤투 역으로 향했다. 어제 리스보아에서 기차로 포르투에 도착하면서 대충 보기는 했지만, 역 내부에 장식된 유명한 아줄레주 벽화를 제대로 감상하기 위해 다시 찾은 것이다.

포르투 상 벤투역

　　상 벤투 역은 한 권의 아름다운 그림책 같은 기차역으로, 역사 내부의 푸른 아줄레주 벽화로 세계에서 가장 아름다운 기차역으로 알려져 있다. 상 벤투 기차역이라는 명칭은 원래 이곳이 베네딕트회 수도원(Mosteiro de São Bento de Ave-Maria)이 있던 자리이기 때문에 붙여진 것인데, 화재로 폐허가 되었다가 1900년 카를루스 1세(Carlos I)가 재건하여 기차역이 됐다. 설계는 당대 최고의 포르투갈 건축가인 주제 마르케스 다 실바(José Marques da Silva)가 맡았고, 그는 19세기 중엽 이후 프랑스를 중심으로 크게 유행했던 보자르(Beaux-Arts) 양식에 따라 웅장하고 위엄 있는 모습의 3층 역사 건물을 지었다.

　　기차역 내부의 화려하고 웅장한 아줄레주 벽화는 화가 조르즈 콜라수(Jorge Colaço)에 의해 완성되었는데, 그는 1905년부터 1916년까지 11년에 걸쳐 무려 2만 장의 타일 위에 1140년 레온 왕국과의 독립 전쟁부터 포르투갈의 시조인 아폰수 1세, 필리파 여왕, 주앙 1세, 전투에서 승리한 엔히크 왕자의 모습 등 포르투갈의 중요한 역사적 사건들을 이야기식으로 세밀하게 표현해 내었다. 역 내부는 마치 박물관에 들어선 듯한 느낌을 주며, 화려한 색채의 아줄레주 장식과 독특한 건축 양식이 조화를 이루어 정말로 세계에서 가장 아름다운 기차역이라는 명성에 걸맞은 곳임을 체감할 수 있었다. 천장까지 닿는 푸른 아줄레주 벽화의 아름다움은 고개를 절로 우러러보게 만드는 묘한 힘이 있었다. 상 벤투 기차역은 포르투 역사 지구에 포함되어 1996년 유네스코 세계문화유산으로 지정되었다. 포르투 근교 소도시를 방문할 때 이 기차역에서 출발해야 하므로 우리는 이 기차역을 수시로 드나들어야 할 것 같았다.

　아줄레주 벽화의 아름다움에 끌려 아내와 함께 몇 장의 사진을 남기고 발걸음을 돌려 도보 5분 거리에 자리한 포르투 대성당(Sé do Porto)으로 향했다.

아줄레주 Ajulejo

아줄레주는 '광택을 낸 돌멩이'라는 뜻을 지닌 아랍어 '알 줄리이카al Zulaycha'에서 유래된 용어로 주석 유약을 사용해 그림을 그려 만든 포르투갈의 도자기 타일 작품이다. 하지만 타일 장식의 기원은 페르시아, 이슬람 문명권이었다. 마누엘 1세가 그라나다의 알람브라Alhambra 궁전을 방문했을 때 그곳의 장식 타일에 매료되어 신트라 왕궁에 처음 아줄레주를 장식하기 시작하면서 이 전통이 포르투갈 전역으로 퍼져 나갔다. 초기에는 여러 색깔의 타일을 만들어 자른 후 타일 조각들을 기하학적 무늬가 만들어지도록 다시 이어 붙이는 모자이크 방식이 사용되었다.

이후 타일 표면에 직접 그림을 그리고 이 그림 타일을 이어 붙이는 방식으로 발전해 갔다. 포르투갈의 성당이나 궁전과 같은 역사문화적 건물의 아줄레주는 흔히 푸른색과 흰색의 조합으로 이루어져 있어 많은 사람들이 아줄레주는 푸른색인 것으로 오해하고 있는데, 그러나 아줄레주에 사용되는 색상은 다양하다. 또한 반복적인 기하학적인 무늬나 단순한 꽃 모양에 국한되어 있던 타일 예술이 타일 작품을 통해 특별한 이야기나 심지어 감성을 전달하는 방식으로 진화해 왔다.

아줄레주는 성당이나 왕궁 같은 명소뿐 아니라 일반 가정집, 학교, 식당, 기차역, 지하철역 등 대중적인 곳의 장식에도 사용되고 있다. 리스보아에서는 거의 모든 지하철역이 아줄레주로 장식되어 있다. 아줄레주는 장식 예술이지만 내구성이 좋고, 위생적이며, 건물 외벽에 붙여 놓으면 여름에 더위를 막고 겨울에 추위와 습기를 막는 데 도움이 되는 특성 덕분에 아줄레주는 건축재료로도 널리 사용된다.

궁전이나 성당, 관공서 등 유명 건물에는 하얀 타일을 여러 장 이어 붙여 캔버스처럼 활용해 하나의 커다란 그림을 완성하는 방식으로 수작업한다. 이 경우 제작비가 많이 든다. 반면 일반 건물에 쓰이는 아줄레주 같은 경우는 일관된 형태의 타일을 대량 생산하여 벽지처럼 이어 붙이므로 비용이 적게 든다.

아줄레주는 5세기 넘게 생산되어 오면서 포르투갈 문화의 특징적인 단면이 되었다. 또한 라틴 아메리카와 필리핀, 동티모르, 마카오 등 옛 포르투갈과 스페인 식민지에도 아줄레주 생산의 전통이 전래되었다.

출처: Wikipedia>Ajulejo;
최경화, 포르투갈, 시간이 머무는 곳(개정판), 모요사, 88-100

대성당은 포르투에서 가장 오래된 건축물로서 포르투 역사 지구의 중심이자, 도시의 가장 높은 언덕 위에 우뚝 서 있다. 포르투갈의 로마네스크 양식을 대표하는 건축물 가운데 하나로서 '성모 승천 교회(Igreja de Nossa Senhora da Assunção)'라고도 불린다. 12세기 초에 건립된 이래로 긴 세월 동안 여러 차례 개축을 거치며 다양한 양식이 혼합된 유서 깊은 건물이 되었다. 특히, 파사드의 고딕 장미 창문은 초기 건축 이후 변형되지 않은 원형을 간직하고 있다. 14~15세기에는 고딕 양식의 회랑이 새롭게 만들어졌고, 1387년에는 주앙 1세(João I)와 잉글랜드 출신의 왕비 필리파(Filipa de Lencastre)의 결혼식이 이

포르투 대성당 파사드

곳에서 거행되었다. 17세기 중반 이후에는 바로크 양식에 따른 개축이 이루어지면서 외관과 내부 장식이 크게 바뀌었다. 1732년 이탈리아 출신의 건축가 니콜라우 나소니(Nicolau Nasoni)가 측면 외벽에 바로크 양식의 개방형 복도인 로지아(Loggia)를 만들면서 포르투 대성당은 로마네스크 양식의 단조로움에서 벗어나 화려한 모습을 띠게 되었다. 1772년에는 정면의 출입구도 바로크 양식으로 개축되었고, 두 탑 꼭대기의 돔도 개축되었다. 성당 내부의 구조와 장식도 바로크 양식에 맞추어 큰 변화가 이루어졌으며, 특히 1727년부터 1729년까지 제단 주위가 바로크 양식으로 화려하게 장식되었다.

성당 앞 광장에 들어서면 뱀이 감아 올라가는 형상을 한 기둥 펠로리뉴 두 포르투(Pelourinho do Porto)가 눈에 들어온다. 과거 노예나 죄인을 묶어 처

수치심의 기둥

벌하는 용도로 사용되었으며, '수치심의 기둥'이라고 부르기도 한다. 우리는 입장권을 구입하고 본당에 앞서 먼저 2층과 전망대로 올라갔다. 2층에는 두 벽면 전체를 모두 채운 푸른색과 흰색의 아줄레주를 볼 수 있다. 사진 찍기 좋은 장소여서인지 많은 방문객이 벽화를 배경으로 촬영에 여념이 없었다. 방문객 중에는 젊은 한국인 두 커플도 눈에 띄었다. 포르투 시내를 걸으며 한국인들이 눈에 많이 띄는 걸 보니 포르투가 더 이상 한국인에게도 낯선 도시가 아님을 확연히 느낄 수가 있었다.

2층에서 계단을 오르면 포르투 전경을 조망할 수 있는 전망대가 나온다. 대성당은 포르투의 가장 높은 언덕 위에 자리하고 있어, 포르투 시내와 도루강을 한눈에 감상할 수 있는 전망대로도 인기가 높다. 특히 야경이 아름다우며 강 너머에서 바라보는 풍경은 각기 다른 각도에서 색다른 매력을 선사한다. 전망대에서 바라본 주황색 지붕들은 산티아고 순례길의 종착지였던 스페인 갈리시아 지방의 무시아(Muxia) 언덕 위에서 바라다본 대서양과 환상적으로 어우러진 붉은 지붕을 떠올리게 했다. 또한 크로아

포르투 대성당 2층의 아줄레주 벽화

포르투 대성당 전망대에서 바라 본 포르투 전경

티아의 항구 도시로 '아드리아해의 진주'라 불리던 두브로브니크(Dubrovnik)의 도심 풍광도 이와 유사한 장면을 연출했었다.

 예배당에 들어서면 좌우대칭 구조가 돋보이고, 화려한 스테인드글라스와 정교한 장식들이 시선을 사로잡는다. 본당 내부는 양쪽 제단과 중앙 제단이 모두 탈랴 도라다(Talha Dourada) 기법으로 장식되어 화려함의 극치를 이룬다. 중정식 회랑 벽면과 바로크 양식의 성구 보관실도 아줄레주로 은은하게 장식되어 있어 포르투 대성당은 아줄레주 장식의 정수를 보여 주는 것 같았다. 입장권은 3유로이며 일요일 오전 11시 미사 시간에는 무료로 입장할 수 있다.

포르투 대성당 회랑의 아줄레주 벽화

포르투 대성당 회랑

포르투 대성당 기둥의 탈랴 도라다 장식

포르투 대성당 중앙제단

탈랴 도라다 Talha Dourada

탈랴 도라다는 나무를 조각한 후 그 위에 종잇장으로 얇은 금박을 두드려 입히는 장식 기법이다. 이 기법은 대리석과 같은 재료에 비해 가격이 저렴하고 다루기가 쉬운 나무를 사용하기 때문에 매우 인기가 있다. 탈랴 도라다를 활용하면 돌을 깎는 것보다 훨씬 작업도 쉽고 빠르며, 표면에 금박을 씌우니 화려하고 풍요로워 보이면서도 전체를 순금으로 만드는 것보다 훨씬 경제적인 장점이 있다.

금박 조각 양식은 아줄레주와 함께 17~18세기 포르투갈 북부에서 바로크 양식의 중요한 특징적 요소 중 하나가 되었다. 특히 성당과 예배당의 제단과 기둥, 천장 등을 장식하는 데 많이 사용되었다. 17세기 후반에 식민지였던 브라질에서 금광이 발견된 이후 포르투갈에 금이 풍부해지자, 성당의 중앙 제단이나 예배당 하나 정도에 사용하던 금박 장식을 성당 전체를 꾸미는 데 사용하는 곳이 많아져 포르투갈의 성당은 점점 화려해졌다.

탈랴 도라다 기법은 대체로 두 가지 중요한 특징이 있다. 첫째, 나무를 정교하게 조각한 후 금박을 입히는 세심한 과정이 필요하다. 이 과정에서 예술가의 기술이 도드라지며, 각 작품은 독창적인 아름다움을 지니게 된다. 둘째, 기법의 발전 과정에서 아줄레주와의 조화를 이루며, 포르투갈 바로크 건축의 화려함과 풍요로움을 더욱 강조했다.

출처: Wikipedia>Talha Dourada;
김영화, 60대 부부의 포르투갈 한 달 살기

루아 다스 알다스 전망대에서 바라다본 포르투 전경

포르투 대성당에서 그릴로스 성당(Igreja dos Grilos)이 보이는 방향으로 몇 계단 내려가면 루아 다스 알다스 전망대(Miradouro da Rua das Aldas)를 만날 수 있다. 그릴로스 성당 너머로 내려다보이는 포르투와 빌라 노바 드 가이아의 전망이 또 다른 매력으로 다가오는 아주 아담한 전망대이다. 버스킹이 자주 열리는 뷰 맛집으로 소문난 곳답게 우리가 방문한 오늘도 버스킹이 열리고 있었다.

전망대 옆 계단으로 방향을 바꾸어 내려오면 귀뚜라미 성당이라 불리는 그릴로스 성당을 만나게 된다. 이곳의 본래 명칭인 상 로렌수 성당(Igreja São Lourenço)은 뛰어난 전망으로 유명하다. 성당은 원래 16세기 후반 예수회에 의해 바로크 양식으로 지어졌으나, 폼발 후작에 의해 예수회가 추방되며 코임브라대학교에 기증되었다가, 1780년부터 1832년까지 성 아우구스티누스 수도회의 맨발의 수사들이 매입하여 그릴로스 성당이라는 이름을 얻게 되었다고 한다. 우리는 그릴로스 성당의 내부 관람은 하지 않고 외관만 구경하는 것으로 대신했다.

그릴로스 성당에서 몇 분 걸어 내려오면 '꽃의 거리'라는 이름처럼 예쁜 플로레스 거리(Rua das Flores)로 들어선다. 포르투의 번영기인 1521년 마누엘 1세의 명에 따라 조성된 거리로, 당시 많은 꽃이 피어 있어 '플로레스 거리'라는 이름이 붙었다고 한다. 거리 양옆으로는 16~18세기에 지어진 귀족과 부르주아의 호화로운 저택들이 여전히 자리하고 있다. 지금은 오래된 건물 1층에 카페와 레스토랑이 들어서 있어 활기가 넘치고, 또한 포르투 대표 브랜드들의 매장도 모여 있어 쇼핑하기도 좋다. 포르투갈 왕실에서 사용한 비누를 판매하는 130년 전통의 클라우스 포르투(Claus Porto)도 이 거리에 있다.

플로레스 거리

플로레스 거리로 들어서자 검은 망토로 통일한 대학생들로 구성된 약 10명의 악단이 포르투갈의 전통 악기를 연주하며 버스킹을 진행하고 있었다. 포르투갈 거리에서 볼 수 있는 투나(Tuna)라고 부르는 밴드로 중세시대부터 내려온 음유시인의 전통을 계승하고 있다고 한다.

많은 인파가 주변에 모여들어 사진을 찍고 음악을 감상하며 거리에 활

투나 밴드

비토리아 전망대에서 바라다본 포르투 전경

기를 불어넣고 있었다. 우리도 잠시 라이브 음악을 감상한 후, 유아용 옷을 판매하는 매장 앞에서 곧 태어날 손녀를 생각하며 옷 한 벌을 구입할까 망설였다. 결국 며칠 더 생각해 보기로 하고 발걸음을 돌려 비토리아 전망대(Miradouro da Vitória)로 향했다.

비토리아 전망대는 작지만 유서 깊은 비토리아 성당 앞에 숨어 있는 전망대다. 외진 골목길을 따라 걸어올라 도착하니, 포르투에서 가장 높은 언덕 위에 서 있는 포르투 대성당부터 포트와인 셀러가 즐비한 빌라 노바 드 가이아까지 파노라마로 펼쳐지는 웅장한 풍광에 감탄을 금치 못했다.

많은 관광객으로 붐비는 이곳에서 유별나게 눈에 띄는 단체 관광 그룹이 있었다. 스페인에서 온 팀으로 보였는데, 여성 가이드가 아주 열정적으로 설명을 이어 갔다. 그 설명이 이 전망대를 한층 더 기억에 남도록 만들어 주었다.

전망대를 내려와 우리가 향한 곳은 180여 년의 역사가 깃든 볼사 궁전(Palácio da Bolsa)이었다. 볼사 궁전은 현재 포르투 상업협회 본부가 있는 곳으로 인판트 동 엔히크 정원(Jardim do Infante Dom Henrique) 옆에 자리한다.

인판트 동 엔히크 정원

　이곳은 개인 관람이 불가능하고, 정해진 시간에 진행되는 가이드 투어를 통해서만 관람할 수 있다. 가이드 투어는 영어, 포르투갈어, 스페인어, 프랑스어 중 하나로 제공된다.

　우리가 도착해 보니 적당한 시간대의 표가 매진되어 투어에 참가하기가 어려워 부득이 다음 날로 관람을 미루고, 궁전 옆에 자리한 인판트 동 엔히크 정원으로 발길을 돌렸다. 정원 한가운데 엔히크 왕자의 동상이 있고 주변에 벤치가 놓여 있어 잠시 쉬어가기에는 더할 나위 없이 좋은 마치 언덕 위의 쉼표 같은 정원으로 보였다.

　마침 점심 식사 시간도 다가와 아내와 잠시 벤치에 앉아 식사를 할 식당을 물색하던 중 아내가 블로그에서 리뷰도 좋고 평점이 높은 해산물 식당인 브라간사 식당(Casa Bragança)을 추천했다.

　도보로 약 15분을 이동하여 도착한 브라간사 식당은 아담한 규모의 해산물 전문 식당으로, 빈 좌석이 하나도 없었으며 이미 한 팀이 밖에서 대기하고 있었다. 우리도 대기 줄에서 차례를 기다리다 10여 분 후에 안으로 들어갈 수가 있었다. 기다리는 동안 이미 건네받은 메뉴를 통해서 우리는 해물

해물밥과 문어샐러드

밥과 문어샐러드를 주문하고 같이 나눠 먹기로 했다. 포르투갈은 해산물이 풍부한 나라로서 대부분의 식당에서는 다양한 종류의 해산물 요리를 제공한다. 특히, 해물 밥과 문어 요리는 포르투갈의 전통 음식으로서 식당마다 고유한 레시피로 고객들을 맞이한다. 우리가 주문한 해물밥은 그리 짜지도 않고 입맛에 맞아 먹을 만했으나, 문어샐러드는 아내의 입맛에 썩 맞지 않는 눈치였다. 해물밥을 먹은 아내는 2년 전 순례길에서 맛있게 먹었던 스페인의 빠에야(Paella) 요리가 생각난다고 했다. 화이트와인 두 잔과 더불어 총 40유로를 지불했다. 문어샐러드가 22유로로 다소 비싸게 느껴졌으나, 해물밥은 12유로라 합리적인 가격으로 느껴졌다.

  점심을 마치고 인근에 위치한 클레리구스 탑(Torre das Clérigos)과 성당(Igreja do Clérigos)을 들러 보기로 했다. 사실 클레리구스 탑은 상 벤투 역 북쪽 지역에 위치하고 있으나 마침 우리가 점심 식사를 한 식당 주변에 있어 방문하기가 용이했다. 오후 2시 입장권을 구입하니 약 30분의 시간이 남아 탑 바로 앞에 자리한 스타벅스에 들러 아내와 함께 우리가 즐겨 마시는 카페 라테를 주문하고 피곤함을 달래었다. 아내는 포르투갈에 와서 제일 맛있는 커피를 마신다고 행복한 미소를 보였다.

  시내 어디에서나 보이는 클레리구스 탑은 동 루이스 1세 다리만큼이나 유명한 포르투의 랜드마크다. '성직자의 탑'이란 뜻으로 무려 260여 년 전에 만들어진 바로크 양식의 건축물이다. 1753년 성직자인 클레리구스 형제가

클레리구스 탑에서 바라다본 포르투 전경

의뢰해 이탈리아 토스카나 출신 건축가인 니콜라우 나소니가 종탑 프로젝트를 시작했고, 1763년 건물 꼭대기에 철제 십자가를 올리며 종탑을 완성했다. 높이는 75.6미터로 건축 당시에는 이 도시에서 가장 높은 건물이었다. 240개의 계단을 올라가면 탑 꼭대기에서 포르투 시내와 도루강, 강 건너 빌라 노바 드 가이아를 한눈에 조망할 수 있다. 그 덕에 매년 12만 명의 여행자가 이곳을 찾아 360도 파노라마 뷰를 즐긴다고 한다. 실제 계단을 올라 보니 폭이 상당히 좁아 시간마다 인원을 통제하는 이유를 알 것 같았다. 계단 오르기는 다소 힘들었지만, 정상에 올라 보니 눈앞에 펼쳐지는 환상적인 풍경에 감탄사가 절로 나왔다.

입장권은 시간대에 따라 데이 패스와 나이트 패스로 나뉘며, 데이 패스의 경우 클레리구스 박물관을 포함하여 8유로이고, 나이

클레리구스 탑과 성당

클레리구스 성당   클레리구스 성당 내부

트 패스의 경우 박물관은 포함되지 않고 5유로로 밤 11시까지 오를 수 있다.

   클레리구스 탑에 붙어 있는 타원형의 클레리구스 성당 역시 니콜라우 나소니가 설계한 건물이다. 1732년에 짓기 시작하여 1749년에 완공되었다. 전형적인 바로크식 평면도를 채택한 포르투갈 최초의 바로크 교회 중 하나다. 니콜라우 나소니는 포르투를 제2의 고향이라 여겨 포르투에 여러 건물을 지었다. 그중 클레리구스 탑과 성당은 무보수로 설계하는 열정을 보였고, 죽기 전에 이 성당에 묻히는 게 소원이라고 하여 이곳에 묻혔지만 그 위치는 알려져 있지 않다. 성당 내부에 있는 로코코풍의 예배당 제단은 마누엘 두스 산토스(Manuel dos Santos)가 제작했으며, 네 가지 색의 대리석으로 만들어졌다. 내부 곳곳에는 도금된 나뭇잎 모양의 장식이 있어 화려하기보다 단아한 분위기를 자아낸다. 클레이구스 탑에 올 기회가 또 있다면 다음엔 나이트 패스를 이용하여 포르투 야경을 감상하리라 계획하며 집으로 발걸음을 향했다. 여독이 풀리지 않아 아직 몸도 피곤하고, 시간은 이미 오후 3시를 넘어가고 있었다.

집으로 오는 길에 핑구 도스가 아닌 다른 마트를 찾아보자고 하여 들른 곳이 마침 콘티넨트(Continente)였다. 리스보아 오리엔트 역 맞은편에 있던 쇼핑몰 바스쿠 다 가마에서 간단한 빵과 음료수를 구입했던 바로 그 마트였다. 마트 안으로 들어가 보니 규모가 집 근처 핑구 도스보다 크고 깨끗했으며, 육류를 비롯하여 야채 및 과일 등의 식품도 싱싱해 보였다. 아내는 앞으로 장을 이곳에서 보는 게 좋겠다고 하며 물, 계란, 양파, 과일 등을 구입했다.

저녁은 별식으로 한국에서 준비해 온 짜장면을 끓여 먹었다. 아내는 특별한 계획이 없는 한 저녁은 대부분 집에서 먹는 게 좋겠다고 했고, 나도 흔쾌히 동의했다. 저녁을 마친 후 숙면에 도움이 된다는 캐모마일 차를 마시며 내일 방문할 곳에 대한 의견을 나누었다.

내일은 상 벤투 역 북쪽 지역에 위치한 리베르다드 광장, 수정궁 공원, 소아레스 두스 국립 박물관 등을 중심으로, 오늘 방문하지 못한 남쪽 지역 내 볼사 궁전 및 상 프란시스쿠 대성당 등을 방문하기로 했다. 렐루 서점의 경우 내일 온라인 예약이 모두 마감되어 11월 3일 일요일 오전 10시 방문으로 예약했다.

오늘 여정에 대한 여행기를 간략하게 정리하고 이제 잠자리에 들어야 할 것 같다.

11월 1일

도루강변의 낭만, **히베이라**의 숨결

　　　　　　　　오늘도 어제와 비슷한 시간대인 새벽 4시경에 눈을 떴다. 밤 11시가 조금 넘어 잠자리에 들었으니 그래도 5시간 남짓 숙면을 취한 것 같다. 아내는 더 일찍 눈을 떠 잠을 설쳤다고 한다. 시차 적응을 하려면 시간이 좀 더 필요한 모양이다. 한 번 눈을 뜨고 나면 다시 잠을 청하기가 쉽지 않다. 그래도 침대에 누워 눈을 감고 있으면 피로가 다소 풀리는 느낌이다.

　어제보다 10여 분 일찍 집을 나서 아침 식사를 하러 갔더니 음식을 준비하던 남아공 출신의 여직원이 잠시만 기다려 달라고 한다. 우리가 식사 시작 시간보다 15분 정도 일찍 도착한 모양이었다. 테이블에 자리를 잡고 얼마 지나지 않아 어제 아침에 같이 식사를 했던 다른 일행들도 속속 도착해 이

리베르다드 광장

제는 구면이라고 서로 인사를 나누었다. 내일은 포르투 근교 도시인 아베이루(Aveiro)와 코스타 노바(Costa Nova)를 다녀와야 하니, 이른 아침 출발을 고려하면 내일 조식은 부득이 집에서 간단히 해결해야 할 것 같다.

아침을 먹고 밖으로 나오니 가랑비가 내리고 있었다. 오늘은 날이 흐리고 때때로 비가 내린다는 예보가 있어서 백 팩에 미리 우산을 챙겨 두었다. 포르투갈의 11월은 우기로서 비가 잦다고 한다. 포르투로 한 달 살기를 결정했을 때 날씨가 가장 우려스러웠지만, 다행히 큰 비 예보는 다음 주까지는 없는 것으로 보인다.

오늘은 어제 방문하지 못한 상 벤투 역 남쪽 지역의 명소들과 함께 북쪽 지역인 바이샤(Baixa)에 자리한 몇몇 관광지를 둘러볼 예정이다. 아침 식사를 마치고 10여 분을 걸어 리베르다드 광장(Praça da Liberdade)으로 들어섰다. 광장 한가운데는 동 페드루 4세(Dom Pedro IV)의 동상이 우뚝 서 있다. 이곳은 포르투 문화와 경제의 중심지로 포르투에서 가장 큰 광장이다. 포르투 역사 지구보다 조금은 현대화된 모습으로, 메트로와 버스, 기차역까지 인근에 위치해 있어 교통의 중심지이기도 하다. 광장 주위에는 시청, 은행, 우체국, 호텔, 식당 등이 늘어서 있고 광장에서 뻗어 나가는 대로는 포르투의 명소와 연결된다. 광장 초입에는 우체통과 함께 우편 배달부의 청동상이 세워

포르투시청사

져 있다. 다만 현재는 동 페드루 4세 동상의 보수 작업이 진행되고 있었으며, 동상 주변의 가림막으로 인하여 탁 트인 대로를 볼 수가 없어 다소 아쉬움을 금할 길이 없었다.

광장과 연결된 알리아두스 거리(Avenida dos Aliados)를 따라 걸어가면 포르투의 랜드마크 중 하나인 시청사 건물을 볼 수 있다. 포르투시청사(Câmara Municipal do Porto)는 포르투갈의 건축가 코헤이아 다 실바(Correia da Silva)가 설계한 신고전주의 양식의 1900년대 건물로, 검은 대리석으로 된 로비와 도시 전망의 시계탑이 있다. 1955년에 완공되었으며, 1957년부터 현재까지 시청사로 쓰이고 있다. 건물은 모두 6층으로 이루어져 있으며 중앙에 시계탑이 우뚝 솟은 중세의 궁전과 같은 화려한 모습을 하고 있는데, 중앙 시계탑의 높이는 70미터에 이른다. 건물 전면에는 19세기 포르투 출신의 작가이자 정치인인 알메이다 가헤트(Almeida Garrett)의 동상이 서 있다. 한편 시청사 앞쪽에는 'Porto'라는 파란색 조형물이 강이 있는 도시의 특징을 잘 반영하고 있어 많은 여행객이 인증사진을 찍는 중이었다. 우리도 빠지지 않고 몇 장의 사진을 찍었다.

시청사에서 상 벤투 역 방향으로 내려가다 보면 왼쪽에 세계에서 가장 아름답다는 맥도날드 매장을 볼 수 있다. 입구에 독수리가 있는 모양이 여느 매장과 다른 느낌이 들었고, 내부로 들어가니 높은 천장과 샹들리에 조명 그리고 정면에 스테인드글라스까지 있어 아주 고급스러운 카페 같은 분위기

세계에서 가장 아름다운 맥도날드 매장

를 자아냈다.

포르투갈에는 세계에서 가장 아름답다는 곳이 여러 개 있다. 가장 아름답다는 렐루 서점, 상 벤투 역, 맥도날드 매장 그리고 코임브라대학교의 조아니나 도서관(Biblioteca Joanina)이 모두 세계에서 가장 아름다운 곳으로 알려져 있다.

방향을 돌려 소아레스 두스 레이스 국립미술관(Museu Nacional Soares dos Reis)으로 향했다. 이 미술관은 1833년에 문을 연 포르투갈 최초의 국립미술관이다. 그러나 출입문에는 근로자 파업으로 휴관한다는 내용의 안내문이 붙여져 있고 문은 닫혀 있었다. 부득이 발길을 돌릴 수밖에 없었고 우리가 포르투를 떠나기 전에는 관람할 수 있기를 바라 본다.

어제 방문을 했다가 시간이 맞지 않아 관람하지 못한 볼사 궁전(Palácio da Bolsa)으로 향했다. 볼사 궁전은 포르투갈 신고전주의 양식을 대표하는 건축물 가운데 하나로서, 포르투 무역협회가 세워 포르투 무역협회 궁전(Palácio da Associação Comercial do Porto)이라고도 불리며, 현재 증권거래소로 이용되고 있어서 증권거래소 궁전이라고도 한다. 1996년에 유네스코 세계문화유산으로 지정된 포르투 역사 지구에 포함되어 있다.

볼사 궁전

볼사 궁전은 원래 14세기에 세워진 상 프란시스쿠 성당(Igreja de São Francisco)에 속한 수도원이었는데 1832년 전쟁 중 화재로 폐허가 되었다. 궁전은 1842년 폐허가 되어 방치된 수도원 자리에 착공하여 70년에 걸쳐 완성했다.

1841년 마리아 2세(Maria II de Portugal) 여왕이 재정적인 문제로 수도원 부지를 시의 상인들에게 기부했고, 상인들은 이 부지를 상업협회 설립을 위해 사용하기로 결정했다. 1850년에 궁전의 대부분이 완성되었으나, 그 내부 장식은 1910년이 되어서야 완성되었다. 이로 인해 18세기 신고전주의 양식, 토스카나 건축양식, 영국 네오 팔라디안(Neo Palladian) 스타일이 혼합된 볼사 궁전은 포르투의 건축 명소가 되었다. 그동안 주식거래소, 상공회의소, 와인거래소 등 여러 용도로 사용되었고, 현재는 포르투를 방문하는 귀빈들을 위한 연회장이나 일반 시민들의 결혼식과 같은 행사 공간으로 대여되고 있다. 궁전은 1982년부터 국가 기념물로 지정되어 있다.

우리는 오전 11시 20분 영어 가이드 투어 입장권을 구입하고 관람을 시작했다. 투어는 약 30분간 진행되었다. 건물 내부는 외부와 달리 매우 아름답고 화려했다. 투어가 시작되는 1층의 '국가의 전당(Pátio das Nações)'은 8각형의 유리 돔 천장과 모자이크 타일 바닥으로 설계되었으며, 천장 아래 4면의 벽에는 19세기 포르투갈 왕국과 무역하던 20개국을 묘사한 회화 작품과 이들 국가의 문장으로 장식되어 있다.

2층으로 올라가면 상인들의 분규를 중재하고 재판하던 천장화가 아름다

국가의 전당: 포르투갈과 무역했던 20개국 문장

운 법정과 왕족의 초상화가 걸린 초상화 방으로 이어진다. 또한 도나 마리아 피아 다리(Ponte de Dona Maria Pia)를 설계한 에펠을 기념하기 위해 만든 귀스타브 에펠(Gustave Eiffel) 사무실도 있다. 하지만 에펠이 이 사무실에서 작업을 한 적은 없다고 한다.

상업협회 회장을 선출하던 회의장은 겉보기에는 고급스러운 목재로 장식되어 있으나, 실제로 아랫부분만 목재로 사용되고 위쪽은 석고로 만들어 나무색을 칠한 것이라고 한다.

볼사 궁전의 피날레는 당장이라도 무도회가 열릴 것 같은 '아랍 방(Salão Árabe)'이다. 궁전의 보석인 아랍 방은 구스타부 아돌푸 곤살베스 에 소자(Gustavo Adolfo Gonçalves e Sousa)의 설계로 스페인 그라나다의 알람브라 궁전

천장화가 아름다운 법정

볼사 궁전의 아랍방

에서 영감을 받아 만든 방으로, 카몽이스 300주년을 기념해 1862년에 착공하여 무려 18년에 걸쳐 완성한 화려한 공간이다. 이 아랍 방은 이국적인 이슬람 양식으로 화려하게 장식되었으며, 포르투를 방문한 귀빈을 위한 연회장으로 사용되었다. 이 밖에 조엘 다 실바 페레이라(Joel da Silva Pereira) 등이 설계한 '황금의 방(Sala da Doura)', '심판의 방(Sala do Tribunal)' 등이 있다. 입장료는 12유로다.

매년 20만 명의 방문객들이 찾는 볼사 궁전은 기대 이상으로 훌륭하고 잘 관리되어 있어 포르투를 방문하는 여행객에게 꼭 추천하는 명소이다. 특히 궁전의 하이라이트인 아랍 방은 독창적으로 설치된 조명 덕분에 채색 효과가 뛰어난 장식들이 더욱 빛을 발하는 곳이다.

볼사 궁전 방문을 마치고 바로 옆에 위치한 상 프란시스쿠 대성당(Igreja Monumento de São Francisco)을 찾았다. 상 프란시스쿠 대성당은 1910년 국보로 지정될 만큼 건축학적 가치가 높은 성당이다. 13세기부터 증축과 보수를 통해 고딕 양식의 외관과 바로크 양식의 내부가 조화롭게 어우러진 성당이다. 포르투의 유일한 고딕 건축물이자 바로크 양식의 대표작으로 알려져 있다. 개축 당시 수백 킬로그램의 화려한 황금빛 나뭇잎 장식을 추가해 '황금

포르투 상 프란시스쿠 성당

상 프란시스쿠 성당 중앙 제단

성당'이라고도 불리며, 포르투갈에서 '탈랴 도라다'가 가장 풍부하고 아름다운 건축물로 손꼽힌다.

성당의 진가는 다름 아닌 내부에 있었다. 성당 안쪽으로 들어서니, 마치 금빛 덩굴이 성당 안에 자라난 듯한 풍경이 펼쳐졌다. 인공적으로 조성된 것이라 믿기지 않을 정도로 신기하고 생경한 모습이었다. 본당에서는 열 개의 제단 및 예배당의 조각과 그림들을 볼 수가 있다. 그중 가장 화려한 곳은 본당 좌측에 있는 '이새의 나무' 아르보레 드 제세(Árvore de Jessé) 제단으로서, 1718년 안토니우 고메스(António Gomes)와 필리프 다 실바(Filipe da Silva)에 의해 나무로 조각된 작품이다. 이새의 나무는 다윗의 부친 '이새'부터 예수까지 이어지는 가계도를 나무 모양으로 조각한 것으로, 바로크 양식의 절정을 이룬 작품으로 유명하다. '이새의 그루터기에서 햇순이 나오고 그 뿌리에서 새싹이

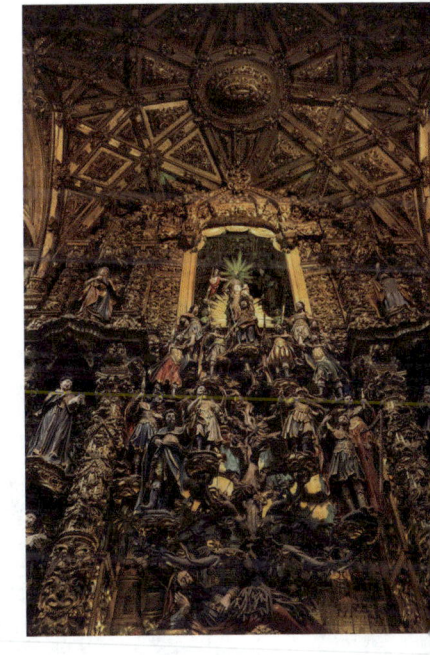
상 프란시스쿠 성당 이새의 나무

상 프란시스쿠 성당 내부

돋는다.'라는 〈이사야서〉의 내용에 따라 이러한 형상화가 이루어진 예가 많았다고 한다.

성당 내부를 가까이서 하나하나 살펴보면 화려하고 정교한 모습이 돋보이는데, 성당 전체를 눈에 담아 보았을 때는 마치 하나의 밀림을 연상케 한다. 우리는 '탈랴 도라다'의 밀림 속에서 한동안 발을 떼지 못했다. 상 프란시스쿠 대성당은 19세기 초 프랑스 군대의 침입 당시 마구간으로 사용되기도 했다. 1996년 유네스코 세계문화유산으로 지정되었다.

성당과 독립된 옆 건물에는 상 프란시스쿠 박물관(Museu da Ordem de São Francisco)과 지하묘지 카타콤(Catacomb)이 있다. 박물관에는 18세기 이후 제작된 종교적 조각상과 신고전주의 회화, 은으로 만들어진 다양한 소품 및 제단 장식 등이 전시되어 있다. 박물관 지하에 위치한 납골당 카타콤에는 상프란시스쿠를 비롯한 초기 기독교 신자들의 유골이 묻혀 있는데, 규모가 상당히 크고 매우 질서 정연하게 조성되어

상 프란시스쿠 성당 지하묘지 카타콤

있다. 1746년에 수도사들을 위한 묘지로 건축했다가 이후 성당과 성당 마당에 안치되어 있던 유해를 이곳으로 이장하기 위해 확장했다. 지하묘지의 가장 오래된 부분은 바로크 양식의 제단과 금박 장식으로 이루어져 있으며, 벽면뿐만 아니라 바닥까지 모두 묘지로 활용된 것으로 보였다. 또한 카타콤에서는 투명 창을 통해 한때 무덤에 묻혀 있던 수천 개의 실제 유골을 직접 확인할 수 있었다. 상 프란시스쿠 대성당의 입장료는 박물관과 지하묘지 입장권까지 포함한 통합권이 10유로다.

상 프란시스쿠 대성당 관람을 마치고 나니 오후 1시가 되어 배가 고팠다. 성당 근처에 있는 맥도날드 매장에서 간단히 점심을 해결하고, 어제 들르지 못한 히베이라 광장(Praça da Ribeira)을 둘러본 뒤 일찍 집으로 돌아가 쉬기로 했다. 아직 몸이 정상 컨디션을 회복하지 못한 듯했다.

히베이라 광장은 히베이라 지구의 중심이자 포르투에서 가장 오래된 도루강변에 면해 있는 광장이다. 한국인 여행자 사이에서는 JTBC 예능 프로그램인 '비긴어게인 2'의 촬영 장소로 유명하다. 노천카페와 레스토랑으로 둘러싸인 광장에는 항상 거리의 예술가들이 버스킹을 하고 있어 음악이 흐르는 강변을 즐기려는 여행자들이 밤낮으로 몰려든다. 실제로 노천 시장에서는 코르크로 만든 가방, 신발, 아줄레주로 만든 기념품 등 포르투갈 특산품을 판매하고, 도루강에는 여행객을 실은 유람선이 떠다닌다. 여행자의 손에 이끌려 온 서너 살 남짓 된 어린 남자아이가 활기찬 음악에 몸을 흔드는 유쾌한 모습도 볼 수가 있었다. 포르투에 도착한 이후 지금껏 방문한 장소 중 가장 많은 인파가 모여 있는 장소였다. 소박하지만 유럽의 운치와 분위기를 느낄 수 있는 포르투의 살아 있는 모습이었다. 히베이라 광장 어디서나 도루강 위로 곡선을 그리며 강 건너편 빌라 노바 드 가이아로 이어지는 동 루이스 1세 다리(Ponte Dom Luis I)가 눈길을 끈다. 광장 한가운데의 분수는 17세기부터 자리하고 있으며, 광장 뒤편으로는 빈티지한 느낌의 빛바랜 건물들

히베이라 광장의 버스킹 공연

이 가득하다. 아마도 오랜 시간을 덧입으며 낡아 버린 느낌이었다. 우리도 동 루이스 1세 다리 쪽으로 걸음을 옮겨 오늘은 일단 1층 다리를 걸어 보는 것으로 만족했다. 모레 다시 이곳을 찾아와 2층 다리를 건너 노을 맛집으로 소문난 모후 정원(Jardim do Morro)에서 일몰과 야경을 감상할 예정이다.

동 루이스 1세 다리에서 집으로 돌아가는 길은 가파른 언덕 위의 계단을 올라와야 했다. 몸에 피로가 쌓여 가파른 언덕을 오르는 게 힘이 들 듯하여 푸니쿨라를 타고 바탈랴 광장(Praça da Batalha)으로 힘들이지 않고 올라왔다. 긴다이스 푸니쿨라(Funicular dos Guindais)는 히베이라와 바탈랴 광장을 연결하는 281미터 길이의 100년이 훨씬 넘은 케이블카로, 히베이라에서 탑승하면 중세 성벽 옆의 가파른 언덕을 편안하게 오를 수 있다. 가파른 언덕이 많은 지형의 악조건을 극복해 내는 포르투 사람들의 노력을 엿볼 수가 있었다. 케이블카 밖으로는 동 루이스 1세 다리와 포르투 역사 지구의 전망이 아름답게 펼쳐졌다. 탑승권은 편도 4유로, 왕복 6유로다.

집으로 돌아오는 길에 집 근처에 있는 스타벅스에 들러 카페 라테로 하루의 피곤함을 풀었다. 라테 톨 사이즈 가격은 2.8유로로 한국보다 조금 저렴하다. 다음에는 현지 카페에 들러 포르투갈 커피 맛을 보아야 할 것 같다.

히베이라 광장 뒤편의 빛바랜 건물들

우리 뒷좌석에서 역시 한국인 커플을 보았다.

며칠간 포르투의 골목길을 거닐며 마치 시간의 미로 속에서 헤매는 듯한 느낌을 받는다. 수많은 골목은 언덕을 굽이치며 이어지고, 그 위에 자리한 빛바랜 건물들은 세월의 흔적을 고스란히 간직한 채, 전형적인 유럽 구도시의 영혼을 품고 있는 듯 고요한 아름다움을 드러낸다. 강변과 광장에서는 밤낮으로 버스킹의 선율이 흐르고, 그 하모니는 포르투를 여행하는 이유에 대한 해답을 찾아가는 여정의 나침반이 되어 준다.

오늘 저녁은 집에서 메인 요리로 연어구이와 마트에서 사다 둔 상추, 밑반찬으로 해결했다. 해외 여행 중에는 야채와 같은 식이 섬유를 먹기가 쉽지 않아 기회가 될 때마다 챙겨서 먹어야 한다는 것이 아내의 지론이다. 내일은 오늘과 달리 구름 한 점 없는 청명한 날씨가 예보되어 있다. 포르투 근교 소도시 가운데 일차로 코스타 노바(Costa Nova)와 아베이루(Aveiro)를 방문하기로 한 이유이다.

11월 2일

운하의 화려함,
줄무늬의 유혹:
아베이루와 코스타 노바

아침 5시 30분경에 눈을 떴다. 어제 다소 일찍 잠자리에 들었던 덕분에 오늘은 대략 6시간 숙면을 취한 듯하다. 서서히 시차에 적응해 가는 것 같아 다행스러운 일이다.

오늘은 처음으로 포르투를 벗어나 포르투의 남쪽에 위치한 아베이루(Aveiro)와 코스타 노바(Costa Nova)에 다녀왔다. 아베이루는 물길 따라 여유와 낭만이 흐르는 운하의 도시이다. 운하 위로는 알록달록한 배 몰리세이루가 떠 있고, 운하 옆으로는 아르누보 양식의 건물들이 우아한 자태를 뽐낸다. 아베이루에서 11킬로미터 떨어진 코스타 노바는 줄무늬 마을로 유명하다. 오색찬란한 줄무늬 집들이 호수를 바라보며 줄지어 서 있다. 줄무늬 마을의 뒷길은 대서양으로 나아간다.

티켓 자동 발매기 시가 카드 인식기

 상 벤투 역에서 출발하는 완행 열차에 몸을 싣고 약 1시간 20분을 달리면 아베이루 역에 도착하고, 아베이루 역에서 코스타 노바까지는 버스로 30분 거리이다.

 어제 준비해 둔 카레로 아침을 해결한 후, 상 벤투 역에 아침 8시에 도착했다. 포르투에서 1시간 내외의 짧은 거리라 대부분이 완행 열차이고 국영철도 앱인 CP 앱에서 예약이 불가능해서 역에서 직접 표를 구입해야 한다. 열차표를 사는 방법으로는 자동발매기를 이용하거나 역사에 있는 창구를 이용하는 것 두 가지가 있다. 우리가 도착한 시간에는 창구가 닫혀 있어 자동발매기를 이용해야 했다. 자동발매기 좌측 맨 아래 버튼을 누르면 언어 변경이 가능하다. 이 기능을 몰라 처음에 표를 구입하는 데 다소 애를 먹었다. 표를 구입하는 과정에 화면에 나타나는 타이틀(title)이라는 용어는 편도와 왕복을 구분하는 것으로, 편도는 1 title, 왕복은 2 titles을 선택하면 된다. 아베이루까지 가는 열차표 가격은 편도 기준 인당 3.80유로이고 표를 처음 살

아베이루 옛 기차역

때는 기차 이용 카드인 시가(Siga) 카드값 0.5유로를 더 지불해야 한다. 시가 카드는 정액을 충전하여 승차 시 차감하여 사용할 수도 있고, 자동발매기에서 매번 기차표 값을 충전하여 사용할 수도 있다. 한 가지 중요한 점은 완행열차의 경우 승차하기 전에 발권한 시가 카드를 플랫폼 근처에 있는 노란색 기계에 반드시 인식시켜야 한다는 것이다. 노란색 기계에 인식시킨 후부터 카드 사용이 개시된다.

코스타 노바의 집들은 모두 동향이다. 역광을 피해 줄무늬 집들을 배경으로 멋진 인생 사진을 찍으려면 반드시 오전에 방문해야 한다는 블로그를 여럿 보았다. 우리는 아베이루 역에 도착한 후 먼저 코스타 노바로 이동하여 아름다운 줄무늬 마을을 구경하고, 다시 아베이루로 돌아와 관광하기로 계획을 세웠다. 오전 8시 30분에 상 벤투 역에서 출발한 뒤, 포르투 캄파냥 역에서 환승하여 아베이루 역에 9시 43분에 도착하는 완행 열차를 이용했다.

아베이루 역에 도착해 밖으로 나와 보니 마치 새하얀 건물을 캔버스 삼아 아줄레주 벽화를 그린 아름다운 건물이 시선을 사로잡았다. 이 건물의 정체는 1861년에 지은 옛 기차역으로 더 이상 기차는 서지 않지만 그 존재만으로 주변을 환하게 밝혀 주는 느낌을 받았다. 운하 위의 몰리세이루와 염전을 일구는 사람들의 모습이 아줄레주에 담겨 있어, 마치 한 권의 그림책을

코스타 노바 줄무늬 가옥

보는 듯했다. 사진 몇 장을 찍은 후, 아내의 재촉에 볼트 택시를 타고 코스타 노바로 향했다.

택시로 10여 분을 달려 코스타 노바로 진입하니 말로만 듣던 멋진 줄무늬 목조 가옥들이 눈앞에 펼쳐졌다. 오래전 대서양으로 가는 지름길을 찾던 어부가 석호 너머의 이 바닷가를 발견했다 하여 새로운 해안이라는 뜻의 '코스타 노바'라고 이름을 붙였다. 석호 쪽으로는 작은 고기잡이 항구와 줄무늬 목조 가옥이 보이고, 대서양을 마주한 바다 쪽으로는 모래사장이 펼쳐진 해변이 이어진다.

파란 하늘 아래 빨강, 파랑, 노랑의 선명한 색감이 돋보이는 줄무늬 가옥들을 보고 있자니 마치 동화 속에서 툭 튀어나온 듯한 경이로운 느낌이 들었다. 줄무늬의 방향은 가로인 집도 있고 세로인 집도 있으며 색깔도 다양하지만, 형태는 대체로 비슷하다. 누군가 의도적으로 연출한 듯 집들은 모두 2층 구조에 세모꼴 지붕을 갖추고 있었다. 이런 형태의 집을 팔헤이루(Palheiro)라 부른다고 한다. 팔헤이루는 포르투갈의 해변 지역에서 흔히 볼 수 있는 전통 가옥이지만, 코스타 노바의 줄무늬 가옥의 장식은 아주 독특하다. 그 유래는 더욱 짠한 마음을 자아낸다.

예전부터 유난히 안개가 잦은 지역이라 어부가 일을 마치고 바다에서 배들이 돌아올 때, 안개 속에서도 집을 잘 찾아왔으면 하는 마음에 어부의 아내가 선명한 색깔로 페인트칠을 한 것이 시초라고 한다. 그 마음이 이웃으로 퍼져 온 마을의 집들이 줄무늬 옷을 입게 되었다. 세월이 흐르며 그 집들은 카페, 기념품점, 숙소로 변모했지만, 코스타 노바는 세상 그 어디에도 없는 줄무늬 마을로 남게 되었다. 그러나 소금기를 머금은 바람과 흩날리는 모래 때문에 매년 페인트칠을 새로 하지 않으면 유지되지 않는다고 한다. 이 세상에 존재하지 않는 동네처럼 예뻤던 코스타 노바의 그림 같은 풍경 뒤에는 손수 집을 매만지는 동네 주민들의 부단한 노력이 숨어 있는 것이었다.

조르르 줄지어 있는 형형색색의 줄무늬 집을 따라 거닐며 여러 장의 사진을 찍고, 아내가 준비해 온 셀카봉으로 우리 둘의 사진도 몇 컷을 남겼다. 혹시라도 멋진 인생 사진이 남기를 바라면서.

코스타 노바는 이제 여름이면 바캉스를 즐기러 온 사람들로 붐빈다. 해변에는 여러 개의 비치 바도 눈에 띄고, 지금은 성수기도 아닌데 구름 한 점 없는 청명한 날씨 덕에 많은 인파가 해변으로 몰려들어 인근 식당과 바가 여행객들로 북적거렸다.

11월 비수기임에도 찾는 사람이 이렇게 많은데 한여름 성수기에는 관광객이 넘쳐나서 식당도 숙소도 자리를 잡기가 어려울 것 같다.

줄무늬 가옥을 지나 대서양 쪽 해변과 인근의 바하(Barra)를 이어 주는 해안 산책로를 따라 1시간여 걸어 포르투갈에서 가장 높은 바하의 등대에 도착했다. 바하 쪽 마을도 예뻤다. 바하 해변은 매우 아름다우나 코스타 노바처럼 붐비지 않아, 줄무늬 가옥을 보지 않는 사람들은 이곳의 해변에서 즐기는 것이 좋을 것 같았다. 등대에 도착하니 벌써 12시가 되어 버스를 타고 아베이루로 돌아가면 늦을 것 같았다. 더욱이 바하 인근의 아베이루행 버스 정류장을 구글맵에서 찾기가 쉽지 않아 다시 볼트 택시를 타고 아베이루로 돌아왔다. 볼트 택시 요금은 8유로로 꽤 저렴한 편이었다.

바하 등대　　　　　　　　　　　　　　　　　　해안 산책로 덱

　일단 식사 시간이 되어 블로그에서 많이 추천한 오 바이후(O Bairro)라는 해산물 레스토랑을 찾아갔다. 크리에이티브한 젊은 셰프들이 편안한 이웃을 모토로 운영하는 곳이다. 아내는 오늘의 생선 요리를 주문하고, 나는 아스파라거스와 감자튀김이 곁들여진 오리고기를 주문했다.

오 바이후에서의 점심

　오늘의 생선으로는 농어가 토마토 리조토와 함께 나왔다. 포르투갈에 도착한 후 처음으로 포르투갈의 대표 맥주인 슈퍼복(Super Bock)과 화이트와인 한 잔을 같이 주문했다.

　농어 요리는 짜지 않고 괜찮았으나, 오리고기는 내 입맛에 조금 짠 편이었다. 야채와 감자튀김 덕에 짠맛이 어느 정도 상쇄되었다. 음식은 대체로 훌륭했고 처음 마셔본 슈퍼복은 매우 만족스러웠다. 서빙하는 웨이터들도 친절했으며 영어, 스페인어를 자유롭게 구사하며 손님들을 맞이했다. 점심 비

포르투와 근교 소도시

용으로 51.50유로를 지불했다.

아베이루는 대서양 연안에 있는 공업도시이면서 중요한 항구 도시로, 운하 시스템과 보트가 이탈리아의 베네치아와 비슷하여 '포르투갈의 베네치아'라고 불린다. 도시 이름에 새(Ave)가 들어갈 정도로 예로부터 새가 많이 날아들던 곳이라 '아베이루'라는 이름이 붙었다고 한다. 오랜 세월 동안 아베이루는 소금 생산과 상업적 해운의 중요한 경제적 거점이었다. 로마 시대에는 소금 추출의 중심지였고, 중세 시대에는 교역의 허브였다. 아폰수 5세의 딸인 성 주아나 공주(Santa Joana Princesa, 1452~1490)가 아베이루의 예수 수녀원에 들어와 1490년 그녀가 죽을 때까지 이곳에서 거주했다. 그래서 아베이루가 더욱 주목받았다고 한다. 아베이루는 또한 오랜 세월 동안 해초 수확으로도 유명했으며, 해초는 화학공업이 발달하기 전 비료로 사용되었다. 해초 수확에 사용되었던 배들이 오늘날 운하의 관광객들을 실어 나르고 있다. 현재 염전은 급격히 쇠퇴해 몇 개만 남아 있다고 한다.

관광은 아베이루 경제에서 중요한 위치를 차지한다. 구시가지에는 아르누보와 로마네스크 건축물들이 많고, 곤돌라가 아베이루 운하를 오가며 관광객들을 실어 나른다. 사실 운하의 도시 아베이루와 바다, 호수 사이 코스타 노바를 만든 것은 8할이 폭풍이었다. 1576년 폭풍에 밀려온 모래가 만의 입구를 막아 아베이루에 석호를 형성했다. 아베이루 사람들은 석호에서 수초를 채취하고, 운하를 만들어 그걸 바다로 나르기 시작했다. 그 시절 수초(Moliço)를 채집하던 남자를 '몰리세이루(Moliceiro)'라 불렀고, 몰리세이루가 수초를 배에 싣고 아베이루로 나르다 보니 그 배도 몰리세이루라고 부르게 되었다. 세월이 흘러 빨강, 노랑, 파랑, 초록의 총천연색으로 장식된 몰리세이루는 수초가 아니라 들뜬 표정의 여행객들을 태우고 미끄러지듯 유유히 운하 위를 오가고 있다. 한편, 운하를 따라 세워진 아르누보 양식의 건축물들은 소금으로 돈을 번 상인들이 부를 과시하기 위해 화려하게 꾸민 건축물

아베이루 운하와 몰리세이루

이라는 이야기도 있고, 브라질로 이민 갔던 포르투갈 사람들이 20세기 초 다시 아베이루로 돌아와 세운 것이라는 이야기도 있다.

　아베이루는 도시와 운하가 넓고 현대적이어서 베네치아만큼 운치가 깊지는 않지만, 운하 주변은 아르누보 양식의 건축물과 어우러져 아름답다. 세 개의 운하가 도심과 석호를 연결하고, 방문객들은 운하에서 보트를 타고 도시 내부를 구경하거나 강 하구로 나가 돌아볼 수도 있다.

　우리는 아베이루의 운하를 즐기는 가장 좋은 방법은 몰리세이루를 타고 경관을 감상하는 것이라고 판단하여 선착장으로 향했다. 선착장에는 다양한 업체가 보트 투어를 운영하고 있었다. 우리는 많은 관광객이 모여 있는 알보라다 코뭄(Alvorada Comum) 업체에서 운행하는 몰리세이루를 타기로 하고 운행 시간을 확인해 보니 오후 2시 50분 보트 탑승이 가능하다고 한다. 가격은 인당 15유로이며 이 보트 정원은 32명이다. 탑승 시간까지 50여 분이 남아서, 아베이루의 명물 '오부스 몰레스(Ovos Moles)'를 맛보기 위해 오부스 몰레스 전문점 중 가장 역사가 길다고 알려진 엠1882(M1882)로 아내를 인도했다. 오부스 몰레스는 '부드러운 달걀'이라는 뜻으로 얇고 빳빳한 반죽

아베이루 운하의 카르카벨로스 다리

안에 달걀노른자를 설탕에 절인 듯한 달걀 잼을 넣어 만든 과자이다. 나타처럼 수도원에서 수도사들이 의복에 풀을 먹이는 데 달걀흰자를 사용하고 노른자를 활용하기 위해 만든 과자라고 한다. 그러자 아내는 페이시뉴(Peixinho)라고 하는 더 오래된 전문점을 찾았다며, 자신이 찾은 블로그 및 사진 등을 나에게 보여 주었다. 엠1882는 1882년에 문을 열었지만, 페이시뉴는 1856년에 개업한 역사가 더 오래된 과자점이었다. 유구한 역사가 뭔가 다를 것이라는 기대감에 우리는 페이시뉴로 발길을 돌렸다. 페이시뉴는 '작은 물고기'라는 뜻이다. 우리는 페이시뉴에서 종류가 다른 오부스 몰레스 두 가지와 커피 두 잔을 주문하고 3층으로 올라가 잠시 휴식을 취했다. 아내는 단맛이 강해 썩 내켜 하지 않는 눈치였다. 오부스 몰레스 2개와 커피 두 잔으로 10.60유로를 지불했다.

 탑승 시간에 맞춰 선착장으로 돌아와 보니 우리 보트에 승선할 여행객들이 줄을 서서 기다리고 있었다. 우리도 그 줄에 서서 방금 투어를 마친 보트에 차례로 탑승했다. 보트 투어는 선착장에서 출발해 붉은 벽돌로 지은 거대한 건물인 문화 및 의회 센터까지 간 후 카르카벨로스 다리(Ponte dos Carcavelos)를 지나 세라믹 공업 학교를 끝으로 다시 선착장으로 돌아오는 코스다. 소요 시간은 약 45분이다. 투어 포인트 중 하나인 카르카벨로스 다리는 아베이루에서 가장 오래된 다리로, 원래는 나무다리가 있었지만 무너져 지금의 다리로 바뀌었다. 다리 가운데는 아베이루를 상징하는 독수리 문양이 있다. 또 다른 투어 포인트인 제로니모 페레이라 캄포스(Jerónimo Pereira Campos) 도자기 공장은 높은 중앙 굴뚝과 인상적인 붉은 점토 벽돌 외관으로 아베이루 경관의 아이콘이 되었다. 원래는 벽돌 및 타일을 생산하는 공장이었지만 현재는 주요 국내 및 국제 행사를 개최하는 문화 및 의회 센터로 사용 중이다.

투어 중 어두운 다리 아래를 지날 때는 호각의 일종인 부부젤라를 불어 배가 지나감을 알린다. 베네치아 곤돌라 사공처럼 노래를 불러주지는 않지만, 우리 보트에 동행한 입담 좋은 가이드는 아베이루에 관한 설명을 유창한 포르투갈어와 스페인어 그리고 더듬거리는 영어로 청산유수처럼 쏟아내었다.

몰리세이루의 유래, 아베이루 어부와 수초를 채집하던 남자들, 염전과 아베이루에서 판매하는 소금, 운하 주변을 에워싸고 있는 아르누보 양식의 건물에 대한 이야기들을 듣고 있자니 45분이 훌쩍 가버리고, 우리 보트는 다시 선착장으로 돌아왔다. 보트에서 찍은 여행객들의 사진을 즉석에서 인화해 하선하는 여행객에게 판매하는 상술도 빠지지 않았다.

보트 투어를 마치고 운하 둘레의 한쪽에 자리한 아베이루 박물관(Museu de Aveiro)으로 향했다. 아베이루 박물관은 15세기에 세워진 수녀원 건물을 개조해

아베이루 박물관

박물관으로 만들었다고 한다. 이 수녀원에서 오랜 세월을 보낸 주아나 공주 때문에 산타 주아나 박물관이라고도 불린다. 아폰수 5세의 딸로 태어나 공주의 지위를 버리고 빈민을 위해 수녀 생활을 한 주아나 공주에 대한 전시가 주를 이루며, 가톨릭 조형물과 아베이루 지역의 유물도 함께 전시되어 있다. 박물관 입구에는 왕실 건축가 주앙 안투네스(João Antunes)가 디자인한 주아나 공주의 대리석 석관이 있으며, 중앙 회랑에는 그리스도와 4복음서의 저자들을 표현한 오벨리스크가 자리하고 있다. 우리는 아쉽게도 내부를 관람하지 못하고 외부 사진 촬영으로 만족해야 했다.

미제리코르디아 성당(Igreja da Misericórdia de Aveiro, 자비의 성당)은 원래 방문할 계획이었으나 시간이 벌써 오후 3시 40분을 넘어가고 있었다. 4시 23분 열차로 포르투로 돌아갈 계획을 세운 터라 성당 방문은 아쉽지만 다음 기회로 미루고 아베이루 역으로 발걸음을 돌렸다. 이 성당은 그리스 제우스 신전에 쓰인 코린트 양식의 화려한 석회암 기둥과 푸른 아줄레주가 조화를 이루는 파사드가 인상적이다. 성당의 코린트식 기둥 위 십자가와 천체를 관측하는 혼천의가 왕을 수호하는 역할을 했다고 한다. 이탈리아 건축가 필리포 테르지(Filippo Terzi)의 작품으로 1585년에 착공해 1653년에 완공했다.

아베이루 중심가에서 기차역으로 가는 길은 포르투갈 전통 자갈 바닥인 '칼사다 포르투게자(Calçada Portuguesa)'로 이어져 있었으며, 돌바닥에 새겨진 문양에는 돛단배와 방향키 등 대항해 시대의 상징이 선명하게 나타났다. '칼사다 포르투게자'는 검은 현무암과 흰 석회암을 교차 배열한 물결 문양의 모자이크 양식이다. 물결은 대항해 시대의 바다를 형상화한 듯했다. 대항해 시대의 첫 문을 과감하게 열고 바다로 나아가 세계 제국으로 성장한 포르투갈의 위용을 느끼며 돌아가는 발걸음에 나도 모르게 괜스레 힘이 실렸다.

아베이루는 작은 도시로서 화려하지는 않지만 은은한 매력이 있다. 운하 옆으로 늘어선 아르누보풍의 건물들 덕분에 운하에서 보는 도시의 색감이

전통적인 자갈 바닥 '칼사다 포르투게자'

참으로 아름다웠다. 아베이루는 종종 '포르투갈의 베네치아'라 불리지만, 내가 경험했던 베네치아와 이곳 아베이루는 많은 점에서 상이했다. 운하를 끼고 있는 집들은 베네치아보다 현대적인 면모를 보였고, 운하 위를 떠다니는 배들은 곤돌라의 우아함과는 구별되는 화려함을 지니고 있었다. 몰리세이루 축제 기간에는 그 화려함이 더욱 배가될 터이다. 그러니 이곳의 풍경과 역사가 각기 다름을 감안할 때, 아베이루는 '포르투갈의 베네치아'라는 수식어보다 그 자체로 더 큰 매력을 품고 있는 곳이 아닐까?

아베이루 역에 도착하니 붉은 지붕과 하얀 벽, 푸른 아줄레주 벽화가 눈에 띄는 옛 기차역이 다시 한번 시선을 사로잡는다. 오전에는 벽화에 그림자가 늘어져 만족스러운 사진을 얻지 못했지만, 오후에는 환한 태양 빛을 받아 눈부시게 빛나고 있었다. 얼른 사진 몇 장을 찍고 역사로 들어가 오전에 구입한 시가 카드를 노란색 기계에 인식시키고 상 벤투 역 행 오후 4시 23분 기차를 탔다. 기차가 이미 20분 전에 역에 도착해 대기 중이었기에 많은 승객들이 열차 안에 이미 자리를 잡고 있었다. 몇 개의 차량을 건너 간신히 자리를 찾을 수 있었다.

오전에 아베이루로 향하는 열차에서도 느낀 것이지만, 포르투갈 열차에서는 표를 검사하는 검표원이 승객들의 표를 일일이 확인하는 모습을 볼 수 있다. 표를 검사하는 속도가 너무 느려 열차가 목적지에 도착할 때까지 검사를 마칠 수는 있을지 괜스레 쓸데없는 걱정이 들었다. 10여 년 전 한국의 열차 모습이 떠올라 피식 웃음을 짓고 말았다.

집으로 돌아오는 길에 전날 새로이 발견한 콘티넨트 마트에서 소고기 등심, 돼지 삼겹살과 과일 등을 구입했다. 고기의 외관과 질은 첫날 핑구 도스보다 훨씬 좋아 보였다. 오늘도 마트의 저렴한 물가에 다시 한번 놀라움을 느꼈다.

내일은 며칠 전에 온라인으로 예매해 둔 아침 10시 방문의 렐루 서점과 근처의 카르무 성당, 수정궁 정원을 둘러보고, 저녁에는 동 루이스 1세 다리를 건너 모후 정원에서 일몰과 야경을 감상하기로 했다.

11월 3일

렐루 서점의 마법,
모후 정원의
황혼

오늘 오전에는 미리 온라인으로 예매해 둔 유명한 렐루 서점을 방문하고, 서점 주변의 카르무 성당과 수정궁 정원을 둘러보기로 했다. 어제 코스타 노바와 아베이루를 다녀오느라 오전 일찍 집을 나선 탓에 아파트에서 제공하는 아침 식사를 놓쳤다. 필리파가 전화를 걸어 무슨 일이냐고 묻길래, 상황을 설명하고 오늘은 식사를 할 예정이라고 알려 줬다. 추측건대 아침 식사는 투숙객 수에 맞춰 하루 전에 미리 준비해 두는 것 같았다. 다음부터는 부득이 식사를 못 할 경우 하루 전에라도 미리 알려야겠다. 오늘 아침 식사에는 며칠 함께 식사했던 익숙한 얼굴들은 보이지 않고 새로운 몇 팀이 합류했다. 아마 우리처럼 한곳에서 3주씩 머무는 투숙객은 드물 것 같다.

렐루 서점 정면

아르누보풍의 우아한 자태를 뽐내는 렐루 서점(Livraria Lello)의 역사는 1869년 프랑스인 에르네스트 샤르드롱(Ernesto Chardron)이 문을 열면서 시작되었다. 이후 렐루 형제가 1906년 네오 고딕 양식의 흰 석조건물로 이전하면서 현재 자리에 문을 열었다. 영국 BBC 방송이 세계에서 가장 아름다운 3대 서점 가운데 하나로 손꼽은 곳이다. 안으로 들어가면 천장과 맞닿은 갈색 서가와 한가운데 있는 붉은 나선형 계단의 유려한 선이 고혹적이다. 네덜란드의 거장 사무엘 반 크리켄(Samuel Van Krieken)의 작품인 스테인드글라스가 설치된 천장에는 '노동에 전념하라(Decus in labore)'라는 글귀가 새겨져 있다. 서가에는 희귀한 고서부터 정치, 역사서와 세계 각국의 소설, 포르투 가이드북까지 두루 갖춰져 있다. 특히, 우아한 곡선의 붉은 나선형 계단은 소설가 조앤 롤링이 《해리포터》속 마법학교인 호그와트 학교의 '움직이는 계단'을 만드는 데 영감을 주었다고 한다. 렐루 서점은 1994년 포르투갈의 공익 건축물로 지정이 되었고, 그 후 오랜 복원과 보수 과정을 거쳐 2013년에는 포르투갈의 특별 보호 건축물로 등록되었다.

이틀 전 온라인으로 오전 10시 입장권을 미리 예매해 두어 조금 여유롭게 렐루 서점에 도착했다. 역시 듣던 대로 사람이 많아 줄이 길게 늘어서 있었고, 9시 30분 타임의 방문객들이 입장하고 있었다. 눈치 빠른 아내가 9시 45분 타임의 옆줄에 자리 잡고 있으니 우리가 선 줄이 예상대로 10시 타임

입장객들의 줄이 되어 조금 일찍 입장할 수 있었다.

안으로 들어가 보니 서점은 듣던 대로 고풍스럽고 화려하며 동시에 고급스러웠다. 포르투다운 풍부한 색감과 자연의 잎사귀와 덩굴 등을 본뜬 화려하고 정교한 조각으로 꾸며져 있었다. 책들이 놓인 서가와 선반 역시 값비싼 목재로 장식되어 있었다. 1998년 포르투갈 최초의 노벨 문학상 수상자인 주제 사라마구(José Saramago)의 전시실

렐루 서점 내부

도 있었으며, 해리포터 시리즈의 모티브가 된 서점답게 한쪽에는 《해리포터》 전용 진열대도 마련되어 있었다. 한편 서점 2층의 스테인드글라스는 지나치게 화려하지도, 심심하지도 않게 꾸며져 있어 전체적인 공간에 차분한 분위기를 더해 주었다. 스테인드글라스의 중앙에 새겨진 'Decus in Labore' 글귀는 대장장이가 망치질을 하는 모습과 함께 어우러져 꽤 인상적이었다.

그러나 서점 내부는 생각보다 크지 않았고, 2층으로 올라가는 그 유명한 붉은 계단에서 사진을 찍고자 하는 사람들로 넘쳐나 이동이 용이하지 않았다. 서점 내에서는 귀에 익숙한 한국어를 제법 들을 수 있었다. 우리도 많은 사람 틈에서 속히 인증사진을 남기고 그 자리를 벗어났다. 솔직히 인증사진 하나를, 그것도 여러 사람 틈에서 찍은 온전하지 못한 사진 하나를 남기려고 긴 줄을 서서 8유로나 지불하는 것이 무슨 가치가 있는가 싶은 생각이 살짝 들기도 했다. 《해리포터》가 출판되어 세계적인 돌풍을 일으키며 그 덕에 유명세를 치르게 된 렐루 서점은 기념사진만 찍고 가는 사람들이 많아지면서

렐루 서점 내부의 나선형 붉은 계단   천장의 스테인드글라스

2015년부터 입장료를 받기 시작했다. 입장료는 8유로로 실버 티켓은 예약 시간에 맞춰 줄을 서서 입장하고 서점에서 책을 구입할 경우 티켓 가격을 차감해 준다. 골드 티켓은 대기 없이 입장할 수 있으며, 예매 시 고른 책 1권을 받을 수 있다. 사진을 찍기 위해 밀려드는 인파에 그럴 수밖에 없기도 했겠지만, 문화가 산업의 거센 파도에 휩쓸려 가는 모습은 한 편의 시가 바람에 흩날리는 듯한 씁쓸함을 안겼다. 어쨌거나 렐루 서점은 단순히 책을 파는 곳이 아니라 독특한 건축 양식과 예술적인 분위기가 가득한 공간으로 포르투의 랜드마크 중 하나로 자리 잡았다.

  렐루 서점을 나와 조금만 올라가면 카르무 성당(Igreja do Carmo)과 카르멜리타스 성당(Igreja dos Carmelitas)을 만날 수 있다. 카르무 성당은 포르투에서 아줄레주 건축물로 가장 유명한 성당으로, 얼핏 보면 하나의 성당처럼 보이지만 사실 두 성당이 나란히 위치하고 있다. 정면에서 보면 왼쪽에 종탑을 가진 성당이 수녀가 거주했던 성당으로 17세기에 바로크 양식으로 지어진 카르멜리타스 성당이고, 오른쪽에 화려한 파사드를 자랑하며 눈에 확 들어오는 아줄레주 벽이 있는 성당이 18세기에 로코코 양식으로 지어진 수도사들이 머물던 카르무 성당이다. 카르무 성당 외벽은 1912년에 제작된 아줄레주로 장식되어 있는데, 1617년 포르투에 정착한 카르멜 수도회 수사에게 성

카르무 성당(우)과 카르멜리타스 성당(좌)　　　　　카르무 성당의 아줄레주 벽화

모 마리아가 발현한 이야기를 담고 있다.

상 벤투 역 북쪽 지역에는 아줄레주 벽화가 아름다운 성당이 세 곳 있다. 첫 번째는 산타 카타리나 거리 초입에 위치한 '영혼의 예배당'이라는 뜻의 알마스 성당(Capela das Almas)으로 건물 전체가 아줄레주 벽화로 둘러싸여 있다. 두 번째는 성당 전면에 일드푼수 주교의 삶을 담고 있는 푸른 아줄레주와 쌍둥이 탑이 조화를 이루는 산투 일드푼수 성당(Igreja Paroquial de Santo Ildefonso)이고, 마지막 세 번째 성당이 지금 우리가 보고 있는 초대형 아줄레주 외벽이 아름다운 카르무 성당이다.

숨겨진 집 카사 에스콘디다

흥미로운 점은 이 두 성당 사이에 수도사와 수녀의 공간을 분리하기 위해 지은 1미터 너비의 매우 작은 집이 있다는 사실이다. 이 작은 건물은 '숨겨진 집'이라는 뜻의 카사 에스콘디다(Casa Escondida)라고 불리며, 포르투에서 가장 작은 집으로 알려져 있다. 따라서 카르무 성당은 겉으론 하나의 건물처럼 보이지만, 알고 보면 2개의 건물로

도 보이면서 자세히 보면 3개의 건물이 붙어 있는 셈이다.

카르무 성당 내부는 금박 장식으로 화려하게 꾸며져 있었다. 좁은 지하 계단을 따라 내려가면 바닥에 있는 관 속 미라를 볼 수 있으며, 그 보존상태가 매우 양호했다. 한쪽에는 은 촛대와 은으로 만든 다양한 장신구들이 전시되어 있었고, 주교가 입던 여러 형태의 주교복이 진열된 방도 있었다. 성당 내부의 관람 루트는 '숨겨진 집'으로 이어지는데, 250여 년의 역사를 지닌 이곳은 오늘날에도 포르투 주민 대다수가 잘 알지 못한다고 한다. 이곳은 카르무 성당과 함께 지어진 곳으로, 시간이 지남에 따라 용도가 다양하게 변화했다고 한다. 성당의 사제들이 거주했고 최근 수십 년 동안은 교회의 성물 관리인이 거주하기도 했다. 격동의 시기에는 프랑스 침공, 자유주의 운동, 포르투 점령, 공화국 선포 등과 같은 역사적 사건에 대처하기 위한 비밀회의 장소로 사용되었다. 또한 '숨겨진 집'은 특히, 포르투에 거주했던 외국인 작가들에게 신비한 이미지를 텍스트로 통합시키는 영감을 주었다고 전해진다. 숨겨진 집은 근래 유행했던 땅콩집을 연상시키는 구조로, 층층이 침실과 거실, 식당, 화장실 등이 배치되어 있었다.

카르무 성당의 출구로 나와 왼쪽에 위치한 카르멜리타스 성당으로 들어갔다. 카르멜리타스 성당은 1616년에 건축이 시작되어 1628년에 완공되었다. 화강암으로 된 석조 건축물로, 정면 중앙에는 아치형 출입구 세 개가 있으며, 그 위에는 카르멜산의 성모(Nossa Senhora do Carmo)와 예수의 아버지인 나사렛의 요셉(São José), 카르멜 수녀회의 개혁을 추진한 아빌라의 테레사(Teresa de Avila)의 상이 있다. 좁은 공간인 '숨겨진 집'을 사이에 두고 카르무 성당과 나란히 붙어 있으며, 다른 쪽에는 종탑이 있다. 카르멜리타스 성당의 본당 내부는 탈랴 도라다의 금빛 장식으로 화려하게 꾸며져 있었다. 성모와 성녀 중심의 카르멜리타스 성당 내부 분위기는 카르무 성당과 달리 여성성이 강한 편이었고, 반대로 카르무 성당은 웅장한 예배당과 높은 제단, 금빛

카르무 성당 중앙제단　　　　　　카르멜리타스 성당 중앙제단

장식까지 더해 위용이 돋보였다. 카르멜리타스 성당은 카르무 성당과 함께 2013년 포르투갈의 국가기념물(Monumento Nacional)로 등록되었다. 카르무 성당의 내부 관람 입장권은 5유로이며, 카르멜리타스 성당은 본당만 관람하게 되어 있어 입장료는 없다.

　수정궁정원(Jardim do Palácio de Cristal)은 렐루 서점에서 도보로 15분 정도 거리다. 엄밀히 말하면 1865년 만국박람회장으로 지은 수정궁이 있던 자리에 조성된 정원이다. 1860년대 독일의 조경가 에밀 다비드(Emile David)가 당시 크리스탈 궁전을 둘러싸도록 설계했으며, 1950년대에 이르러 수정궁은 지금의 로사 모타 파빌리온(Rosa Mota Pavilion)으로 대체되었다. 로사 모타는 장거리 육상의 올림픽 금메달리스트라고 한다. 정원 입구에 들어서면 정면에 콘서트홀 겸 전시장으로 사용되는 반구형 스포츠 경기장인 파빌리온이

수정궁 정원 입구

보이고 그 앞에는 분수와 연못, 양 옆에는 푸른 숲이 펼쳐져 있었다. 숲에는 공작, 닭, 비둘기, 갈매기들이 주변을 어슬렁거리고 있다. 사람들을 전혀 두려워하지 않는 듯했다.

 수정궁 정원 내에는 분수와 조각상이 있는 에밀리오 다비드 정원과 주제별 정원, 즉 향기로운 식물의 정원, 약의 정원, 쌍둥이 도시의 정원 및 감정의 정원 등이 아름답게 조성되어 있다. 수정궁 정원의 하이라이트는 도루 강이 내려다보이는 전망대이다. 기하학적 조경과 도루강변이 빚어내는 풍경은 환상적이었다. 아라비다 다리가 한눈에 보이는 전망대인 미라도루 다 폰테 다 아라비다(Miradouro da Ponte da Arrábida)와 수정궁 탑에서는 멋진 사진을 남길 수 있어 아내와 함께 열심히 몇 장의 사진을 찍었다.

 수정궁 정원을 둘러보고 집으로 돌아오는 길에 일전에 방문했다가 파업으로 관람하지 못한 소아레스 두스 레이스 국립 미술관(Museu Nacional de Soares dos Reis)의 문이 열린 것을 보았다. 파업이 끝난 모양이었다. 미술관 관람에 최소 1~2시간은 소요될 것으로 예상되어 다음 날 다시 오기로 하고 점심 식사를 할 장소를 찾아보기로 했다. 골목길을 따라 내려오니 제법 깨끗한 식당에 한국인으로 보이는 젊은 커플이 앉아 있는 게 보여 식당을 확인했더

수정궁 정원 전망대에서 바라다본 도루강 전망

니 메이아 나우(Meia Nau)라는, 해산물 요리가 유명한 곳이었다. 식당 안쪽에도 여러 아시아계 손님들이 있었다. 아내가 블로그를 확인한 후 괜찮을 것 같다고 하여 점심은 이곳에서 해결하기로 했다.

해물밥 2인분과 새우 크로켓을 주문하고, 포르투갈 도루(Douro)산 화이트 와인 한 잔을 추가했다. 해물밥은 며칠 전 브라간사 식당에서 먹었던 것보다 훨씬 훌륭했고, 해물의 질과 양에서 확연히 차별화되었다. 해물밥은 그릇에 담겨 나오지 않고 냄비째로 테이블로 가져와 작은 그릇에 떠서 먹을 수 있도록 제공되었다. 도루산 화이트와인은 산도는 높지 않으나 의외로 깊은 맛이 느껴져 상당히 만족스러웠고, 한 잔을 더 추가했다. 전체적으로 음식의 질이 높아 기대 이상으로 만족스러운 점심 식사가 되었다. 아내는 해물밥을 두 번이나 먹어 보았으니 앞으로 다른 요리도 주

메이아 나우 해물밥

모후 정원

문하자고 했다. 점심 식사비로 58유로를 지불했다. 계산을 마치고 나오다 보니 주변 테이블에 중국인들이 많이 자리를 한 것으로 미루어 보아 중국인들 사이에 꽤 유명한 맛집으로 소문이 나 있는 식당임에 분명한 것 같았다.

식사를 마친 후 오후에는 집에서 두어 시간을 휴식한 뒤, 저녁 일몰 시간에 맞춰 모후 정원(Jardim do Morro)으로 가기로 했다. 이제 조금씩 관광보다 일상에 방점을 두는 생활 패턴에 적응해야 할 필요성을 느꼈다. 집에 돌아와 아내는 잠시 휴식을 취하고, 나는 여행기를 작성했다. 매일 매일의 여정을 기록으로 남기는 것이 생각보다 쉽지 않음을 새삼 느끼고 있다.

오후 4시 30분에 집을 나섰다. 모후 정원에서 일몰과 야경을 감상하며 치맥으로 저녁을 대신하기로 했다. 한국인들 사이에 전기 통닭으로 유명한 치킨 전문점인 페드로 두스 프랑구스(Pedro dos Frangos)에서 전기 통닭 한 마리와 감자튀김을 사서 준비해 둔 슈퍼복 맥주 두 캔과 함께 모후 정원으로 올랐다.

모후 정원은 동 루이스 1세 다리 2층과 맞닿은 빌라 노바 드 가이아의 언덕 위에 노을 맛집으로 소문난 정원이다. '모후(Morro)'는 포르투갈어로 '언덕'을 의미하며, '자르딩 두 모후(Jardim do Morro)'는 '언덕의 정원'이라는 뜻이다. 이곳은 도루강(Rio Douro) 하구 남안의 구릉 지역에 조성된 정원이다. 지역 주민과 방문객들을 위한 녹지 공간을 조성하고자 1927년 도시개발계획의 일환으로 설계된 공원이다. 이곳은 시민들을 위한 휴식 공간이자 문화 행사나 콘서트 등이 열리는 야외무대이기도 하다. 야외 공연장처럼 계단식

모후 정원의 버스킹 공연

긴 의자가 놓여 있어, 앉아서 포르투의 전망과 노을을 만끽하기 좋은 장소다. 모후 정원에서는 포르투의 랜드마크인 동 루이스 1세 다리와 포르투의 옛 시가지 히베이라 강변을 배경으로 생애 최고의 사진을 남길 수 있다.

　오늘 일몰 시간은 오후 5시 27분으로 예정되어 있어, 5시경에 모후 정원에 도착하니 수백 명에 달하는 사람들이 이미 언덕 위에 자리를 잡고 준비해 온 와인과 맥주를 마시며 야경을 감상할 준비를 하는 듯했다. 오늘 날씨도 쾌청하고 일요일이 겹쳐 더 많은 사람이 몰려온 것 같았다. 언덕 아래쪽에서는 젊은 남자 두 명으로 구성된 버스킹 공연이 열기를 뿜고 있었으며, 그 주변으로 흥에 겨운 사람들이 음악에 맞춰 몸을 흔들고 있었다. 우리도 언덕 위 빈자리를 찾아 간신히 자리를 잡고 준비해 간 매트를 깔았다. 사람

도루강 일몰 전경

모후 정원에서 바라다본 포르투 야경

들 사이로 맥주와 와인, 탄산음료를 얼음과 함께 가득 채운 아이스박스를 들고 분주하게 움직이는 젊은 장사꾼들의 얼굴에서 삶의 또 다른 모습을 보게 된다. 아내는 생각지도 않던 삶의 생생한 모습을 보며 여기에 오기를 정말 잘한 것 같다고 상당히 흡족해했다. 아내가 즐거워하니 나도 덩달아 행복한 느낌이 들었다.

해가 지는 서쪽 하늘은 구름에 가려, 불운하게도 오늘은 멋진 노을을 보기가 힘들었다. '낭만의 도시'라 일컫는 포르투의 일몰을 제대로 감상하지 못해 다소 아쉬운 마음이 들었으나, 포르투에 체류하는 동안 여기에 몇 차례 더 올라올 계획이니 큰 문제는 아니었다. 대신 동 루이스 1세 다리를 배경으로 한 멋진 야경은 장관이었다. 포르투에 가야 할 이유 중 하나로 멋진 야경을 손꼽아도 과장된 표현은 아닐 것이다. 유럽의 3대 야경이라고 일컫는 프라하, 부다페스트 그리고 파리의 야경에 견줄 만했다.

동 루이스 1세 다리의 야경

세하 두 필라르 수도원의 야경

　모후 정원 위쪽으로 10분 정도 걸어 올라가면 환상적인 전망을 여유롭게 즐길 수 있는 세하 두 필라르 수도원(Mosteiro da Serra do Pilar)을 만날 수 있다. 수도원 앞 광장은 해 질 무렵의 모후 정원보다 덜 붐비면서도 노을과 동 루이스 1세 다리, 포르투의 야경을 감상할 수 있는 명당이다. '세하 두 필라르(Serra do Pilar)'는 포르투갈어로 '기둥의 산'이라는 뜻으로, 도루강 하구에 솟아 있는 고지를 가리킨다. 교회의 예배당과 수도원의 회랑이 같은 크기의 원형 평면을 이루고 있는 독특한 구조를 지닌 이곳은 유럽의 중세 교회 건축물 중 드물게 민간 건축 양식이 채용되어 있다. 수도원은 도루강을 사이에 두고 포르투 시내 중심과 마주 보고 있는 고지에 위치하여, 1830년대 포르투갈 내전 중 군사적 거점으로서 중요한 역할을 했다. 세하 두 필라르 수도원은 1910년 포르투갈 국가기념물로 지정되었고, 1996년 유네스코 세계문화유산으로 등재되었다. 1927년부터 본격적인 복원이 시작된 수도원은 오랜 복원 작업을 거쳐 2012년부터 대중에게 공개되었다.

　많은 사람이 이곳에서 저마다 소중한 추억을 담기 위해 분주히 사진을 찍고 있었다. 우리도 광장 앞 전망대에서 동 루이스 1세 다리와 히베이라 강변의 야경을 배경으로 멋진 인생 사진을 몇 장 남겼다.

11월 4일

포르투의 숨결:
알마스 성당에서
산타 클라라까지

오늘은 제법 늦게 눈을 떴다. 아내는 아직 새벽에 자주 잠을 깨며 숙면을 취하지 못해 피곤함을 호소했다. 나이가 들수록 시차 적응이 힘든 것은 어쩔 수 없는 모양이다.

포르투에 도착한 이후 오늘 처음으로 비 예보가 있었다. 많은 비는 아니지만 오전과 오후에 각각 1~2시간 가벼운 비가 내린다고 했다. 게다가 아내가 가벼운 감기 증상을 보여서 오늘은 가벼운 일정만 소화하기로 했다.

아침을 먹고 문밖으로 나서니 가벼운 비가 내리고 있었다. 우산을 받쳐 들고 아내와 손을 잡고 포르투 골목길을 걷다 보니 제법 운치가 느껴졌다. 아침 식사 장소와 집 사이의 약 400미터 거리 중간에는 전체가 아줄레주 벽화로 둘러싸인 유명한 알마스 성당(Capela das Almas)이 자리하고 있다. 포르투에 도착한 지 이틀째까지 이 성당이 아줄레주로 유명한 성당인지 알아채지 못했다. 내부는 다른 성당과 달리 수수한 모습이었다. 인근 주민들이 모여 미사가 진행 중이었다.

며칠 동안 집으로 오가는 길에 성당의 사진을 찍으려 했으나 지나가는 차

알마스 성당

량과 인파로 많이 애를 먹었다. 오늘 다시 사진 찍기를 시도하자 아내가 "유명한 성당인 줄 몰랐을 때는 사진 한 번 찍지 않던 사람이 이제는 몇 번씩이나 찍어대네." 하며 핀잔을 준다. 듣고 보니 맞는 이야기라 별다른 대꾸를 하지 못하고 겸연쩍은 웃음만 짓고 말았다.

알마스 성당은 '영혼의 예배당'이라는 뜻으로, 18세기 초 순교자 산타 카타리나(Santa Catarina)의 영혼을 기리기 위해 세운 성당으로 산타 카타리나 성당으로도 불린다. 1996년 유네스코 세계문화유산으로 지정된 '포르투 역사 지구(Centro Histórico do Porto)'의 중심부에 있다. 알마스 성당은 산타 카타리나를 기리기 위한 목조 예배당에서 비롯되었으며, 현재의 건물은 프란시스쿠회의 재속 형제회에서 18세기 말에 새롭게 세운 것이다. 출입구 쪽에는 종탑이 세워져 있고, 예배당 출입구 위에는 스테인드글라스로 장식된 커다란 창이 있다. 외벽은 성 프란시스쿠(São Francisco)와 성녀 카타리나의 생애를 담은 파란색과 흰색의 아줄레주 벽화들로 가득하다. 1만 5,000여 개의 타일 조각으로 이루어진 이 아줄레주 장식은 1929년 에두아르도 레이트(Eduardo Leite)가 18세기의 고전 양식을 본떠서 만든 것이다. 1982년 건물과

산타 카타리나 거리

벽화 모두 대대적인 복원 작업이 이루어진 알마스 성당은 아름다운 아줄레주 벽화를 가진 성당 중 하나로 손꼽힌다.

산타 카타리나 거리로 나서 산타 클라라 성당으로 향했다. 산타 카타리나 거리(Rua de Santa Catarina)는 매혹적인 아줄레주 벽화의 알마스 성당과 조앤 롤링이 《해리포터》를 집필한 마제스틱 카페 등 유명한 건물이 모여 있는 1.5킬로미터 길이의 활기찬 거리다. 늘 번화한 쇼핑가답게 대형 쇼핑센터 비아 카타리나 쇼핑(Via Catarina Shopping)을 비롯해 파르포이스(Parfois), 메이아 두지아(Meia Duzia) 등 포르투갈 브랜드 매장과 파브리카 다 나타(Fábrica da Nata)같은 카페들이 모여 있다. 그뿐만 아니라 1880년에 개업한 포르투 그랜드 호텔(Grande Hotel do Porto)도 이곳에 있다. 거리의 명칭은 '산타 카타리나 예배당'이라고도 알려진 알마스 성당 부근에 있어서 붙은 이름이다.

산타 클라라 성당(Igreja de Santa Clara)은 15세기에 프란시스쿠회 수녀들이 설립한 수도원 교회로 시작되었다. 성당은 수 세기에 걸쳐 여러 차례 보수와 확장을 겪었고, 특히 17세기와 18세기에 바로크 양식의 화려한 장식이 추가되었으며, 이는 성당 내부의 독특한 분위기를 형성하는 데 큰 역할을 했다. 성당 내부로 들어서니 본당의 화려함에 입을 다물 수가 없을 정도였다. 포르투갈에서 가장 아름다운 제단으로 손꼽히는 중앙 제단과 양쪽 벽면의

산타 클라라 성당 내부 탈랴 도라다   산타 클라라 성당 중앙 제단

금박 장식은 탈랴 도라다 양식의 정수를 보여 주었다. 황금과 은으로 장식된 중앙 제단은 성경의 다양한 장면을 묘사한 조각들로 가득 차 있었다.

또한, 성당의 창문을 장식하고 있는 스테인드글라스는 색색의 유리로 이루어져 있어 빛이 들어올 때마다 신비로운 분위기를 자아냈다. 2층에서는 성당의 내부 장식 복원 작업 과정이 영상으로 상영되고 있었다. 최근 수년간 내부 장식의 복원 작업이 계속된 듯했다. 2층의 다른 방에서는 내부 장식의 먼지를 붓으로 꼼꼼히 청소하는 모습도 볼 수가 있었다. 산타 클라라 성당 내부의 탈랴 도라다가 화려하게 빛나는 이유를 잘 보여 주는 장면이었다. 산타 클라라 성당은 작지만 포르투에서 꼭 방문해야 할 성당으로 감히 추천한다. 입장료는 4유로다.

산타 클라라 성당 관람을 마친 후, 상 벤투 역 북쪽 지역에 자리한 산투 일드푼수 성당(Igreja Paroquial de Santo Ildefonso)으로 향했다. 이 성당은 클레리구스 탑을 세운 이탈리아 건축가 니콜라우 나소니(Nicolau Nasoni)가 설계한 것으로, 쌍둥이 탑 아래 아줄레주로 덮인 외관이 시선을 사로잡는다. 1730년에 착공해 9년 만에 완공된 성당 전면의 푸른 아줄레주는 일드푼수 대주교의 일생과 복음서에 나오는 비유적 장면을 표현한다고 한다. 월요일 오전

볼량 시장

에 방문한 관계로 아쉽게도 내부는 보지 못하고 외관만 감상하고 발걸음을 돌렸다. 내일 다시 방문하기로 했다.

집으로 돌아오는 길에 집 근처의 볼량 시장(Mercado do Bolhão)에 들렀다. 19세기 신고전주의 양식을 유지하던 재래시장이 2년여의 공사를 거쳐 현대식으로 재탄생한 곳이다. 리노베이션 기간을 제외하고는 하루도 거르지 않고 문을 열어온 시장이다. 시장 입구에는 포르투갈인의 소울푸드인 바칼라우를 상징하는 대구 조각상이 세워져 있다. 1층에는 각종 채소와 과일, 올리브, 육류, 생선, 햄, 빵, 통조림, 꽃, 각종 향신료 등 온갖 식재료를 판매하는 매장이 들어서 있고, 2층에는 식당이 있다. 1층 양쪽 끝에는 시장에서 산 음식을 바로 먹을 수 있는 테이블도 몇 개 있었다. 과일이나 육류 제품은 종류도 다양했고 신선하게 보였다. 점심으로 집에서 된장찌개를 끓이기로 하고, 찌개에 넣을 새우, 홍합과 냉동 오징어를 구입했다. 과일 가게에서는 마트에서 보지 못한 딸기도 조금 구입했다. 볼량 시장은 집에서 200미터 이내에 있음에도 불구하고 오늘 처음으로 들렀다. 앞으로 자주 들러야 할 것 같았다.

집으로 돌아와 해물된장찌개로 점심을 먹고, 여행기를 작성하며 두어 시간 휴식을 취한 후 오후 3시에 한인 마트를 가기 위해 집을 나섰다. 가는 길에 산타 카타리나 거리에 있는 이름난 마제스틱 카페(Majestic Café)에 들러

마제스틱 카페 입구   마제스틱 카페 내부

커피를 마시기로 했다. 우아한 아루누보풍 외관을 자랑하는 마제스틱 카페는 포르투갈에서 가장 아름다운 카페이자 세계에서 가장 예쁜 10대 카페 중 하나로 손꼽힌다.

    11월 비수기라서 그런지 카페 앞에서 줄을 서는 수고로움은 피하고 들어갈 수가 있었다. 카페에 들어선 순간 우아한 샹들리에, 초콜릿색 몰딩으로 둘러싸인 거울, 세월이 느껴지는 내부 인테리어가 눈길을 사로잡았다. 실제로 1921년 문을 연 이래 예술과 문화가 번창했던 19세기 말 '벨 에포크(Belle Epoque)'를 추구하여 많은 예술가가 드나들며 포르투 사람들의 문화 중심지로 자리 잡았다. 《해리포터》의 작가 조앤 롤링(Joan K. Rowling)은 포르투에서 영어 강사로 일할 당시 이 카페를 작업실 삼아 소설을 집필했다고 한다. 마제스틱 카페는 몇 년 전 부다페스트에서 들른 '뉴욕 카페'를 떠올리게 했다.

산타 카타리나 거리 버스킹 공연

실제로 뉴욕 카페가 내부 장식의 화려함과 중세풍의 우아함에 있어서는 마제스틱 카페를 훨씬 능가하는 것으로 보인다. 카페의 크기도 '뉴욕 카페'가 압도적이다. 카페 라테 두 잔과 나타 2개를 주문하고 18유로를 지불했다. 커피 값이 6유로로 상당히 비싼 편이지만 고급스러운 분위기 때문에 한 번은 들러 볼 만한 곳이다.

카페를 나와 산타 카타리나 거리를 걷고 있자니 아름다운 선율이 발길을 붙잡아, 뒤를 돌아다보니 젊은 청년이 이름 모를 악기로 버스킹 공연을 하고 있었다. 바이올린 음색이 나는 악기에 우리에게 친숙한 비틀스의 'Let It Be'를 열창했다. 많은 사람들이 주변에 모여들어 흐뭇한 얼굴로 공연을 감상했다. 음악이 끝나고 악기가 궁금해 청년에게 다가가 악기 이름을 물었더니 일렉트릭 바이올린이라고 한다. 전자 기타는 알았어도 전자 바이올린이 있다는 걸 처음으로 알게 되었다.

한인 마트를 가는 길에 규모가 상당히 큰 핑구 도스를 발견해 안으로 들어가 보니, 집 근처 핑구 도스와는 비교할 수 없는 다양한 제품과 신선함이 돋보였다. 사과, 대봉, 바나나를 사며 아내가 여기 핑구 도스에 자주 와야겠다고 한다.

조금씩 포르투 시내의 지리에 익숙해지는 느낌이다. 그러나 한인 마트는 다소 실망스러웠다. 구비한 제품은 모두 인스턴트 식품들이었고, 종류도 다양하지 않았다. 비비고 냉동만두 1팩을 사서 넣으며 자주 오게 될 것 같지는 않다는 생각이 들었다. 오늘은 집 근처에 있는 중국인 마트도 둘러보았다. 현지 마트에는 없는 두부, 야채, 아시안 쌀 등을 살 수 있어 체류하는 동안 많은 도움이 될 것 같았다.

저녁은 집에서 일전에 사둔 등심 스테이크에 아스파라거스와 브로콜리를 샐러드 삼아 함께 먹었다. 현지에서 바지아(Bazia)라는 이름의 등심 부위 스테이크 맛이 상당히 괜찮았다. 며칠 전 식사 때 남겨 두었던 레드와인 반 병을 곁들이니 스테이크 맛이 더욱 살아났다. 아내는 이 스테이크가 식당에서 먹는 것보다 훨씬 더 맛있다고 한다. 훌륭한 식사였다.

포르투 시내를 걷다 보면 거리에 큰 쓰레기 수거함들이 눈에 띈다. 일반 쓰레기부터 재활용 쓰레기까지 분리수거를 위한 수거함이 군데군데 놓여 있다. 재활용 쓰레기 수거함은 색깔로 종이, 골판지, 병류, 플라스틱류 등을 구분해 두었다. 도시의 미관상으로도 좋지 않지만, 주민들도 쓰레기를 집에서 들고나와 멀리 떨어진 수거함까지 오는 게 상당히 불편하게 느껴지리라. 아파트 단지 안에서 손쉽게 분리 배출을 하는 우리가 편함에 길들지 않았나 싶다.

포르투 시내 쓰레기 분리 수거함

내일은 하루 종일 비가 예보되어 있다. 비는 그리 많지 않지만 처음으로 비다운 비가 올 것 같다. 덕분에 집에서 휴식을 취하고 저녁에는 포르투갈을 대표하는 민속 음악 '파두(Fado)' 공연을 감상할 계획이다.

11월 5일

애절한
멜로디의 향연,
파두

새벽 빗소리에 잠시 눈을 떴다가 다시 잠이 들었다. 아침이 되어 눈을 떠 보니 비는 그쳐 있었다. 아침 식사는 이제 우리 부부와 독일에서 온 나이든 노부부만 함께하게 되었다. 비도 잠시 그치고 하여 오전에 소아레스 두스 레이스 국립 미술관(Museu Nacional Soares dos Reis)을 다

소아레스 두스 레이스 국립 미술관

아줄레주 벽화가 그려져 있는 야외 정원

녀오기로 했다. 며칠 전 방문했으나 파업으로 휴관 중이었기 때문이다.

아침을 먹고 밖으로 나오니 다시 비가 내리고 있었다. 꽤 강한 비가 내리고 있어 다시 집으로 돌아갈까 망설였지만, 이왕에 나온 김에 가 보기로 했다.

소아레스 두스 레이스 미술관은 1833년에 개관한 포르투갈 최초의 국립 미술관으로, 포르투와 포르투갈 중북부 수도원의 예술품을 소장하고 전시하기 위해 설립되었다. 원래 시내 중심가에 위치한 수도원 자리에 있던 이 미술관은 1911년에 포르투 출신 사실주의 조각가 '안토니우 소아레스 두스 레이스(António Soares dos Reis)'의 이름을 따 미술관 명칭을 변경했다. 현재의 미술관은 1942년 작품 전시와 보관을 위해 포르투 중심가에서 떨어진 왕족들의 거주지인 카항카스 궁전(Palácio dos Carrancas)으로 옮겨졌다. 카항카스 궁전은 원래 1795년 부유한 사업가 모라이스(Morais)와 카스트루(Castro) 가문의 저택으로 지어졌으며, 1861년에는 페드루 5세에 의해 포르투갈 왕실의 별궁으로 사용되었다.

현재 이 미술관에는 그림, 조각, 가구, 금속, 세공, 도자기와 같은 1만

소아레스 두스 레이스 국립 미술관 전시품

소아레스 두스 레이스의 〈유배〉

3,000여 점의 소장품이 보관, 전시되어 있으며 그중 약 3,000여 점이 그림이라고 한다. 상설전으로 19~20세기 포르투갈의 조각, 회화, 동양의 가구와 도자기 등을 선보이며, 금과 은으로 만든 18~19세기 유리 공예품과 장신구도 볼 수 있다. 제일 유명한 소장품은 이름에 걸맞게 소아레스 두스 레이스의 명작 〈유배(O Desterrado)〉다. 이 작품은 1881년 마드리드 국제 전시회에서 금메달을 수상한 작품으로, 포르투갈 영혼의 특징인 그리움을 표현한 것으로 알려져 있다.

미술관에 입장하니 뒤쪽으로 아줄레주 벽화가 그려져 있는 야외 정원이 눈에 띄었고, 정원 한가운데는 독특한 장식품이 놓여 있었다. 미술관은 2층으로 생각보다 규모가 커서, 미술 작품 감상에 문외한인 우리 부부가 감상하는 데도 1시간 30분이 소요되었다. 미술관 안에는 소아레스 두스 레이스의 전시실이 따로 마련되어 있었으며, 그의 조각품이 전시되어 있는 1층에서 대표작인 〈유배〉를 찾지 못하여 직원에게 물어보고서야 감상할 수 있었다. 미술관 입장료는 8유로다.

미술관 관람을 마치고 나와서도 비는 여전히 내리고 있었다. 빗속에서 우산을 받쳐 들고 포르투의 운치 있는 골목길을 걸어 보는 것도 색다른 경험이었다. 점심은 집으로 돌아와 카레밥으로 해결했다.

식사 후 잠시 휴식을 취하며 저녁에 관람할 파두 공연을 예약했다. 아내가 블로그에서 확인한 결과, 상 벤투 역 내부에 있는 '프레시덴시알 파두(Presidencial Fado)'가 평판이 좋다고 하여 저녁 7시 30분 타임으로 온라인 예약한 후, 소화도 할 겸해서 밖으로 산책을 나갔다. 이제 자주 가게 되는 산타 카타리나 거리를 걷다 보니 거리 양옆을 가득 메운 매장이 하나둘 눈에 들어오기 시작한다. 포르투를 대표하는 대형 쇼핑센터인 비아 카타리나(Via Catarina)에 들어가 보니 의류, 신발, 화장품을 비롯한 다양한 브랜드의 제품이 입점해 있었다. 3층은 푸드코트로 운영되어 다음에 점심을 먹으러 한번 와도 괜찮겠다는 생각이 들었다. 쇼핑센터의 규모는

파두 공연장 프레시덴시알

한국의 대형 쇼핑센터에 비해 상대적으로 많이 작은 편이었다. 산타 카타리나 거리의 끝에 어제 내부를 관람하지 못한 산투 일드폰수 성당이 있어 다시 들러 보기로 했다. 그러나 오늘도 성당 문이 닫혀 있어 구글로 확인해 보니 오후 3시에 문을 연다고 한다. 빗속에 30여 분을 기다리기엔 무리가 있어 내부 관람은 다음 기회로 미루고, 저녁 파두 공연 장소를 확인차 상 벤투 역으로 향했다. 산투 일드폰수 성당과는 인연이 잘 맞지 않는 모양이다. 저녁은 미리 사둔 돼지 삼겹살을 구워 상추와 함께 맛있게 먹은 후 시간에 맞춰 파두 공연장으로 향했다. 저녁 식사와 파두 공연을 함께 즐길 수 있는 소규모 레스토랑을 '카사 두 파두(Casa do Fado)'라고 통칭한다. 보통 저녁 시간에 1~2회 공연을 하는데, 우리가 관람한 곳은 식사가 없이 파두 공연만 진행하는 곳으로 관람료는 인당 19유로다.

애절한 멜로디가 파도처럼 밀려오는 포르투갈 전통 가요 파두(Fado)는 2011년 유네스코 인류무형문화유산에 등재되었다. 운명, 숙명을 뜻하는 라틴어 '파툼(Fatum)'에서 유래한 이름이다. 서민 삶의 애환을 담은 파두는 대항해 시대 이후 리스보아 알파마 지역에서 시작되었다. 기쁨을 표현하는 가사를 들어도 느껴지는 서글픔은 바로 '사우다드(Saudade)'의 정서 때문이다. 한국의 '한'을 다른 언어로 번역하기 어려운 것처럼, 사우다드 또한 정확한 번역은 힘들지만 간절한 바람이나 향수, 그리움으로 해석할 수 있다. 특히 파두 트리스테(Fado Triste)와 파두 메노르(Fado Menor)라 불리는 고전적인 곡조는 가슴 깊이 파고드는 애조를 띤다. 1950년 파두 가수 아말리아 로드리게스(Amália Rodrigues)에 의해 포르투갈 대표 음악으로 자리 잡았다.

파두는 보통 포르투갈 전통기타인 기타라(Guitarra)와 철삿줄이 달린 어쿠스틱 기타를 연주하는 기타리스트 2인 그리고 파두 가수 1인이 호흡을 맞춰 공연하며, 파두 가수는 파디스타(Fadista)라고 부른다. 포르투갈 전통 기타인 기타라는 12개의 강철 현을 가진 현악기로, 그 몸체는 눈물방울의 형태를 하고 있어 현재 포르투갈의 아이콘으로 자리 잡고 있다.

파두는 크게 두 스타일로 나뉜다. 그리움을 노래하는 리스보아 파두 스타일과 사랑의 세레나데인 코임브라 파두 스타일이 그것이다.

우리는 예약된 시간보다 20여 분 일찍 도착했다. 공연장은 놀랍게도 시끄럽고 분주한 상 벤투 역사 내 눈에 잘 띄지 않는 한쪽에 위치한 작은 콘서트장 같았다. 도착해 보니 이미 6시 공연이 끝난 후 관객들이 파두 가수인 아나 마르가리타(Ana Margarita)와 대화를 나누고 있었다. 자리에 앉고 공연이 시작되기 전, 막간을 이용하여 아나는 관객

기타라와 어쿠스틱 기타

들에게 매력적인 포트와인을 한 잔씩 제공하며 일일이 인사를 나누었다. 그녀는 포르투갈어는 물론 영어, 스페인어, 불어를 유창하게 구사했다. 그녀는 1시간 동안의 공연 내내 두 명의 기타리스트인 페르난두(Fernando), 안토니우(António)와 함께 30여 명의 관객이 가득 찬 무대를 완벽하게 지배하며 파두의 역사, 스타일, 파두를 감상하는 방법 및 포르투갈 전통 기타 등에 대해 열정적으로 설명했다.

"파두는 운명이며 마지막 종착역 같은 느낌입니다. 파두에는 영혼의 슬픔이 배어 있어요. 파두를 가사 그 자체로 이해하려 하지 마세요. 파두는 가슴을 열고 진정으로 듣기만 하면 되는 음악이에요."

그녀의 목소리로 전해진 파두의 내면 깊은 곳까지는 이해하기 힘들었지만 파두가 얼마나 아름다운지, 가슴속 깊이 맺힌 사우다드는 어찌나 애절한

파두 공연

지, 그 애절함이 형언할 수 없는 그리움으로 가슴 속에 절절히 밀려왔다. 처음 접한 파두 공연은 단순한 호기심을 넘어 매우 감동적이었고 잊을 수 없는 경험이었다. 아내도 파두 가수인 37세 아나의 매력에 흠뻑 빠진 눈치였다. 포르투를 방문하는 여행객에게 정말 추천하고 싶은 최고의 순간이었다.

11월 6일

포트와인 셀러에서
마주한
시간의 조각들

어제 포르투에 도착한 지 일주일 만에 처음으로 굵은 비를 뿌린 하늘은 오늘 아침에는 청명하고 맑은 날씨를 선사했다. 최저 기온 15도, 최고 기온은 22도에 이른다고 하니 낮에는 조금 더울 듯하다. 아침 식사를 마치고 나오려고 하니 필리파가 잠시 보자고 한다. 무슨 일인가 했더니 내일과 모레는 우리 부부 외의 투숙객이 없을 것이라 하며, 아침 식사를 하러 굳이 나올 필요 없이 오전 조식 박스를 방 앞에 준비하겠다고 한다. 그렇지 않아도 내일 아침 일찍 근교 도시인 브라가(Braga)를 방문할 예정이라 출발 시간을 고려하면 아침 식사를 못할 것 같다고 이야기를 할 참이었다. 필리파의 배려로 아침 식사를 거르지 않아도 되니 참으로 다행스럽고 고마운 일이었다.

포르투와 빌라 노바 드 가이아를 이어주는 동 루이스 1세 다리

　오늘은 빌라 노바 드 가이아(Vila Nova de Gaia) 지역의 테일러스(Taylor's) 와인 셀러 투어에 나섰다. 빌라 노바 드 가이아는 동 루이스 1세 다리 건너편에 위치한 포트와인의 고향으로, 엄밀히 따지면 비록 포르투는 아니지만 일반적으로 포르투로 알려진 지역이다. 강변에는 샌드맨(Sandeman), 카렘(Karem), 테일러스(Taylor's) 등 저명한 포트와인 셀러가 즐비하고, 애주가들은 성지 순례하듯 이곳을 찾는다. 과거 영국인이 세운 와인 셀러 건물들이 많아, 강 건너 히베이라 지역과는 다른 건축 양식이 돋보인다. 히베이라가 중세 포르투갈 건축 양식의 전시장이라면, 빌라 노바 드 가이아는 18세기 영국의 조지언(Georgian) 양식을 대표한다. 노을 맛집으로 유명한 모후 정원(Jardim do Morro)도 이 지역에 위치해 있다.

　집에서 테일러스 와인셀러까지는 도보로 약 40분이 소요되었다. 테일러스에 가기 위해서는 포르투와 도루강을 연결하는 동 루이스 1세 다리(Ponte Dom Luis I)를 건너야만 한다. 며칠 전, 야경을 감상하기 위해 모후 정원을 가는 길에도 이 다리를 지나쳤다. 1886년에 완공된 동 루이스 1세 다리는 1996년에 유네스코 세계문화유산 목록에 올라 포르투의 상징적인 건축물로 자리 잡았다. 도루강을 가로지르며 강북의 포르투와 강남의 빌라 노바 드 가이아 두 지역을 부드럽게 연결하고 있어, 포르투의 아름다운 경관을 감상할 수 있는 명소이기도 하다. 아치의 양끝에 교각을 세우고 2층 다리를 놓아

동 루이스 1세 다리의 2층 보행자 도로   마리아 피아 다리

2층에는 지하철, 1층에는 자동차가 지나다닌다. 172미터의 넉넉한 폭 덕분에 위아래 모두 보행자 도로가 마련되어 있으며, 44.6미터 높이의 2층에서 바라보는 경치는 장관이다. 동 루이스 1세 다리는 에펠탑을 설계한 귀스타브 에펠의 제자 테오필 세이리그(Théophile Seyrig)가 건설했으며, 동쪽 1킬로미터 지점에는 쌍둥이처럼 닮은 마리아 피아 다리가 있는데 귀스타브 에펠의 작품이다. 스승과 제자가 각각 세운 두 다리의 이름은 포르투갈의 왕 루이스 1세와 왕비 마리아 피아를 기리기 위해 명명되었다.

테일러스 와인셀러

동 루이스 1세 다리를 건너 테일러스 와인셀러로 향하는 길은 구불구불한 골목길을 꽤 올라가야 해서 다소 힘이 들었다. 아침에 눈을 뜨고는 오전 10시 타임으로 온라인 투어 예약을 해 두었다.

테일러스는 프리미엄 포트와인의 대명사로 불리는 와이너리로, 1692년부터 4세기가 넘게 오직 최고의 포트와인 생산에 전념해 온 명성을 지니고 있다. 포트와인의 산지인 도루 밸리에서 생산되는 대부분의 포트와인은 이곳 와인

셀러에서 숙성된다. 그 명성에 걸맞게 대저택처럼 웅장한 셀러를 자랑하며, 셀러 리노베이션 후 오디오 가이드 투어를 통해 한국어로 원하는 시간에 투어를 즐길 수 있다. 실제로 이 덕분인지 오늘 투어에서 젊은 한국인 커플을 여럿 볼 수 있었다. 투어가 시작되는 캐스크(Cask)를 쌓아 둔 방에서는 셀피 스팟(Selfie Spot)에서 찍은 사진을 방문 기념으로 제공해 주었다. 투어가 끝난 후 레드와 화이트 두 종류의 포트와인을 시음할 수 있었다.

포트와인은 발효 중인 와인에 브랜디를 첨가한 주정 강화 와인으로, 알코올 함량은 18~20%에 이른다. 포트와인(Port Wine)이라는 이름은 이 지역의 수출 항구 이름이 '오포르투(Oporto)'인 데서 유래했다. 포르투가 포트와인의 산지가 된 결정적인 계기는 백년 전쟁이다. 프랑스와의 전쟁으로 영국 상인들이 와인의 수입에 어려움을 겪으면서 포르투로 이주해 와인을 만들기 시작했다. 그런데 배로 영국까지 와인을 배송하는 데 한 달씩 걸리다 보니 와인이 쉽게 변질되었고, 궁리 끝에 발효 중인 와인에 브랜디를 넣어 발효를 멈추게 하는 묘안을 찾아냈다. 그렇게 하여 달콤하고 알코올 농도 짙은 포트와인이 탄생한 것이다. 대부분 레드와인으로 제조되지만, 드물게 화이트와인으로도 만들어지며 주로 식후주로 마신다. 우리가 시음한 포트와인은 2019년산으로 알코올 함량은 20%에 미디엄 스위트 수준의 와인으로서 마시기에 부담이 없었다. 아내는 일반 와인에 비해 다소 높은 알코올 함량 때문에 맛만 보고는 남겨 두어 내가 모두 소화했다.

테일러스 와인셀러의 출구는 'World of Wine'의 이니셜을 딴 와우(WOW)와 연결되었다. 와우는 와인과 문화 예술을 결합한 복합문화공간이다. 박물관뿐 아니라 12개의 레스토랑과 바도 구비되어 관람 후 식사나 와인 한잔의 여유를 즐겨도 좋은 공간이다. 야외 테라스에서는 동 루이스 1세 다리와 강 건너편 히베이라 광장을 배경으로 한 전망이 탁월하여 아내와 함께 몇 장의 사진을 남겼다.

빌라 노바 드 가이아 지역에서 바라본 히베이라 광장

점심은 아내가 최근 블로그에서 발견한 빌라 노바 드 가이아 지역의 맛집, 포르투 안티구오 코미다 카세이라(Porto Antiguo Comida Caseira)에서 해결하기로 했다. 한국인들 사이에서 꽤 인기가 있는 식당으로, 구글에서는 호평이 가득했다. 우리는 어젯저녁에 12시 30분으로 예약해 두었다.

시간에 맞춰 도착해 보니 예약하지 않았다면 식사를 하기 어려웠을 상황이었다. 내부는 아주 작아 네 개의 테이블밖에 없고, 이미 한 테이블에는 한국인 가족이 식사를 하고 있었으며 나머지 테이블은 모두 예약석이었다. 다행히 우리가 예약한 테이블 덕분에 어렵지 않게 자리를 잡을 수 있었다. 주인아주머니와 종업원이 분주하게 움직이며 요리와 서빙을 담당했다. 한국인들에게 인기 있는 메뉴가 스테이크와 문어 요리라고 소개되어 있어 우리도 똑같이 주문했다. 앞 테이블의 한국인 가족도 같은 음식을 선택했다. 음

스테이크와 문어 요리

포르투와 근교 소도시　125

빌라 노바 드 가이아 지역의 도루강변

식의 양은 압도적이었다.

　스테이크의 크기는 두 사람이 먹기에도 충분했고, 문어구이도 크기가 상당했다. 아마도 지금껏 다녀간 한국인들이 밥을 요구해서인지 감자튀김과 함께 밥도 사이드 요리로 제공되었다. 아내가 웃으며 저녁은 먹지 않아도 괜찮겠다고 하여 나도 그에 맞장구를 쳤다.

　음식은 전반적으로 괜찮았으나, 스테이크에는 다소 질긴 부위가 많아 아쉬움이 남았다. 문어는 아주 큰 다리로 네 개가 제공되어 아내는 포르투에 머무는 동안 문어 요리를 다시는 입에 대지 않을 것이라고 농담까지 했다. 식사가 끝날 즈음, 주인아주머니께서 무료로 제공해 준 크림 리큐어(Cream Liqueur) 틴타 에 신쿠 35(Tinta e Cinco 35)는 나타와 크림 밀크를 혼합한 것으로 식후주로 무난했다. 생맥주 한 잔과 레드와인 한 잔을 포함해 총 50.50유로를 지불했다. 계산을 끝내자 주인아주머니는 유일하게 할 수 있는 한국어라며 "감사합니다."라고 인사를 했다.

　식당을 나와 도루강변으로 향했다. 빌라 노바 드 가이아 쪽 도루강변은 맞은편 히베이라 광장과는 달리 한적한 분위기를 연출하고 있었다. 히베이라보다 덜 혼잡했지만 활기찬 모습은 보이질 않았다. 아내와 셀피를 찍는 도

인판트 동 엔히크 전망대에서 바라다본 포르투 전경

중 옆을 지나가는 한국인 단체 관광객의 모습을 볼 수가 있었다.

가이아 케이블카(Teleférico de Gaia)는 빌라 노바 드 가이아와 동 루이스 1세 다리 정상을 연결하는 정원 8명의 케이블카다. 600미터 남짓한 거리를 5분 동안 운행하며, 빌라 노바 드 가이아와 강 건너 히베이라까지 탁 트인 풍경을 감상할 수 있다고 한다. 가파른 오르막 대신 전망을 즐기며 이동할 수 있지만, 우리가 포르투에 체류하는 동안에는 별로 이용할 기회가 많지 않을 것 같다.

인판트 동 엔히크 전망대(Miradouro Ponte Infante Dom Henrique)는 포르투를 다른 각도에서 바라볼 수 있는 곳으로, 동 루이스 1세 다리와 세하 두 필라르 수도원을 반대편에서 감상할 수 있다. 동 루이스 1세 다리와 모후 정원

인판트 엔히크 다리

모후 정원에서 바라본 일몰

쪽은 관광객들로 북적이는 반면, 이곳은 한적하여 여유롭게 풍경을 즐길 수 있었다. 반대편으로는 엔히크 다리가 보인다.

　엔히크 다리(Ponte Infante Dom Henrique)는 날씬한 구조의 석조 다리로, 도루강과 동 루이스 1세 다리를 모두 멀리서 감상할 수 있다. 다리를 건너 집으로 돌아오니 벌써 오후 3시가 지나 있었다. 오늘 빌라 노바 드 가이아 지역과 엔히크 전망대를 도보로 왕복하다 보니 다리가 꽤 무겁게 느껴졌다.

　한두 시간 휴식을 취한 후, 일전에 구름으로 제대로 보지 못한 일몰을 보기 위해 다시 모후 정원으로 가기로 했다. 모후 정원으로 가려면 다시 동 루이스 1세 다리를 건너야 했다. 포르투에 체류하는 동안 동 루이스 1세 다리를 수없이 지나 다녀야 할 것 같았다.

　오늘도 모후 정원에는 일몰과 야경을 감상하기 위해 많은 사람들이 모여 있었다. 일전에 보았던 젊은이들이 같은 장소에서 버스킹 공연을 하고 있었다. 아내의 말처럼 이곳은 사람 냄새가 물씬 나는 공간이며, 젊음을 한껏 발산하는 곳이다. 우리까지 괜스레 젊어지는 묘한 매력이 느껴지는 곳이다.

　다행히 오늘은 서쪽 하늘에 구름이 없어 일몰을 감상할 수 있었다. 이글

거리던 태양이 서쪽 하늘을 넘어가며 주위를 온통 붉게 물들이는 모습은 장관이었다. 다만 우리가 앉은 자리에서 보이는 높은 건물 때문에 태양의 일부가 가려져 멋진 사진을 찍지 못해 아쉬움이 남았다. 모후 정원을 나와 동 루이스 1세 다리 쪽으로 가니, 건물에 가려지지 않은 한 곳에서 괜찮은 사진을 남길 수가 있었다. 아내와 함께 셀피도 몇 장 찍고 귀갓길에 올랐다

점심을 푸짐하게 먹은 탓에 저녁은 간단히 라면과 약간의 과일로 마무리했다.

집에서 확인해 보니 오늘 걸음 수가 2만 5,000보에 달했다. 다리가 묵직하고 몸이 피곤한 이유로 충분했다. 아내도 체력이 많이 소진되어 힘들다고 하여 일단 내일 브라가(Braga) 방문 계획을 취소하고 며칠 후로 일정 조정을 하기로 했다.

11월 7일

역사와
맛의
시간 속으로

어제 빌라 노바 드 가이아를 왕복하며 다소 피곤했던 몸이 숙면을 취하고 나니 에너지가 충전된 기분이었다. 브라가 방문을 취소한 게 조금 아쉬웠다. 아침 8시 30분경, 필리파가 정성 가득 담긴 아침 식사 박스를 들고 벨을 눌렀다. 박스 속에는 매일 먹는 아침의 흔적이 고스란히 담겨 있어 빵, 오렌지 주스, 햄, 치즈, 스크램블 에그, 과일 등이 정갈하게 자리하고 있었다. 아주 간단히 가져올 줄 알았던 내 예상은 빗나갔고, 그녀의 배려에 고마운 마음이 새삼 느껴졌다.

브라가 방문 계획이 취소된 오늘은 아내가 요사이 챙겨보는 한국인 부부의 포르투 여행 블로그에서 발견한 몇몇 숨겨진 장소를 방문하기로 했다. 우리가 체류하는 아파트 인근의 아주 아담하고 자그마한 프라델루스 성

프라델루스 성당 본당 내부

당(Capela de Fradelos)을 찾아갔다. 전형적인 마을 성당으로, 그 규모는 대성당들과 비교할 수 없을 정도로 작고 고요했다. 그러나 성당에 다가서자 오히려 차분하고 경건한 마음이 솟구쳤다. 내부로 들어가니 업무를 보던 여성의 친절한 눈인사가 반가움을 더했다. 성당 내부는 작지만 아줄레주 벽화와 스테인드글라스 창이 장식되어 있으며, 작은 정원이 곁들여져 차분하고 평온한 느낌을 주었다.

20여 분 더 걸어 도착한 곳은 라파 성당(Igreja da Lapa)이었다. 도심을 벗어나 다소 한적한 곳에 자리한 이 성당은 놀라운 존재감을 드러냈다. 1755년 노사 세뇨라 다 라파(Nossa Senhora da Lapa) 형제단에 의해서 세워진 이 교회는 포르투에서 가장 아름답고 중요한 교회 중 하나로, 로코코 양식과 신고전주의 건축 요소가 조화를 이루고 있다. 교회의 초석은 1756년에 놓였고 1779년에 봉헌되었지만, 건축은 1863년에

라파 성당 파사드

라파 성당 중앙 제단

라파 성당 파이프 오르간

완성되어 100년이 넘는 세월에 걸쳐 완공되었고, 지금은 교회, 묘지, 학교, 병원의 복합 단지를 이루고 있다. 특히, 교회의 압권은 내부에 설치된 무게 약 32톤, 높이 15미터, 폭 10.5미터의 포르투갈에서 가장 큰 파이프 오르간이다. 1995년 교회가 인수한 이 거대한 파이프 오르간은 이베리아반도에서 가장 훌륭하고 아름다운 오르간으로 명성을 높이고 있다. 또한 매주 일요일 미사에서는 뛰어난 합창단의 선율과 함께 감동을 선사한다. 1835년 이후, 이 교회 내부에는 돔 페드로 4세 '브라질의 첫 번째 황제 페드로 1세'의 심장이 담긴 성물함이 주 예배당에 소중히 보관되어 있다. 그는 유언장에서 자신의 시신은 브라질에, 심장은 포르투에 안장해 달라고 요청했다. 내전 중, 국왕을 지원하며 포르투시민들이 보여 준 모든 희생과 극도의 용기에 감사하는 마음을 담아, 그의 심장을 포르투시에 선물한 것이다.

성당은 외부와 내부 모두 훌륭할 정도로 잘 관리되어 있었다. 내부는 아름다운 흰색 본당과 화려한 스테인드글라스 장식, 그리고 거대한 파이프 오르간이 설치된 후면이 압도적인 인상을 남겼다.

라파 성당은 내부에 아줄레주 장식은 없지만 포르투의 다른 성당과는 비교할 수 없는 공간감을 선사하며 독특한 아름다움을 품고 있었다. 입장료는 받지 않았으며 포르투를 방문하는 여행객들에게 한번 찾아보길 추천하는 장소다.

성당 옆에는 라파 공동 묘지(Cemiterio da Lapa)가 자리하고 있었다. 묘지 정문을 들어서자 벽면에 '죽은 자에 대한 존경(Respeito Pelos Mortos)'이라는 글귀가 선명하게 눈에 들어왔다. 1833년 라파 형제단에 의해 설립된 라파 묘지는 포르투갈에서 가장 오래된 사립 가톨릭 묘지이자, 가장 낭만적인 묘지로 간주된다고 한다.

죽은 자에 대한 존경

큰 묘지는 아니지만, 특히 북부 포르투갈의 역사적, 예술적 의미가 짙은 곳으로, 19세기 말까지 라파 묘지는 포르투 엘리트가 가장 선호한 매장지였다고 한다. 유명한 작가, 건축가, 예술가 및 사업가의 유해가 안치된 이 환상적인 고딕 양식의 건축물은 단순한 묘지를 넘어서는 깊은 의미를 지닌다. 처음에는 내전과 콜레라 전염병으로 사망한 이들을 위해 세워졌다고 한다. 특히 인상적인 점은 다양한 형태의 소규모 건축물들이 마치 가족묘처럼 사용되며, 외부에서 내부의 관 모습을 생생히 볼 수 있다는 사실이다. 일부 묘지는 예술 작품으로도 손색이 없을 정도로 정교하고, 몇몇 묘지에는 생화가 꽂혀 있으며 촛불이 타오르고 있었다. 전반적으로 잘 관리된 이곳은 우리와 확

라파 공동 묘지 내부

수정궁 탑

연히 다른 유럽식 묘지 문화의 단면을 직접 느끼게 해 주었다.

　라파 묘지는 내가 방문한 유사한 시설 중 가장 인상적인 곳으로 남았다. 망자에 대한 존경의 마음을 간직한 채, 이전에 방문한 적 있는 수정궁 정원의 타워(Torreão do Jardim do Palácio)를 오르기 위해 수정궁 정원으로 향했다.

　한 번 방문한 장소여서인지 다소 푸근한 느낌을 받았다. 벤치에 앉아 가벼운 일광욕을 즐기며 아내와 함께 내일의 일정에 대해 의논했다. 일단 오늘 가지 못한 브라가(Braga)는 날씨가 좋은 토요일에 가기로 결정하고, 내일은 대서양을 만나볼 수 있는 포르투의 서쪽 지역인 포즈(Foz)와 마토지뉴스(Matosinhos) 지역을 둘러보기로 했다. 포르투 관광의 상징이라 할 수 있는 1번 트램이 포즈까지 운행되기에 기대가 커졌다.

　수정궁 탑을 가기 위해 구글맵에 의존하여 언덕길을 30여 분 올랐으나, 눈에는 선명하게 보이는 탑이지만 올라가는 길이 보이지 않았다. 따뜻한 날씨 덕분에 몸은 땀으로 범벅이 되었고, 오후 1시가 넘어 배고픔이 느껴졌다. 하지만 이왕 찾아온 김에 다시 시도하기로 하여 정원 안쪽의 콘크리트 돔 뒤쪽에서 탑으로 가는 길을 발견할 수가 있었다. 구글맵에 지나치게 의존하지 말라는 교훈이 다시 각인되었다. 탑 위로 올라가면 앞쪽으로는 도루강의 풍경이 한눈에 들어오고 반대편으로는 아라비다 다리(Ponte da Arrábida)의 전경이 눈을 호강시키기에 부족함이 없었다. 아내와 몇 장의 셀피를 남기며,

수정궁 탑에서 바라본 아라비다 다리

힘든 길이었지만 찾아온 보람이 있었다.

 오늘 점심으로 포르투의 대표적인 음식인 프란세지냐(Franceshinha)를 맛보기 위해 전문점으로 알려진 부페트 파즈(Bufete Fase)로 향했다. 수정궁 탑에서 부페트 파즈까지는 도보로 약 40분이 소요되었다. 프란세지냐는 '작은 프랑스 소녀'를 의미하는 포르투 전통 음식으로, 치즈 아래 빵, 훈제 돼지고기 소시지, 햄, 구운 고기 등을 층층이 쌓은 따뜻한 샌드위치로서, 치즈 위에 일종의 톡 쏘는 토마토소스인 프란세지냐 소스를 뿌려 내온다. 위에 계란 프라이를 올리기도 하며, 통상 감자칩과 함께 제공된다. 아내가 블로그에서 찾은 부페트 파즈는 작고 아담한 식당으로, 우리가 도착한 시간이 오후 2시를 넘겨서 인지 식당 안에는 전문점이라는 소문에 걸맞지 않게 손님이 두 테이블밖에 없었다.

프란세지냐 요리

 프란세지냐는 작은 소녀라는 이름에 걸맞지 않게 크고 고칼로리여서 두 사람이 하나를 주문하여 반으로 나누어 먹는 것이 좋다는 리뷰를 많이 보았다며 아내가 하나만 주문하자고 했다. 하나를 주문하고는 반으로 나누어 달라 부탁하며 감자칩과 포르투갈 대표 맥주인 슈퍼복 두 병도 함께 주문했다. 우리가 치킨에 맥주가 빠질 수 없듯이 프란세지냐에 맥주는 포르투갈 사람들의 국룰이라는 이야기를 블로그에서 자주 보았다. 여사장이 소스의 매운 정도를 묻길래 중간 정도의 매운맛으로 주문하고, 짜지 않게 해 달라는 요청을 함께했다. 주문한 프란세지냐가 나온 걸 보고는 아내가 하나만 주문길 잘했다고 다행스러워했다. 양이 만만치 않았고, 여러 블로그에서 느끼하고 짜다는 후기를 자주 보았기 때문이다. 오늘 먹어 본 프란세지냐는 매운맛보다는 짠맛이 훨씬 강했다. 아내의 말에 따르면, 짠맛이 소스가 아닌 염장한 돼지고기 소시지의 영향이 크다고 한다. 소시지까지 먹으면 짠맛에 먹기가 힘들어 소시지는 따로 떼어 놓았다. 옆 테이블의 현지인 손님은 소스를 추가로 요청하며 빵에 계속 뿌려 먹었다. 소스는 별도의 용기에 담아 손님에게 제공했다. 오늘 먹어 본 프란세지냐는 우리 부부의 입맛에는 잘 맞지를 않았다. 짜고 매운맛에 느끼하기까지 하고 또한 고칼로리 음식이라 한 번 먹어 본 것으로 충분할 것 같았다. 음식값은 맥주 두 병을 포함해 총 18.70유로였다.

　산투 일드푼수 성당에 두 번 방문했지만 시간이 맞지 않아 내부를 관람하지 못했으나, 오늘은 오후 3시가 조금 넘어서 도착하여 드디어 내부 관람을 할 수 있었다.

　톨레도(Toledo)의 대주교였던 일드푼수를 위해 세운 바로크 양식의 가톨릭 성당으로, 1730년에 착공해 9년 후인 1739년에 완공되었다. 교회는 화강암으로 지어졌으며, 양쪽에는 대칭을 이루는 두 개의 종탑이 솟아 있다. 건물 중앙에는 교회의 수호성인인 성 일드푼수의 상이 장식된 닫집 모양의 장식이 자리하고 있다. 정면 외벽은 파란색과 흰색의 아줄레주 타일로 장식되어 있으며, 약 1만 1,000개의 타일에는 일드푼수 주교의 생애와 성서의 상징적

산투 일드푼수 성당 스테인드글라스   산투 일드푼수 성당 중앙 제단   산투 일드푼수 성당 외관

인 이미지들이 형상화되어 있다. 이 아줄레주 장식은 상 벤투 역의 아줄레주를 만든 조르주 콜라수(Jorge Colaço)의 작품으로 1932년에 제작되었다. 바로크 양식의 나무 장식과 석고 장식으로 꾸며져 있는 성당 내부는 상당히 화려한 편으로, 금빛 찬란한 제단과 은은한 햇빛이 들어오는 스테인드글라스, 로코코 양식의 가톨릭 조각품으로 장식되어 있었고, 하얀색 톤의 천장은 매우 높고 아름다웠다. 특히 제단 뒤쪽의 칸막이 장식인 레트로타불라(Retrotabula)는 이탈리아 출신의 건축가 니콜라우 나소니(Nicolau Nasoni)가 설계하여 1745년에 만들어졌다. 박물관에는 다양한 성구들과 성경, 찬송가 그리고 그림 등이 비치되어 있었다. 입장료는 다른 성당에 비해 저렴한 1유로였다.

    성당을 나와 집으로 돌아가는 길에 나타 전문점인 만테이가리아(Manteigaria)에 들러, 나타 세 개를 3.90유로에 사서 집 근처 스타벅스로 향했다. 만테이

만테이가리아 조리실 내부

가리아에서는 나타를 만드는 과정을 손님이 볼 수 있도록 조리실을 유리로 설치했다. 나타 한 개의 가격은 1.30유로로, 스타벅스에서 판매하는 가격과 동일했다. 마제스틱 카페에서는 3유로를 지불했던 기억이 떠올랐다.

스타벅스에서 두 잔의 카페 라테를 주문하고, 아내가 앉아 있는 자리로 가니 아내가 옆 좌석의 중년 여성과 이야기를 나누고 있었다. 브라질 태생의 이 여성은 직업이 화가로 텍사스에 살고 있으나 현재는 마토지뉴스에서 일 년째 살고 있다고 한다. 딸은 11년째 포르투에 거주하고 있으나 자주 보지는 못하며, 유럽의 도시가 좋아 이곳저곳을 옮겨 다니며 살고 싶다고 한다. "돈이 중요한 게 아니라, 자신이 하고 싶은 일을 하며 살아야 한다."고 지론을 펼친다. 얼핏 보아도 우리보다 연배가 조금 많아 보였지만, 마음만은 여전히 청춘이었다. 건강을 기원하며 인사를 나눈 후, 우리는 먼저 자리에서 일어났다.

내일은 우리의 37주년 결혼기념일이고, 모레는 큰딸의 생일이다. 결혼기념일을 축하하기 위해 내일 저녁을 먹을 곳으로 괜찮은 식당을 예약할 계획이었으나, 아내가 좋은 등심을 사서 집에서 와인과 함께 하자고 제안한다. 외식보다는 집에서 식사하는 걸 선호하는 아내의 스타일에 따르기로 하고, 집 근처 정육점에서 1킬로그램당 18유로짜리 고급 등심을 산 뒤에 귀가했다.

내일 마토지뉴스를 가려면 조금 이른 시간에 출발해야 할 것 같아, 오후에 수정궁 정원에서 필리파에게 전화를 하여 상황을 설명했다. 내일은 조식 박스를 들고 올 필요가 없다고 하자, 뜻밖에도 오늘 저녁에 미리 가져다주겠다고 했다. 그녀의 배려에 감사의 인사를 여러 번 전했으며, 포르투를 떠나기 전에 작으나마 고마움의 표시를 하는 게 좋겠다는 생각이 들었다.

11월 8일

대서양의 향연,
포즈와
마토지뉴스

리스보아에 28번 트램이 있다면, 포르투에는 1번 트램이 있다. 19세기부터 운행해 온 카멜색 빈티지 트램으로 1872년에는 말이 끌던 마차였는데, 1895년 전기를 도입하며 새롭게 변모했다. 오늘은 1번 트램을 타고 보아비스타(Boavista)를 지나 포즈(Foz)와 마토지뉴스(Matosinhos)의 바다로 향했다.

1번 트램의 출발점은 인판트(Infante) 정류장으로, 상 프란시스쿠 대성당 앞에 위치한다. 우리는 오전 9시 첫차에 늦지 않기 위해 약 15분 전에 도착했다. 며칠 전 인판트 역에서 긴 줄을 목격한 터라 일찍 도착했다. 승객이 많아 좌석이 부족하면 서서 가야 한다는 정보도 입수한 상태였다. 그러나 의외로 정류장은 한산했고, 아침 첫차라 승객이 적은 듯했다. 하지만 9시가 되어

포르투 명물 1번 트램

도 트램은 나타나질 않았다. 의아해하며 출발 시간표를 재차 확인해 봐도 첫차 출발 시간은 9시였다. 10분이 지나도 트램이 오지 않자, 아내는 버스를 타자고 재촉했다. 포르투 명물 트램을 한번 탈 기회가 사라지려는 찰나, 요란한 소리를 내며 도착한 트램은 역을 지나치더니 운행 방향을 바꾸어 다시 우리 앞에 정차했다. 종점인 포즈까지의 요금은 편도 6유로, 왕복 8유로로, 다른 대중교통수단에 비해 상대적으로 굉장히 비쌌다. 아마 관광 상품으로 운행되는 교통수단인 만큼 요금이 높게 책정된 모양이었다. 트램은 성당을 출발해 알판데가(Alfândega), 트램 박물관(Museu C. Eléctrico)을 지나 도루강을 따라 종점인 파세이우 알레그레(Passeio Alegre)까지 달려 포즈에 도착했다. 창가에 앉아 스치는 풍경을 바라보며 30분이 훌쩍 지나간 느낌이었다. 다만 교통체증으로 인하여 트램 역시 자주 신호를 받으며 주행 중 서다 가다를 반복했다. 포즈로 가는 길이면 트램의 왼편 창가에, 포르투 시내로 돌아오는 길이라면 오른편 창가에 앉아야 도루강의 멋진 풍경을 감상할 수 있다. 다행히 우리는 왼편 창가에 앉아 도루강의 풍경과 함께 빈티지 트램을 경험해 보는 좋은 기회를 가질 수 있었다.

　도루강의 끝자락 포즈는 강과 대서양이 만나는 곳이다. 종점에서 내려 파세이우 알레그레 정원(Jardim do Passeio Alegre) 옆을 걸으며 해안가를 지나니 '포즈의 성 요한 요새(Fortaleza de São João da Foz)'가 나타난다. 방파제는 바다로 이어지며, 방파제 끝에는 등대(Farolim da Barra do Douro)가 보인다. 양쪽 방파제 사이를 몰아치는 파도가 간혹 방파제를 넘어오기도 하는 멋진 모습을 연출했다. 아내는 거센 파도가 방파제를 때리는 모습을 사진에 담으려고

포즈의 성 요한 요새

애쓰고 있었다. 방파제 끝에 위치한 빨간 등대는 다소 오래된 듯하지만 여전히 인상적이었고, 주변에서는 낚싯대를 드리운 사람들의 모습도 눈에 띄었다. 여기서 어떤 생선들이 잡히는지 호기심이 들어 낚시꾼 한 분에게 슬며시 말을 걸어 보았다. 영어로 대화하기는 힘들 듯해 보여 스페인어로 몇 마디 물어보았다. 다행히 스페인어를 알아듣는 눈치였다. "안녕하세요 선생님, 여기서 주로 어떤 생선들이 잡히나요?" "오늘 수확이 괜찮으신가요?" 나의 질문에 낚시를 하던 중년의 낚시꾼은 "오늘 파도가 강해 영 수확이 없네요. 여기서 웬만한 물고기는 다 잡혀요. 농어, 민어, 정어리 그리고 문어까지도 잡을 수 있어요."라며 은근히 의기양양한 얼굴로 대답한다. "여기서는 라이센스가 있어야 낚시를 할 수 있어요."라며 한마디를 더하길래 "라이센스가 없으면 벌금을 내나요?"라는 나의 질문에 당연하다는 대답을 한다. "그럼 오

포즈 도루강 끝 방파제와 등대

카르네이루 해안길 페르골라 다 포즈

늘 많이 잡으세요!"라고 인사를 하고 뒤돌아서려고 하니 즐거운 여행하라고 덕담을 해 준다.

　방파제 바로 옆으로는 멋진 '카르네이루 해변(Praia do Carneiro)'이 펼쳐져 있었다. 대서양을 바라보며 밀려오는 파도를 감상하다 등대를 배경으로 사진 몇 장을 찍었다. 카르네이루 해변 도로를 걷다 보니 불현듯 제주도 올레길의 모습이 연상되었다.

　해변 도로를 걷다 대서양을 바라보는 멋진 전망을 지닌 빛의 해변(Praia da Luz)이라고 하는 레스토랑을 발견하고는 커피 한 잔과 그 경치에 취해 보기로 했다. 점심 식사 시간으로는 다소 이른 편이라 우리가 첫 손님이었고, 뒤이어 많은 손님이 들어와 야외 자리를 가득 채웠다. 그중 순례길의 상징인 조가비를 매단 배낭을 매고 들어온 젊은 커플이 눈에 띄었다. 아마도 포르투에서 시작하는 산티아고 순례길에 오른 커플이 아닐까 싶었다. 그들에게 느껴지는 동질감에 잠시 말을 걸어 보고 싶은 충동이 일었으나, 젊은 남녀가 서로의 대화에 열중하는 분위기를 깨고 싶지 않아 마음속으로 응원을 해 주는 것으로 대신했다. 우리 부부도 며칠 후에 포르투를 출발하는 포르투갈 해안길을 3일 동안 체험할 계획이다.

'페르골라 다 포즈(Pérgola da Foz)'는 1930년에 지어진 크림색 산책로로, 네오 클래식 양식이 돋보이는 포즈의 랜드마크로 알려져 있다. 전해오는 풍문에 따르면, 당시 포르투시장의 아내가 프랑스 니스에서 영국식 산책로에 매료되어 남편에게 포르투에도 로맨틱한 산책로를 만들자고 제안하여 완공되었다고 한다.

포르투 사람들은 이곳이 포르투에서 가장 로맨틱한 길이라고 입을 모은다. 실제로는 짧은 거리지만 파도가 넘실거리는 바다와 함께 연인과 산책을 즐기기에 적합한 장소라는 생각이 들었다.

페르골라 다 포즈에서 해안선을 따라 약 20분 정도 걸어 올라가면 '케이주 성(Castelo do Queijo)'을 만날 수 있다. 케이주 성은 15세기에 지은 요새로, 두터운 성벽과 망루는 이곳이 전쟁 시 해양 방어의 요새 역할을 했음을 잘 보여 준다. 변치 않는 자태로 자리를 지키고 있는 이 요새 앞에는 바위에 둘러싸인 '카스텔루 두 케이주 해변'이 있다. 카스텔루 두 케이주는 '치즈 성'이라는 뜻으로, 성을 위에서 바라보면 치즈 조각과 닮았다는 데서 유래했다. 실제 성안으로 들어가 보니, 오래전에 사용하던 대포 10여 개가 성곽 주위를 에워싸고 있어 방어 요새의 체취를 물씬 풍기고 있었다. 성의 입장료는 0.5유로다.

케이주 성

포르투 시립공원

　케이주 성 옆에는 넓고 평온한 '포르투 시립 공원(Parque Ciudade do Porto)'이 자리하고 있었다. 이 공원은 케이주 성에서 비친 모습과는 달리 굉장히 크고 넓은 공간이었다. 초록 초록한 잔디밭은 서울의 올림픽 공원을 떠올리게 했고, 공원 깊숙이 들어갈수록 평온하고 여유로운 분위기가 느껴졌다. 산책하는 노부부와 조깅하는 청년들이 눈에 띄었다. 울창한 숲과 넓은 잔디밭, 작은 호수들이 곳곳에 있고 공원이 워낙 크다 보니 출입구도 여러 군데 있었다. 실제로 포르투 시립 공원은 대서양까지 뻗어 있는 83헥타르의 면적을 자랑하며, 포르투갈에서 가장 큰 도시 공원이다. 이는 뉴욕 센트럴 파크의 약 4분의 1에 해당하는 면적이다. 구글맵 없이는 공원 안에서 길을 잃을 것 같은 기분이 들었다. 이 공원은 건축가 시도니우 파르달(Sidónio Pardal)이 설계했으며, 1993년에 1단계 개장이 이루어졌고, 2002년에 완공되었다. 흙과 벽을 지지하는 돌을 활용한 디자인이 특징이며, 2000년에는 '20세기 포르투갈에서 건설된 가장 주목할 만한 100대 작품' 중 하나로 선정되었다.

　포르투 시립공원 옆에 위치한 〈그녀의 변화(She Changes)〉라고 하는 공공 조형물은 아주 인상적이었다. 현지에서는 아네모네로 알려져 있으며, 미국 출신 예술가 자넷 에힐만(Janet Echelman)이 포르투와 마토지뉴스 도시를 위해 디자인한 작품이다. 다양한 밀도와 색상의 그물 소재로 어업과 산업 중심지로서의 역사를 기억하도록 제작된 이 3차원 그물망은 1톤의 무게를 자랑하며, 바람에 유동적으로 움직이는 완전히 부드럽고 유연한 막을 사용한 최초의 영구적이고 기념비적인 공공 조형물로 알려져 있다. 대항해 시대를 개척한 포르투갈 국민들의 해양 역사를 기억하는 또 다른 방법이 아닐까 한다.

조형물 〈그녀의 변화〉

마토지뉴스 해변의 백사장은 며칠 후 순례길을 걸으며 마주할 계획이라, 오늘은 서핑족들의 모습만을 대충 바라본 후 곧바로 세할베스 현대미술관(Museu da Arte Contemporânea de Serralves)으로 발길을 돌렸다. 시립공원에서 미술관까지는 도보로 약 40분이 소요되었다. 점심 식사 시간을 훌쩍 넘긴 바람에 미술관으로 가는 길에 카페에 들러 간단하게 해결하기로 했다. 구글맵 도움으로 찾아간 곳은 카넬라 모스카다(Canela Moscada)라고 하는 조그마한 카페였다. 하지만 카페 안팎의 테이블은 거의 만석이었고, 우리가 겨우 자리를 잡은 후에도 손님이 계속 들어왔다. 샌드위치와 햄버거를 주문하고 음료로 커피를 선택했다. 샌드위치는 두꺼운 빵 사이에 상추, 햄, 치즈, 토마토 등을 넣어 빵 가운데 구멍을 내어 계란을 넣었다. 햄버거는 감자칩과 함께 제공되었다. 여사장으로 보이는 분과 종업원 세 명이 바쁘게 움직이며 음식을 제공했다. 음식은 나쁘지 않았고, 커피를 포함한 식사값은 12.40유

세할베스 현대미술관

료였다.

　세할베스 현대미술관은 포르투의 '에덴공원'이라 불리는 정원을 품은 미술관이다. 1999년 알바루 시자 비에이라(Álvaro Siza Vieira)가 설계했으며, 매년 30만 명 이상이 찾는 포르투갈에서 가장 인기 있는 미술관으로, 유럽 현대 미술계에서도 상당한 명성을 얻고 있다. 1992년 건축계의 노벨상인 프리츠커상을 받은 포르투갈 대표 건축가인 알바루 시자는 우리나라 파주 출판도시의 미메시스 아트 뮤지엄(Mimesis Art Museum)을 설계한 사람으로도 유명하다. 하얗고 단아한 미술관은 거대한 정원의 한 구석에 위치하며, 1930년대에 지은 저택과 정원이 있던 부지에 미술관을 설계했다. 시자는 기존 정원의 모양을 존중해 큰 나무가 없는 자리에 미술관을 건축했다. 미술관은 3층 규모의 14개 전시 공간으로 구성되어 있으며, 내부에는 도서관, 카페테리아, 오디토리움 등이 있다. 미술관은 'ㄷ'자 형태의 중정을 둘러싸고 있는데, 건물 내부로 들어가니 미술품을 감상하는 사이사이 섬세하게 설계된 창을 통해 주변 풍경을 감상할 수가 있었다.

　건물은 현대적이고 세련되며, 내부 공간은 자연광을 최대한 활용하여 너무나 밝고 쾌적한 인상을 주었다. 창문 너머의 풍경과 창문이 하나의 작품처럼 느껴지는 공간 등, 그 자체가 작품이고 예술이라는 느낌을 강하게 받을 수 있었다.

　비록 미술에 문외한이지만, 현대 미술이 공간을 활용하고 공간 전체를 하나의 작품으로 만드는 기법을 어렴풋이 느낄 수 있었다.

세할베스 미술관 정원

세할베스의 집

창문을 작품처럼 만든 공간

    약 5만 5,000평의 드넓은 정원에는 현대조각 전시, 특별전이 열리는 세할베스의 집(Casa de Serralves), 장미 정원 등이 있다. 입장료는 미술관과 정원을 관람할 수 있는 통합권이 24유로다.
    약 2시간 정도 미술관 관람을 마치고 귀갓길에 올라 집 근처 볼량 시장이 종점인 502번 버스를 탔다. 미술관에서 집까지는 존2(Zone 2) 거리로 시내버스 요금은 2.5유로다. 트램에서 바라보는 도루강 풍경과는 다르지만, 버스 안에서도 꽤 괜찮은 전망을 즐길 수 있었다. 시내에 가까워지자 독특한 현대식 건물이 눈에 띄었다.

세할베스 미술관의 조형물 및 전시 작품

카사 다 무시카

    그 건물은 카사 다 무시카(Casa da Música)였다. 우주선 같은 형태의 이 건물은 네덜란드 건축가 렘 쿨하스(Rem Koolhass)가 설계한 공연장이다. 포르투를 떠나기 전에 기회를 보아서 한번 둘러볼 계획이다.

    오늘은 우리 부부의 결혼기념일이다. 어제 구입한 등심과 스테이크를 알렌테주(Alentejo) 지역의 레드와인과 함께 저녁 식사를 하며 아내와 결혼 37주년을 조촐하게 기념했다. 세월이 참으로 빠르다. 어느덧 60대 중반의 나이를 먹었고, 인생의 절반을 넘게 아내와 함께하고 있다. 인생의 우여곡절을 함께한 아내에게 평생 감사하며 살아야겠다고 다시 마음을 다잡는다. 내일은 큰딸의 생일이다. 큰딸의 생일에 함께 미역국이라도 먹어 본 게 꽤 오래된 느낌이다. 딸에게 미안한 마음이 늘 한구석에 자리하고 있다. 포르투갈과 호주에 사는 딸과의 시차로 인해 저녁 9시를 넘겨 딸과 통화를 했다. 덕분에 며칠 보지 못한 손자 녀석의 모습도 볼 수 있었다. 하루가 다르게 성장하는 손자 모습에 괜스레 기분이 좋아진다. 돌아보면 모두가 감사한 일이다. 내일은 근교로 나가 브라가(Braga)를 방문할 계획이다.

11월 9일

기도와
성찰의 도시,
브라가

오늘 우리는 예정대로 브라가(Braga)를 다녀왔다. 브라가는 인구 20만 명 정도로 작은 도시지만, 주변을 포함하면 80만 명에 달해 리스보아와 포르투에 이어 포르투갈 제3의 대도시이다. 기원전 20년, 로마 제국의 황제 아우구스투스가 이곳을 정복해 브라카라 아우구스타(Bracara Augusta)라 이름을 붙였으며, 갈라이키아(Gallaecia, 현재의 갈리시아 지방) 속주의 중심지였다. 3세기경, 이베리아반도에서 가장 먼저 가톨릭이 전해져 '포르투갈의 로마'로 불릴 만큼 로마 가톨릭과 관련이 깊고, 도처에 성당을 볼 수 있다. "포르투에서는 일하고, 브라가에서는 기도하고, 코임브라에서는 공부하고, 리스보아에서는 논다."라는 말처럼, 브라가는 종교적인 색채가 강한 곳이다. 2009년부터 선정하기 시작한 유럽 유스 수도(European

Youth Capital)에 2012년 선정되기도 했다.

 포르투갈에서 유명한 관용표현 두 가지는 모두 이 종교도시 브라가와 관련이 있다. 한 가지는 오래된 무언가에 대해 농담할 때인데, 주로 브라가 대성당보다 오래됐다거나 브라가 대성당만큼 오래됐다고 말한다. 나머지 하나도 재미있는데, 누군가 문을 닫지 않고 들어왔을 때, 브라가에서 왔느냐고 농담하듯 핀잔을 주는 것이다. 전쟁이 없던 16세기에 지어진 브라가 성벽의 아치에는 문을 만들지 않았다고 하는데 그 이후부터 지금까지 브라가 주민들은 문을 닫지 않는 자로 불렸다고 한다.

 상 벤투 역에서 아침 8시 15분 출발하는 기차를 타기 위해 7시 30분쯤 집을 나섰다. 며칠 전 아베이루와 코스타 노바를 방문하면서 사용했던 시가(Siga) 카드를 다시 구매할 필요 없이 자동발매기에서 목적지를 브라가로 변경하면 계속 사용할 수 있다는 정보를 입수했지만, 처음 시도하는 것이라 여유롭게 출발했다. 그러나 역에 도착해서 전광판을 확인하니 8시 15분 브라가행 열차는 운행이 취소되었는지 보이지 않고 7시 45분과 8시 45분 열차가 예정되어 있었다. 현재 시간이 7시 40분이라 7시 45분 열차를 타기 위해 자동발매기에서 시가 카드를 이용해 표를 구매하기엔 시간이 촉박했지만, 성공하지 못하면 8시 45분 열차를 타기로 하고 한번 시도해 보기로 했다.

 다행히 남은 시간 5분 안에 시가 카드 두 장을 이용하여 열차표를 구입하는 데 성공하여 재빠르게 열차에 탑승했다. 운임은 인당 왕복 기준으로 3.45유로였다. 열차 탑승과 동시에 문이 닫히며 열차는 서서히 출발했다. 우리 맞은편 좌석에서는 한국인으로 보이는 커플의 모습도 보였다. 안도의 한숨을 내쉬며 행운이 따랐다고 좋아하던 찰나, 아뿔싸 깜빡하고 탑승 전에 시가 카드를 노란 기계에 인식시키는 것을 잊고 말았다. 시간에 쫓겨 탑승하기에 급급했기 때문이다. 승무원이 표 검사를 시작하자 아내는 걱정스러운 표정을 짓는다. 매사에 잔걱정이 많은 사람이다.

승무원이 다가와 카드를 요구하길래 시가 카드를 건네주며 운임은 이미 지불했으나 기계에 인식시키지 못했다고 설명하니, 자신이 휴대하고 있는 단말기에 카드를 올려놓고 확인하더니 아무 문제 없이 카드를 돌려주고 가 버린다. 실제로 브라가에서 돌아오는 열차에서는 승무원에게 직접 요금을 지불하는 승객도 있어, 시가 카드를 탑승 전에 미리 기계에 인식시키지 못해도 큰 문제는 아닌 것이었다.

약 1시간 10분 정도 열차를 타고 브라가 역에 도착하니 역 주변으로 짙은 안개가 끼어 있었다. 안개가 쉬이 걷힐 것 같지 않아, 일단 계획을 수정하여 브라가 대성당을 먼저 둘러보고 이후 브라가의 하이라이트인 봉 제수스 두 몬트 성소(Santuário do Bom Jesus do Monte)를 방문하기로 했다. 대성당까지는 도보로 15분 정도 소요되었다. 대성당을 가는 길인 구시가지 초입에 이르자, 중세 시절 서쪽 시의 벽 입구를 장식했던 승리의 아치인 아르쿠 다 포르타 노바(Arco da Porta Nova)가 눈길을 끌었다. 이 아치는 1300년대 완성된 시의 벽에 있던 출입문 자리에 서 있었고, 현재의 모습은 1772년 포르투갈을 대표하는 건축가 안드레 소아레스(André Soares Ribeiro da Silva)가 설계한 것이다. 아치의 서쪽 면은 바로크 양식인 데 반해 동쪽 면은 신고전주의 양식으로 조화를 이루고

아르쿠 다 포르타 노바 동쪽 면

아르쿠 다 포르타 노바 서쪽 면

브라가 대성당 파사드

있다. 이 아치를 지나면 상점과 식당과 바가 밀집해 있는 보행자 거리인 디오구 드 소자 거리(Rua do D. Diogo de Sousa)가 나온다.

브라가 대성당(Sé de Braga)은 포르투갈에 현존하는 가장 오래된 성당으로, 포르투갈 건국 전인 1070년에 카스티야 왕국이 무어인을 몰아내고 브라가를 탈환하면서 세운 성당이다. 성당은 수 세기에 걸쳐 4개의 예배당과 회랑으로 구성되었으며, 오랜 세월을 거친 만큼 처음 모습은 거의 남아 있지 않다. 외관에서는 쌍둥이 같은 바로크 종탑과 로마네스크 파사드를 볼 수 있고, 내부의 주 예배당은 포르투갈 특유의 마누엘 양식 등 다양한 건축 양식이 혼재되어 있다.

성당 내부에는 브라가의 첫 주교 이야기를 테마로 한 아줄레주와 목조 천장에 그려진 천장화, 15세기에 제작된 찬란한 성가대석, 바로크풍의 황금빛 파이프 오르간 등이 관람객의 시선을 사로잡기에 부족함이 없었다. 북쪽 출입구 부근의 작은 성물 박물관에는 10세기 상아로 만든 관과 16세기 탐험

브라가 대성당 중앙 제단   브라가 대성당 성가대석   브라가 대성당 파이프 오르간

브라가 대성당 아줄레주 벽화 　　　　　　　　브라가 대성당 아폰수 왕자의 무덤

　가 페드루 알바르스 카브랄(Pedro Álvares Cabral)이 브라질 발견 후 첫 미사를 기념하는 데 사용했던 쇠 십자가 등이 전시되어 있다.
　대성당 안에는 포르투갈 최초의 왕 아폰수 1세의 부모인 부르고냐의 엔히크(Henrique de Borgonha) 공작과 레옹의 테레사(Teresa de Leão), 주앙 1세(João I)와 렝카스트르의 필리파(Filipa de Lencastre)의 아들 아폰수 왕자(Infante Dom Afonso)의 묘가 있다. 15세기와 16세기에 각각 만들어진 아폰수 왕자의 무덤과 덮개는 나무로 만들어 금과 은으로 도금된 동판으로 덮어 씌워졌으며, 누워 있는 왕자의 동상도 금과 은으로 도금되어 있다. 1910년에 국가 기념물로 지정된 브라가 대성당의 입장료는 대성당만 관람 시 2유로, 성가대석과 성물 박물관을 포함한 통합권은 5유로다.
　브라가 대성당을 관람하고 나오니 아침에 끼었던 안개가 거의 사라지고 따뜻한 햇살에 눈이 부셨다. 원래는 브라가 역에서 봉 제수스 두 몬트 성소로 향하려 했지만, 안개로 인하여 계획을 변경해 대성당에서 볼트를 타고 성소로 향했다. 버스를 타고 성소 입구에서 푸니쿨라를 탈 수도 있었으나, 이미 포르투에서 푸니쿨라를 경험했고 시간을 절약하기 위해 볼트를 선택했다. 봉 제수스 두 몬트 푸니쿨라(Bom Jesus do Monte Funicular)는 1882년 개통한 이래 100년이 넘게 오감과 삼덕의 계단 아래에서 봉 제수스 두 몬트 성당 앞을 오르내리는 산악 케이블카다. 포르투갈뿐 아니라 이베리아반도를 통틀어 가장 오래된 수력 푸니쿨라로, 마누엘 조아킹 고메스(Manuel Joaquim Gomes)가 설계했다. 편도 요금은 2유로, 왕복은 3유로다. 우리는 대성당에서 성소까지 볼트를 타고 7.98유로를 지불했으며, 이동 시간은 20분도 채 걸리지 않았다.

　볼트를 타고 성소로 이동 중 기사가 갑자기 한 지점에서 차를 멈추고 포르투갈어로 뭔가 설명하기 시작했다. 주의를 기울여 들어 보니, 엔진을 껐음에도 불구하고 차가 스스로 후진을 하고 있었다. 내리막길도 아니어서 의아해하며 이유를 물었지만, 기사는 미스터리라며 계속 신비롭게 설명했다. 우리가 놀라는 모습을 보자 기사도 기분이 좋아져 몇 번 더 실험하고는 또다시 미스터리를 외치며 이동했다. 아마 관광객들에게 이 신기한 현상을 자주 보여 주었던 모양이다. 또 다른 사건은 성소 정상에 도착하면서 일어났다. 택시에서 내리고 성소 입구로 걸어 들어가던 찰나, 휴대폰을 택시에 두고 내린 것을 깨달았다. 뒤돌아보니 택시는 점점 멀어지고 있었고, 당장 할 수 있는 일이라고는 젖 먹던 힘을 다 내어 택시 뒤를 쫓아가며 목이 터져라 외치는 것뿐이었다. 다행히도 1분여를 달리던 택시가 뒤쫓아 가는 나를 보았는지 속도를 줄여 차를 돌리기 시작했다. 그 순간 안도의 한숨이 나오며 기사에게 다가가 고맙다는 인사를 몇 번이나 했다. 휴대폰을 되찾고 돌아오는 나를 보고 아내는 다행스러운 표정과 동시에 소지품을 잘 챙기지 못한다고 질책했다. 몇 년 전에도 부산 경전철에서 휴대폰을 놓고 내린 전력이 있는 나로서는 변명할 여지가 없었다. 나중에 알고 보니 택시 기사는 올라왔던 길을 다시 돌아서 내려가기 위해서 속도를 줄였던 것이었다. 어쨌든 참으로 다행스러운 일이었다.

봉 제수스 두 몬트 성당은 브라가 외곽의 이스피뉴(Espinho) 산 정상에 자리한 '산에 계신 좋은 예수님'이라는 뜻의 성당으로, 산과 바로크 양식 건축물이 완벽한 조화를 이루고 있다. 처음에는 산 정상에 십자가가 나타나는 기적이 일어났던 자리에 작은 '성소'를 세웠고, 이후 15~16세기에 걸쳐 재건되었다. 17세기에는 예수에게 헌정된 6개의 예배당과 순례자 예배당이 추가되었으며, 18세기에 이르러 브라가 추기경의 지시에 따라 건축가 카를로스 아마란테(Carlos Amarante)가 신고전주의 양식으로 설계하면서 현재의 모습을 갖추게 되었다. 결과적으로, 봉 제수스 두 몬트 성소는 순례자의 순례와 헌신을 위한 작은 성소로 세워진 후, 무려 6세기에 걸쳐 재건과 확장을 거듭한 순례지이다. 성소는 그리스도의 수난을 묘사한 테라코타 조형물이 놓여 있는 여러 개의 예배당과 분수, 조각상, 정원 등이 어우러져 하나의 앙상블을 이룬다. 더불어, 이 성소는 예루살렘을 재현한 장소이다. 그리스도인들이 예루살렘의 성지 순례와 동일한 경험을 할 수 있도록 공간을 재구성하려는 것을 목표로 건설되었다. 계단과 예배당, 상

봉 제수스 두 몬트 성소 성당

봉 제수스 두 몬트 성소 성당 초입의 예배당

봉 제수스 두 몬트 성소 성당 중앙제단   중앙제단의 테라코타 조형물   봉 제수스 성소 성당 천장

징적 분수와 바로크 건축의 기념비적 구조물을 통해 다채로운 도상학적 내용을 담고 있으며, 그 건축 프로그램은 매우 정교하고 수준이 높다. 건축 및 예술적 진화를 거친 이 기념비적 성소는 그 뛰어난 건축미를 인정받아 2019년 유네스코 세계문화유산으로 등재되었다. 성소는 훌륭한 관광 장소임에도 불구하고, 입장료는 무료다.

성당에 들어서자 십자가에 못 박히신 예수상이 있는 작은 예배당이 먼저 보였다. 푸른색과 노란색이 조화를 이룬 배경의 예수 십자가상과 이를 응시하는 신도의 조각상은 장엄함과 숙연함을 느끼게 했다.

본당 내부에 들어서니 특이한 중앙제단이 눈길을 끌었다. 중앙제단에는 겟세마네 동산에서 십자가에 못 박히신 예수님과 함께 처형된 죄수들, 처형에 참여했던 창을 든 병사들, 그리고 이 장면을 바라보던 시민들이 매우 사실적으로 묘사된 테라코타 조형물이 설치되어 있었다. 제단 아래에도 십자가상이 놓여 있어 더욱 장엄한 분위기를 자아냈다. 봉 제수스 두 몬트 성소는 예수님의 수난을 시간의 흐름에 따라 재현하는 데 중점을 두고 있다. 수난의 흐름은 성소로 오르는 계단 옆에 설치된 여러 개의 작은 예배당을 통해 시작되어, 성당의 중앙제단에서 그 절정을 이루며 대미를 장식한다.

봉 제수스 두 몬트 성소 정원

성당 주변은 아름답게 조성된 정원과 뒤쪽으로 잘 가꾸어진 숲과 산책로가 있어 방문객에게 휴양지에 온 듯한 느낌을 준다. 특히, 성소 내에는 여러 개의 호텔이 있어 방문객들이 편안하게 머물 수 있는 환경을 제공한다.

'전도사들의 안뜰'로 불리는 테헤이루 두스 에반젤리스타스(Terreiro dos Evangelistas)는 성당 뒤편에 위치하며, 세 개의 예배당이라는 뜻의 트레스 카

봉 제수스 두 몬트 성소 성당 뒤편의 '전도사들의 안뜰'

봉 제수스 계단

펠라스(Três Capelas)로도 알려져 있다. 이 곳은 1762년과 1765년 사이에 유명한 브라가 건축가 안드레 소아레스(André Soares)에 의해 설계된 세 개의 아름다운 팔각형 예배당이 자리 잡고 있다. 특히, 막달라 마리아가 십자가에 못 박혀 돌아가신 예수님을 만나는 장면 등을 형상화한 조각상이 돋보인다. 이 팔각형 예배당 사이에는 복음서 저자들의 동상이 있는 네 개의 바로크 양식의 분수가 있으며, 중앙에는 장식용 분수가 있다.

봉 제수스 두 몬트 성소의 하이라이트는 성당까지 지그재그로 층층이 쌓은 바로크 양식의 계단이다.

이 계단은 예수 그리스도의 십자가에 못 박히심의 절정인 십자가의 길(Via Crucis)을 상징한다. 1723년부터 1837년 사이에 단계적으로 지어진 이 계단은, 산 아래에서부터 높이 116미터에 달하며, 천국에 이르기 위한 힘난한 여정을 표현한다.

봉 제수스 계단은 크게 세 부분으로 나뉘어 있다. 가장 먼저 지어진 하부는 '현관의 계단(Escadório do Portico)'으로 알려져 있으며, 376개의 계단으로 이루어져 있다. 계단 코너에는 예수님의 수난을 묘사한 테라코타 조각품이 장식된 작은 예배당들이 있다. 테라코타 조각품들은 아래의 예배당부터 성당 중앙제단에 이르기까지 예수님 수난을 순서대로 표현하고 있다. 상부는 104개의 계단으로 이루어진 '오감의 계단(Escadório dos Cinco Sentidos)'과 계단의 마지막 부분인 93개의 계단으로 이루어진 '삼덕의 계단(Escadório dos Três

봉 제수스 두 몬트 성소에서 내려다본 브라가 전경

Virtudes)'으로 나뉜다. 오감의 계단은 시각, 청각, 후각, 미각, 촉각의 오감을 상징하는 얼굴 모양의 분수가 각 층에 배치되어 있어, 성당으로 향하는 동안 눈, 코, 입 등으로 지은 죄를 참회하라는 뜻을 담고 있다. 삼덕의 계단은 믿음, 소망, 사랑이라는 세 가지 신학적 미덕을 상징하며, 각 미덕을 나타내는 세 개의 분수가 있다. 오감의 계단과 완벽하게 조화되어 기하학적 균형미를 완성한다. 봉 제수스 계단을 오르는 길은 다양한 분수대와 좌우 양측에 자리한 수많은 성인 조각상을 감상할 수 있도록 설계되어 있으며, 브라가 시내를 내려다보는 환상적인 전망을 제공한다.

봉 제수스 계단을 내려와 다음 목적지인 산타 바바라 정원(Jardim de Santa Bárbara)을 가기 위해 2번 버스 정류장에서 10여 분을 기다려 버스에 탑승했다. 버스는 예정된 시간에 맞추어 정확하게 도착했다. 산타 바바라 정원까지

브라가 산타 바바라 정원

는 약 25분이 소요되었다. 산타 바바라 정원은 대주교 궁으로 사용되던 건물 옆의 아담하고 소박한 정원으로, 17세기에 조성되어 1955년에 조경이 다 듬어져 현재의 풍경을 갖췄다. 정원 중앙에는 수호신 산타 바바라의 석상이 있는 분수가 있으며, 이는 17세기의 모습을 고스란히 간직하고 있었다. 아쉽게도 방문 당시에는 11월이라 정원 내 만개한 아름다운 꽃들의 모습을 볼 수가 없었다.

정원에서 멀지 않은 곳에는 리스보아의 '아 브라질레이라(A Brasileira)'의 브라가 분점이 있었다. 이 카페는 시인 페르난두 페소아(Fernando Pessoa)의 단골 카페로 유명하며, 30년 동안 커피콩 1킬로그램을 구입하는 고객에게 에스프레소 한 잔을 무료로 제공하며 명성을 쌓아 왔다고 한다. 우리는 점심을 이곳에서 해결하기로 했다. 아내는 브라질레이라 샌드위치를, 나는 햄버거를 주문하고 음료로 스타우트 맥주와 크래프트 맥주를 주문했다. 아내는 처음으로 맛보는 흑맥주가 입맛에 맞는다며 즐거워했다. 맑은 날씨 덕분에 야외 테이블에서 따뜻한 햇살 아래 맥주 한 잔과 함께하는 식사가 참 좋았다. 근처 테이블의 스페인에서 온 듯한 젊은 커플은 커피 한 잔을 놓고 끊임없이 대화를 이어 갔다. 지나가던 행인들이 야외 테이블에 앉아 있는 손님들과 반갑게 인사를 나누는 모습도 자주 볼 수 있었다. 도시가 크지 않아서인지 아니면 여기가 번화가라서 그런지 쉬이 만날 수 있는 모양이다. 맥주를 포함한 식사 값으로 29.50유로를 지불했다.

'아 브라질레이라'에서의 점심

브라가 산타 크루즈 성당

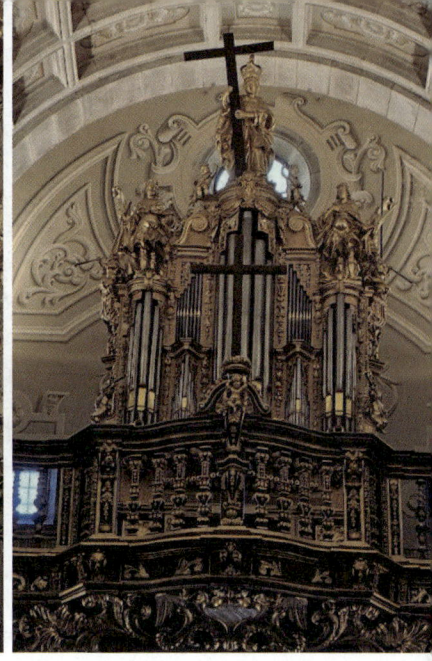

산타 크루즈 성당 중앙제단 　　　　　산타 크루즈 성당 파이프 오르간

　　산타 크루즈 성당(Igreja de Santa Cruz)은 브라가에서 바로크 시대의 가장 높고 표현력이 풍부한 건축물 중 하나로, 성 십자가 형제단에 의해 17세기에서 18세기에 걸쳐 지어졌다. 100년 이상 건축이 이루어졌기 때문에 매너리즘과 바로크 양식의 건축 요소가 혼합되어 있다. 본당 중앙제단의 화려한 금빛 장식과 십자가에 못 박힌 예수님의 상이 서로 대비되어 예수님의 희생을 극적으로 묘사하고 있었다. 1742년에 지어진 파이프 오르간의 모습도 장엄하고 아름다웠다. 아내가 블로그에서 찾아낸 이 성당은 참으로 방문할 가치가 있는 곳이었다. 입장료는 1유로다.

길거리에서 밤 굽는 리어카

　　포르투갈에서는 길거리에서 밤을 구워 파는 리어카를 곳곳에서 쉽게 볼 수가 있다. 집 근처에도 몇 대의 리어카가 연신 연기를 뿜어내며 밤을 굽고 있으며, 브라가의 헤푸블리카 광장(Praça da República)도 예외는 아

브라가 헤푸블리카 광장

니었다. 연이어 서 있는 리어카들에서는 밤을 굽느라 주변이 뿌옇게 흐려질 정도로 연기를 내뿜고 있었다. 밤은 원형의 양철 몰드에 넣어 숯불에 구워지며, 이는 거리의 뿌연 연기의 근원이다.

헤푸블리카 광장을 면한 콩그레가두스 수도원/대성당(Convento e Basílica dos Congregados)은 건축가 안드레 소아레스(André Soares)에 의해 설계되어 18세기에 건축이 시작되었으며, 20세기에 들어 완성되었다. 우아한 바로크 양식으로 장식된 웅장한 정면과 내부에는 두 개의 종탑과 성경 인물을 표현한 네 개의 화강암 조각상이 있다. 성당에 들어가 보니 성가대의 연습이 한창이어서 오래 머물지 못하고 바로 자리를 떴다.

브라가는 종교 색채가 강해 곳곳에서 가치 있는 문화유산으로서의 성당들을 만날 수 있다. 도시 전체는 잘 정돈된 계획 도시의 느낌이 들었으며, 꽤 높은 아파트들이 자주 눈에 띄었다. 아직 포르투에 비해 관광객 수가 현저하게 적어 중심가를 제외하면 거리가 한산하고 여유로워 보였다. 아마 이곳도 머지않아 많은 관광객으로 붐비지 않을까 생각하며 기차역으로 돌아와 오후 2시 39분 열차를 타고 포르투로 돌아왔다. 열차 안에서 깜빡 잠이 든 모양이었다. 표 검사를 하던 승무원이 어깨를 두드리는 바람에 잠에서 깨었다.

브라가 교황 요한 바오르 2세 방문 기념비　　　　　　　　　브라가 콩그레가두스 대성당

아침 일찍 서둘러 나오느라 몸이 다소 피곤했던 모양이었다.

　집으로 가는 길에 단골 카페처럼 드나드는 스타벅스에서 30분 정도 휴식을 취하고 귀가했다. 저녁으로는 아내가 남은 야채로 비빔밥을 만들어 미역국과 함께 맛있게 먹었다. 여행지에 와서도 요리는 대부분 아내 담당이다. 여행기를 쓴다는 핑계를 대지만 아내에게 미안하고 고마운 마음이다. 내일은 일요일이라 히베이라 광장에 있는 역사 박물관을 둘러보고, 가급적 집에서 휴식을 취할 계획이다. 모레부터는 3일간의 순례길 행군이 예정되어 있어 체력을 비축해 두어야 할 것 같다.

11월 10일

해변의
예배당에서
역사적 중심지로

　　　　　　　오늘은 일요일이라 히베이라 광장(Praça da Ribeira)의 카사 두 인판트(Casa do Infante)만 둘러보고 휴식을 취할 계획이었다. 하지만 아내가 포르투 여행 블로그에서 찾아낸 곳이라며 오전에 세뇨르 다 페드라 해변(Praia do Senhor da Pedra)을 가자고 하여 계획을 바꾸었다. 미라마르(Miramar) 지역에 위치한 이곳은 상 벤투 역에서 30분 정도로, 잠시 다녀와 점심을 먹고 오후에 카사 두 인판트를 둘러보아도 충분할 것 같았다. 오전 10시 30분에 출발하는 기차를 타니 11시 5분에 미라마르에 도착했다. 역에서 약 10분 정도 걸어가니 대서양의 푸른 바다가 넘실대는 세뇨르 다 페드라 해변이 앞으로 펼쳐지고, 해변 암석 위에 서 있는 붉은 지붕의 작은 예배당이 눈길을 사로잡았다. 세뇨르 다 페드라 예배당(Capela do Senhor da Pedra)이다.

미라마르 세뇨르 다 페드라 예배당

그림책에서나 볼 수 있을 법한 아름다운 풍경이었다. 1763년에 세워진 이 '돌의 예배당'의 순례는 매년 성 삼위일체 축일에 시작되어 그다음 주 화요일까지 계속된다고 한다. 백사장을 가로질러 도착한 예배당은 포르투에서 지금껏 둘러본 예배당 중 가장 작고 아담했다. 아내는 이런 작은 예배당이 오히려 마음을 더 경건하게 한다며 1유로로 작은 초를 사서는 불을 붙였다. 중앙제단에 걸려 있는 십자가에 못 박힌 예수님의 모습에서 묘한 경건함을 느끼게 된다. 예배당 뒤쪽으로는 대서양의 파도가 철썩거리며 바위를 때리는 장관을 연출했고, 방문객들은 이 멋진 풍경을 배경으로 사진 찍기에 여념이 없었다. 대서양 풍광을 바라보고 있자니 한 여성 관광객이 다가와 그녀 일행 사진을 부탁한다. 흔쾌히 사진을 찍어 주

세뇨르 다 페드라 예배당 중앙제단

포르투와 근교 소도시

세뇨르 다 페드라 예배당 뒤편에서 바라본 대서양 풍광   세뇨르 다 페드라 백사장과 예배당

었더니 우리 부부도 포즈를 취하라고 한다. 덕분에 우리 부부도 멋진 사진을 남길 수 있었다.

백사장을 다시 가로질러 마을로 들어서니, 해변 맞은편에 기념탑과 분수가 멋지게 조화를 이루는 광장이 펼쳐졌다. 아이를 데리고 나온 가족들과 바닷가를 따라 길게 조성된 나무 덱에서 조깅하는 청년들의 모습이 생기 넘치는 풍경을 그려내고 있었다. 작지만 깔끔하고 활기찬 마을이었다. 해변에서 역으로 돌아가는 길에 마주친 크고 현대적인 주택들은 미라마르가 부촌으로 불리는 이유를 짐작하게 했다.

12시 22분 열차를 타고 상 벤투 역으로 돌아오니 비가 내리고 있었다. 포르투에 도착한 이래 두 번째로 마주하는 비였다. 부슬부슬 내리는 비가 거리에 운치를 더하는 듯했다. 집에서 김치찌개로 점심을 해결하고 히베이라 광장에 자리한 카사 두 인판트로 향했다. 이번에는 아내가 제안한 대로 상 벤투 역이 아닌 클레리구스 성당 쪽으로 가 보기로 했다. 아내는 공간 지각 능력이 나보다 훨씬 뛰어나다. 나는 아직도 포르투 지역의 거리와 방향이 머릿속에 정리되지 않았는데 아내는 벌써 포르투를 섭렵한 듯 보인다. 아내의 의견에 따라 길을 걸으니 시간이 조금 더 걸렸지만, 상 벤투 역 방향으로 가는 것보다 훨씬 새롭고 흥미로웠다. 가는 길에 관광객들의 발길이 잦은 정어리

포르투게스 사르딘 내부 모습 포르투 과학대 학생들의 규율잡는 전통문화

　캔으로 유명한 포르투게스 사르딘(Portuguese Sardine)에 들어가 보았다. 여기서는 다양한 레시피로 구성된 여섯 개의 캔을 선물용 세트로 판매하고 있을 뿐 아니라, 놀랍게도 와인의 빈티지처럼 캔 위에 정어리의 포획 연도가 적혀 있었다. 호기심에 가격을 확인해 보니 한 캔당 9유로로 상당히 비싼 편이었다. 연도별 캔의 가격 차이는 없어 보였다. 포르투갈 해산물 식당에서도 빠지지 않는 생선이 대구와 함께 정어리라고 한다. 기회가 되면 정어리 요리를 한번 맛봐야겠다.

　가는 길에 이전에 방문했던 비토리아 전망대에도 들렀다. 빗속에서 바라본 포르투 시내는 평소와 다른 매력을 지니고 있었다. 거리 한쪽에서 왁자지껄한 소리와 함께 단체 구호를 외치는 소리가 들려 다가가 보았다. 망토를 걸친 대학생들이 큰 원을 이루고 중심에 유니폼을 맞춰 입은 학생들이 구호를 외치며 일사불란하게 움직이고 있었다. 100여 명의 학생들이 망토를 입은 선배의 선창에 맞춰 구호를 외치고 있었다. 호기심에 가까이 다가가 사진을 찍고 있으니, 망토를 입은 한 여학생이 다가와 사진을 찍어서는 안 된다고 했다. 이유를 물으니 대학생들의 규율 잡는 모습을 찍는 건 불법이라고 한다. 이해가 되진 않았지만 규칙을 따르기로 했고, 이 행사가 선배 학생들이 갓 입학한 신입생들의 규율을 잡는 포르투 과학 대학의 오래된 전통이라는 설명을 듣게 되었다. 대학 신입생 시절 선배들로부터 군기 잡히던 시절이 떠올라 살짝 웃음이 나왔다. 이런 류의 전통과 풍습은 차이는 있지만 동서양을 불문

카사 두 인판트 건물의 외관   에펠 거리에서 바라본 빌라 노바 드 가이아 풍경

하고 비슷한 모양이다.

    카사 두 인판트는 유네스코 세계문화유산으로 지정된 포르투의 역사적 중심지에 위치하고 있다. 이 건물은 원래 14세기에 세관 및 조폐국으로 지어졌지만 현재 대부분의 모습은 17세기에 리모델링된 것이다. 이 집의 이름은 1394년 항해 왕 엔히크 왕자의 출생지라는 구전에서 유래했으며, 1894년에는 그의 탄생을 기념하는 새로운 신마누엘 양식의 기념패가 입구에 설치되었다. 1995년 이후 진행된 고고학적 발굴을 통해 중세 시대의 세관(Custom House)과 동전 보관소(House of Coin)의 구조물이 발견되었고, 다색 모자이크로 장식된 웅장한 규모의 초기 로마 건축물의 흔적도 남아 있었다. 대항해 시대를 되돌아볼 수 있는 전시품들도 소박하게 전시되어 있었다.

    카사 두 인판트를 나와 히베이라 광장에 면한 에펠 거리를 걸어 보았다. 이 거리를 따라가면 도루강과 빌라 노바 드 가이아 지역을 연결하는 총 6개의 다리 가운데 4개를 볼 수가 있다. 도루강 위에는 승객들을 태운 몇 척의 유람선이 유유히 떠다니고, 부슬부슬 내리는 빗속에서도 많은 사람들이 광장을 찾아 각자의 특별한 추억을 만들고 있었다.

    내일은 3일간의 순례길 도보 여행의 첫날이다. 계획한 대로 약 80킬로미터를 무사히 완주할 수 있기를 바라며, 아내와 함께 배낭을 챙겨 본다.

11월 11일

순례길 I,
마토지뉴스에서
빌라 두 콘드

오늘은 2년 전 산티아고 순례길의 추억을 되살리고 포르투 해안의 멋진 풍광을 만끽하기 위해 계획한 3일간의 순례길 여정 중 첫날이다. 마토지뉴스(Matosinhos)를 출발해 레사 다 팔메이라(Leça da Palmeira), 모레이라 다 마이아(Moreira da Maia), 프라이아 드 앙헤이라스(Praia de Angeiras), 빌라 차(Vila Chã), 민델루(Mindelo), 아주라라(Azurara)를 지나 목적지인 빌라 두 콘드(Vila do Conde)에 도착하는 23.2킬로미터의 여정에 올랐다.

포르투 대성당에서 출발하여 산티아고 데 콤포스텔라(Santiago de Compostela)까지 이어지는 포르투갈 해안 카미노(Caminho Português da Costa)에는 여정이 조금 다른 두 개의 길이 있다. 대서양 해안을 바라보며 가는 해안길(Senda

볼량 지하철 역사 내부   순례자 사무소 앞 기념사진

    Litoral)은 총 거리 290킬로미터, 내륙 일부를 통과하는 오피셜(Oficial) 루트는 260킬로미터로, 약 10일간의 여정을 통해 최종 목적지인 산티아고 데 콤포스텔라에 도착할 수가 있다. 우리는 이번 여행에서 3일 동안 순례길의 일부 구간인 마토지뉴스에서 비아나 두 카스텔루(Viana do Castelo)에 이르는 약 80킬로미터의 순례길을 걷기로 계획했다.

    첫날엔 해안길(Senda Litoral) 루트를 따라가고, 이튿날 및 셋째 날엔 내륙길(Oficial)을 통하여 이동할 예정이다.

    볼량 역에서 마토지뉴스행 9시 10분 지하철을 타고 출발점인 마토지뉴스 술(Matosinhos Sul)에서 하차했다. 볼량 지하철 역사는 넓고 깨끗했다. 마토지뉴스 해변의 은빛 백사장을 오르며 순례길의 스탬프를 찍는 순례자 사무소에 당도하여, 출발을 알리는 기념사진을 찍은 뒤 순례길의 첫발을 씩씩하게 내딛었다. 마토지뉴스 해변은 도루강이 대서양으로 흘러 들어가는 강하구에 면해 있는 해변이다. 해변에는 광활한 백사장이 펼쳐져 있고 백사장의 모래는 곱디고운 은색을 띠고 있었다.

    해변 도로를 따라 조금 올라가니 산티아고 순례길의 상징인 노란 조가비 형상과 화살 표식이 2년 전 순례길의 추억을 새롭게 떠올리게 해주었다.

포르투갈 순례길은 산티아고 순례길의 주력인 프랑스길(Camino Francés)에 비해서는 숙식을 해결할 수 있는 제반 기반 시설이 상당히 열악한 수준이라고 한다. 순례객들의 약 70% 이상이 프랑스 길을 선택하는 이유이다. 해변 도로 곳곳에 놓인 쓰레기 수거함은 포르투 시내와 달리 앙증맞고 세련된 모습이라 인상적이었다. 또한 길을 걷다 보니 과일이나 야채 가게, 식당, 슈퍼 등에서 순례길 방향을 표시하며 상품을 광고하는 재치 넘치는 광고판도 눈에 띄었다.

순례길 조가비와 화살 표식

레사 다 팔메이라 해변(Praia de Leça da Palmeira)에 자리한 피시나 다스 마레스(Piscina das Mares)는 1966년에 개장된 수영장으로, 포르투갈이 낳은 세계적인 건축가 알바루 시자(Álvaro Siza)가 설계한 작품이다. 20세기 세계 건축 참고서인 《20세기 100대 건축물》에 유일하게 포함된 포르투갈 건축물로, 해수를 이용해 바다를 바라보며 안전하게 수영을 즐길 수 있다는 매력이 있다.

1시간 정도를 이동해 보아 노바 성모 해변(Praia da Senhora da Boa Nova)을 걷다 보니, 빨간 지붕의 등대와 해안 쪽 붉은 지붕의 예배당이 눈길을 사로

레사 다 팔메이라 해변의 피시나 다스 마레스

보아 노바 예배당   모래 위에 조성된 덱 길

잡는다. 바로 보아 노바 예배당(Capela da Boa Nova)이다. 이곳은 어제 미라마르(Miramar)에서 만난 세뇨르 다 페드라 예배당과 아주 흡사하다. 두 예배당은 지붕이 모두 붉은색이었으며, 대서양의 힘찬 파도를 바위로 막고 있는 모습이 인상적이었다. 예배당 뒤로 펼쳐진 대서양의 장대한 물결은 자연의 장관을 이루고 있었다. 아쉽게도 예배당 문이 닫혀 있어 내부는 보지 못했다.

마토지뉴스에서 빌라 두 콘드로 가는 해안길은 모래 위에 조성한 목재로 만든 끝없는 덱 길의 연속이었다. 걸음이 편한 장점이 있는 반면 평이하고 다소 단조로운 느낌을 주는 단점이 있다. 그러나 끝없이 펼쳐진 대서양의 장대한 풍광과 쉴 새 없이 마주치는 새로운 마을의 모습에 단조로운 느낌은 어느새 사라져 버린다. 덱 길 옆으로는 군데군데 비치 의자에 누워 일광욕을 즐기는 사람도 있었고, 간혹 해먹도 눈에 띄었다. 2시간 정도 이동하여 메모리아 해변(Praia da Momória)에 위용을 떨치며 서 있는 '기억의 오벨리스크(O Obelisco da Memória)'를 마주했다.

이 오벨리스크는 1832년 페드로 4세(D. Pedro IV)가 7,500명의 군사를 이끌고 포르투 포위 공격을 위해 하선한 지점에 세워졌다고 한다. 덱 위의 나무에는 산티아고 데 콤포스텔라까지 남은 거리 255킬로미터의 표식이 새겨져 있었다.

기억의 오벨리스크 　　　　　　　　　　　　　　　　　순례길 거리 표지판

　출발한지 3시간이 경과할 즈음에 무거운 배낭을 메고 오랜 시간 걷는 것이 오래만이라 아내가 힘들어하는 기색이 역력했다. 식사도 하고 잠시 휴식도 취할 겸 앙헤이라 해변(Praia de Angeiras) 마을 초입에 위치한 조그마한 카페(Café da Praia)로 들어가 햄버거와 맥주를 주문했다. 10여 분이 지나 나온 햄버거는 빵 없이 패티 위에 계란 반숙을 올리고 햄 2장이 사이드로 나왔다. 처음 보는 스타일의 햄버거에 조금 놀라긴 했지만, 40여 분간의 휴식으로 만족했다. 커피까지 마시고 나니 아내의 무거운 다리도 많이 풀린 듯했다. 오전보다 훨씬 경쾌하게 발걸음을 움직인다. 속으로 조금 걱정을 했는데 참으로 다행스러운 일이었다.

　상 파이우(São Paio) 마을에서 또 다른 붉은 지붕의 작은 예배당을 목격했다. 카미노 길을 홀로 걷는 몇몇의 여성 순례객과 남성 순례객도 마주쳤다. 부엔 카미노(Bem Caminho)를 외치며 서로에게 인사한다. 모두가 목적지까지 무사히 완주하길 바라 본다. 짐을 가득 실은 자전거를 힘차게 타고 가는 커플의 모습에서 한없는 젊음을 느낀다. 모레이루 해변(Praia de Moreiro)으로 들어서니 곳곳에 캠핑카의 모습이 눈에 띄었다. 아내는 언젠가 캠핑카로 여행해 보기를 원하지만, 나는 여행에서 숙소의 질도 중요하다고 생각하니 캠핑카 여행이 썩 내키지 않는다. 더 나이가 들기 전에 한번 도전해 볼까도 생각해 보지만 행동으로 옮기기가 쉽지 않다. 캠핑카 주위로 가족이 모여 아빠

순례길 자전거 커플   빌라 차 마을 입구

  가 만든 수프로 점심을 먹는 다정한 가족의 모습에 다시 한번 뒤돌아보게 되었다. 빌라 차 마을 입구를 가리키는 표지판이 눈에 들어왔다. 이제 2시간 정도면 오늘의 목적지인 빌라 두 콘드에 도착할 수 있다. 각양각색의 타일로 현관 벽을 장식한 집과 해적선으로 출입문을 장식한 재미있는 식당의 모습에 피곤함이 다소 가신다.

  대서양 바다 위를 뜨겁게 달구는 해는 조금씩 서쪽으로 넘어가고 비록 역광이지만 꽤 괜찮은 사진도 몇 장 얻을 수가 있었다. 페드루 4세의 흉상 앞에서 손을 맞잡고 묵념하는 한 아주머니의 모습에서 잠시 숙연한 마음을 가져 본다. 어느덧 민델루(Mindelo)로 들어섰다. 20여 분을 더 이동하니 기존의 해안 덱이 허물어져 새로운 덱을 조성하는 공사가 진행되고 있었다. 이전에 이 길을 경험했던 몇몇 블로그에서 덱이 허물어져 발이 모래 속으로 빠지는 불편함을 겪었다는 글을 본 적이 있었다. 다행히도 우리는 새롭게 조성된 덱 위를 편안하게 걸을 수 있는 행운을 가졌다. 마을 어디서라도 해변으로 진입하기 쉽게 마을 안쪽까지 덱이 곳곳에 조성되어 있는 모습은 참으로 인상적이었다.

  드디어 빌라 두 콘드의 마을 표지판 앞에 도착했다. 오늘 여장을 풀 숙소까지는 겨우 30분 거리이다. 마을로 들어서자마자 가장 먼저 보이는 것은 산타 클라라 수녀원(Igreja e Moisteiro de Santa Clara)이다. 지금은 호텔로 변신

캠핑카로 여행하는 가족의 모습   해적선으로 출입문을 장식한 식당

한 이 건물은 1318년에 설립되어 19세기에 소멸된 여성 수녀원이었다.

오래된 수녀원의 일부는 고딕 양식의 웅장한 산타 클라라 수녀원 교회와 함께, 18세기에 부분적으로 재건축되었다. 2018년 이후 이 건물은 5성급 호텔로 개조되어 87개 객실, 레스토랑, 스파를 갖춘 린스 산타 클라라 히스토릭 호텔 앤 스파(Lince Santa Clara Historic Hotel & SPA)가 되었다. 이 호텔은 2024년 5월에 개장했다. 호텔 앞쪽으로는 포르투갈에서 두 번째로 큰 수로 시스템인 산타 클라라 수로의 수직 기둥이 세워져 있다. 이 화강암으로 만들어진 수직 기둥들은 1626년에서 1714년 사이에 지어졌으며, 포보아 드 바르징(Povoa de Varzim)에서부터 빌라 두 콘드의 산타 클라라 수녀원까지 장장 4킬로미터에 걸쳐 999개의 아치로 이어져 있다.

빌라 두 콘드는 포르투갈 북서쪽 해안에 위치하여 카미노 데 산티아고의 포르투갈 길에 자리 잡고 있다. 이 지자체는 대서양과 아브강(Rio Ave) 남

순례길에서 마주한 대서양 풍광

산타 클라라 수로의 수직 기둥

빌라 두 콘드 산타 클라라 수녀원

쪽에 접해 있으며, 18킬로미터의 해변과 넓은 들판, 광대한 시골 지역을 포함한다. 도시화된 이 지역은 1987년에 시로 승격되었다. 또한 이 도시는 산타 클라라 수녀원과 수로, 라파의 성모 교회, 빌라 두 콘드 어머니 교회, 상주앙 밥티스타(São João Baptista) 요새 등 중요한 역사적 유산을 가지고 있다. 4년마다 열리는 종교 축제인 그리스도의 성체 성혈 대축일(Corpo de Deus)은 이 도시의 가장 중요한 행사로서, 주요 교회에서 준비하는 순회 행렬에 사용되는 도로에 덮인 꽃 매트로 유명하다. 산타 클라라 호텔 앞의 작은 마을 광장은 예쁜 꽃들로 붉게 장식되어 참으로 인상적이었다.

숙소에 도착하니 거의 오후 5시가 되어 가고 있었다. 마토지뉴스에서 출발한 지 7시간 만에 도착했다. 아내가 산타 클라라 호텔 앞 전망대의 일몰이 아주 멋지다는 정보를 미리 알아 둔 덕분에, 숙소에 체크인을 하자마자 바로 호텔 앞으로 올라갔다. 호텔이 언덕 위에 위치해 있고 장시간 걸어와서인지

빌라 두 콘드 마을 광장의 정원

빌라 두 콘드 아브강

그 길이 참으로 힘들었다. 그러나 전망대에서 마주한 일몰은 그 모든 노력을 보상하고도 남을 정도로 장관이었다. 다리의 피로가 한꺼번에 풀리는 듯했다. 포르투 모후 정원에서 바라본 일몰의 모습보다 더 아름다워 보였다. 그저 바라만 보고 있을 수는 없어 아브강과 일몰을 배경으로 추억이 될 만한 사진 몇 장을 찍고는, 인근 식당을 찾아 저녁을 먹기로 했다.

    호텔 주변 식당 몇 곳이 문을 닫아 구글맵을 통해 찾은 식당은 오 메스트르(O Mestre)라는 곳이었다. 시간이 이른 월요일이라 그런지 손님은 많지 않았고, 우리는 야외 테이블에 자리를 잡았다. 아내는 치킨 샐러드에 파스타, 삶은 계란이 들어간 요리를 주문했고, 나는 처음 맛보는 프레구스(Pregos)를

빌라 두 콘드 일몰 풍광

'오 메스트르'의 저녁 식사

주문했다. 이 요리는 얇게 저민 소고기를 겹겹이 포개고 그 사이에 치즈를 넣은 뒤, 계란 반숙을 얹어 나오는 것이었다. 감자튀김이 함께 나왔고, 토마토소스와 유사한 붉은색 소스가 별도로 제공되었다. 얼핏 프란세지냐와 비슷해 보였지만, 빵이 없어서 확연히 다른 음식이었다. 맵지도 짜지도 않아서 먹기에 괜찮았다. 슈퍼복 맥주 두 잔과 함께 31.50유로를 지불하고 숙소로 돌아왔다. 오늘 걸은 시간과 거리를 확인해 보니 총 걸음 수 3만 8,000보, 시간 381분에 약 28킬로미터를 이동했다. 오랜만에 무거운 배낭을 메고 장거리를 걸었음에도 아내도 별 무리 없이 먼 거리를 와 주어 참으로 다행스럽고 고마웠다. 내일은 오늘보다 좀 더 많은 거리를 이동해야 하기에, 무사히 완주하길 바라며 잠자리에 들었다.

11월 12일

순례길 Ⅱ,
빌라 두 콘드에서
이스포젠드

숙소에서 제공하는 조식을 먹고, 오전 9시에 숙소를 나섰다. 원래는 내륙길 루트를 따라 이동할 계획이었지만, 숙소 앞으로 펼쳐진 아브강(Rio Ave)의 아름다운 풍경에 이끌려 자연스럽게 해안길로 걷게 되었다. 오늘의 루트는 빌라 두 콘드를 출발하여 카시나스(Caxinas), 포보아 드 바르징(Povoa de Varzim), 아 베르-오-마르(A Ver-o-Mar), 아구사도라(Aguçadoura), 에스텔라(Estela), 아풀리아(Apúlia), 팡(Fão)를 거쳐 목적지인 이스포젠드(Esposende)에 도착하는 약 27킬로미터의 여정이다.

강에는 수많은 모터보트가 정박해 있었고, 강 어귀에는 금방이라도 닻을 올리고 출발할 것 같은 16세기 선박의 복제품이 정박해 있었다. 그 모습은 한 폭의 그림 같았다. 강 너머로 산타 클라라 수녀원의 아름다운 자태가 눈

아브강 너머의 산타 클라라 수녀원

부신 햇빛에 반사되어 더욱 빛나고 있었다. 빌라 두 콘드 마을의 매력에 푹 빠져드는 기분이었다.

　해안을 따라 약 40분 정도 걸으니, 어제 보았던 페드로 4세의 오벨리스크와 비슷한 기념비를 만날 수가 있었다. 맞은편에는 빌라 두 콘드 상 주앙 요새(Forte de São João Baptista de Vila do Conde)가 자리 잡고 있었다. 이 요새는 성모 승천의 요새(Forte de Nossa Senhora da Assunção)라고도 불리며, 빌라 두 콘드 항구를 방어하기 위해 아브강 하구 근처에 건설되었다. 1967년에 공익 재산으로 지정되었다.

　바다 앞, 카시나스 남쪽 가장자리의 큰 광장에는 청동 조각 세트인 빌라 두 콘드 어부 기념비(Monumento ao Pescador de Vila do Conde)가 있다. 이 기념비는 1994년에 설치된 것으로, 빌라 두 콘드 출신의 시각 예술가가 지역적 특성에 영감을 받아 제작한 작품이다. 어부들이 예술이라는 가혹함에 맞서

빌라 두 콘드 상 주앙 요새　　　　　　　　　　　빌라 두 콘드 어부 기념비

카시나스 난파선 추모비   항해사들의 주님 교회

싸우는 용기와 독창성을 잘 묘사한다고 한다.

　카시나스에 설치된 난파선 추모비(Memorial aos Náufragos)는 포르투갈 해안과 각지의 바다에서 목숨을 잃은 어부들과 어촌 남성들을 기리기 위해 세워졌다. "바다는 나에게 당신에 대한 기억을 돌려줍니다. 그리고 그 속에서 나는 당신을 영원히 구출합니다."라는 문구가 새겨진 이 추모비는 사라진 어부들에 대한 영원한 기억을 상징한다. 카시나스를 지나 약 20분 정도 이동하니 높은 첨탑이 멀리서도 눈에 띄었다. 가까이 다가가 보니 '항해사들의 주님 교회(Igreja Paroquial de Nosso Senhor dos Navegantes)'로 알려진 카시나스 교회(Igreja das Caxinas)였다. 이 교회는 어부와 선원들을 위한 수호의 상징으로, 마누엘 곤살베스(Manuel Gonçalves)라는 성직자 건축가의 디자인에 따라 지어졌다. 1928년에 세워진 원래 교회가 있었던 자리에 세워져, 그 의미가 더욱 깊다.

　숙소에서 출발한 지 약 한 시간 반 만에 포보아 드 바르징에 들어섰다. 바르징시에 들어서자, 바다를 향해 서 있는 작은 교회 하나가 눈에 띄었다. 라파 성모(Nossa Senhora da Lapa)에게 헌정된 이 교회(Igreja Paroquial de Nossa Senhora da Lapa)는 어업 공동체의 의뢰로 지어진 바로크 양식의 소박한 교회로, 중요한 문화적, 상징적 가치를 지니고 있다. 교회의 정면에는 커다란 측면 종탑이 있으며, 매년 8월 15일에는 성모 승천을 기념하는 성대한 축제가

포보아 드 바르징 라파 성모 교회　　　　　　　　포보아 드 바르징 해안의 수자나

거행되고, 엄숙한 미사와 장엄한 행렬이 이어진다.

　교회 옆에는 포보아 드 바르징의 어촌 공동체를 기리는 기념물(Homenagens a Pescaderia, 어업에 대한 찬사)과 해안의 수자나(Suzana da Costa-Suzana Pescaderia)를 기리는 동상이 서 있다. 이 도시는 작은 마을을 의미하는 포보아(Povoa)에서 유래했으며, 오랜 세월 동안 포르투갈에서 가장 인기 있는 해변 도시로 사랑받아 왔다. 포르투갈에서 몇 안 되는 합법적인 도박 지역이자 섬유와 식품 산업의 중심지이다. 포보아 드 바르징 시내 곳곳에는 어업 공동체의 특색을 나타내는 많은 조형물과 조각상이 설치되어 있으며, 도시 자체가 잘 정돈되어 있고 현대적인 느낌을 강하게 주었다.

　동네 곳곳에는 많은 아파트가 눈에 띄었고, 그중에는 상당히 높은 고층 아파트도 제법 있었다. 주민들은 매우 활기찬 모습이었으며, 해안 도로를 따라 조깅하거나 산책을 즐기는 사람들도 많았다. 마치 해운대 신시가지를 연상케 했다. 아 베르-오-마르로 가는 길에는 축구 스타디움도 지어져 있었다. 아 베르-오-마르로 이동하면서 뒤돌아본 포보아 드 바르징의 전경은 대서양과 어우러져 햇빛에 눈부시게 빛나는, 참으로 환상적인 광경이었다.

　아구사도라 마을에 들어서니 이전과는 다르게 강한 바람이 불고 다소 쌀쌀한 기운이 느껴졌다. 아내는 고어텍스 상의를 다시 꺼입고 옷을 여미었다. 마침 점심 시간도 되어, 현지에서 맛집으로 알려진 해변 식당(Restaurante

포보아 드 바르징 어부의 조각상

da Praia)을 찾았는데 이곳은 구이 전문점이었다. 아내는 포르투갈에서 처음으로 바칼라우 구이(Bacalahu a Brasa)를 주문했고, 나는 닭 구이(Frango a Brasa) 요리를 선택했다. 모두 숯불에 구워진 요리였고, 바칼라우는 익힌 감자와 양파, 당근 등의 야채와 함께 제공되었다. 닭구이 요리는 튀긴 감자, 밥 그리고 약간의 야채샐러드가 곁들여 나왔다. 아내는 바칼라우가 매우 신선한 것 같다며 아주 만족해했으며, 내가 주문한 요리도 괜찮은 편이었다. 작은 닭을 숯불에 구워 다리, 날개, 가슴 부위를 각각 나눠 세 조각으로 제공되었다. 맥주 두 잔과 함께 26유로를 지불했으며, 음식의 질에 비해 가성비가 높은 점심이었다.

　점심 식사 후 이동한 아풀리아까지의 한 시간 반 내외의 거리는 마을을 관통하는 덱으로 조성된 길이었고, 주변은 밭들로 가득 찬 밋밋하고 지루한 구간이었다. 이동 중에 앞서가는 두 명의 여성 순례객을 만나 반갑게 인사를

대서양과 어우러진 포보아 드 바르징 전경

아풀리아 순례길 표지판

나누었다. 꽤 나이가 들어 보이는 중년의 여성들로, 독일에서 왔다고 한다. 포르투에서 며칠 체류 후 이틀째 순례길을 걷고 있다고 한다. 최종 목적지인 산티아고 데 콤포스텔라까지 완주할 계획인지 물었더니, 내일까지만 걷고 다시 고향으로 돌아갈 예정이라고 했다. 우리도 내일까지만 걸을 예정이라고 했더니 어디서 왔냐고 묻는다. 한국에서 왔다고 하니, 그렇게 멀리서 왔느냐며 놀라는 눈치였다. 고등학교 시절에 배웠던 몇 마디 독일어를 꺼내자 어디서 배웠냐고 묻더니 깔깔 웃어댄다.

순례길에서 만나는 순례객들은 나이와 국적을 불문하고 모두 친구가 된다. 아마도 동일한 목표를 공유하는 데서 오는 일체감 때문이 아닌가 싶다. 순례객들의 만국 공통어인 부엔 카미노(Buen Camino)를 주고받으며 작별 인사를 했다. 에스텔라(Estela)에 들어서서는 에스텔라 골프 클럽 옆으로 이어진 덱 길을 이동했다. 덱 길의 오른편은 여전히 밭으로 둘러싸여 있었다. 아풀리아에 들어서고 나서야 뒤늦게 닌자(Camino Ninja) 앱을 확인했더니, 해안길이 아닌

이스포젠드 카바도 강

센트럴 루트로 길을 잘못 들었다는 것을 뒤늦게 알게 되었다. 이 길은 리스보아에서 출발하여 산티아고 데 콤포스텔라까지 약 620킬로미터에 달하는 포르투갈 순례길의 종주 코스(Caminho Português Central)이다. 아마 점심 식사 후, 덱이 여러 갈래로 나뉜 곳에서 직진 표지판만 보고 그 길로 들어섰던 모양이었다. 오늘 길을 걸으며 카미노 길 중 해안길(Senda Litoral)의 방향 표지판이 센트럴 루트에 비해 상당히 빈약하다는 것을 느끼게 되었다. 앞으로는 순례길의 바이블인 카미노 닌자 앱을 더욱 세밀히 참고하며 이동해야 할 것 같았다.

아폴리아 마을 안쪽에서 원래 걷던 해안길로 돌아가려면 서쪽으로 30분 이상 이동해야 했다. 다시 해안길에 접어든 후 약 한 시간 정도 더 걸어 팡을 지나 오늘의 목적지인 이스포젠드로 가는 카바도 강(Rio Cávado)에 도착했다. 시간은 오후 4시 반을 가리키고 있었다. 숙소를 이스포젠드 도심에서 북쪽으로 약 1.5킬로미터 떨어진 곳에 예약해 두어, 마을 입구에서부터는 아직 1시간을 더 이동해야 했다. 카바도 강 위에 설치된 다리는 보수 공사 중이라 건널 때 주의가 필요했고, 다리 길이는 어림잡아 500미터 정도 되어 보였다. 숙소로 향하는 길에서는 서쪽 하늘을 붉다 못해 빨갛게 물들이는 멋진 일몰을 감상할 수 있었다. 정말 장관이었다. 어제 산타 클라라 성당 전망대에서 바라본 일몰을 비롯해, 카미노 길에서 또다시 멋진 일몰을 만나는 행운을 누렸다.

아폴리아 해안

이스포젠드 석양에 물든 마을 풍경

긴 하루의 여정 덕분에 체력이 많이 소진되어 저녁은 간단하게 해결하기로 하고, 제과점에서 페이스트리 몇 개를 사서 숙소에 도착하니 오후 5시 50분이었다. 오전에 빌라 두 콘드 숙소를 출발한 지 약 9시간 만에 이스포젠드의 숙소에 도착할 수 있었다. 약 30킬로미터의 거리를 387분 동안 걸으며 4만 700보를 기록했다.

이스포젠드 선원 기념비

이스포젠드시는 브라가현(Braga District)에 속하며, 어업과 농업, 관광 산업이 경제의 중요한 부분을 차지한다. 이 도시는 바다, 강, 평원 그리고 몬트 드 파루(Monte de Faro)에 둘러싸여 있어 관광 진흥 부문에서 '자연의 특권'으로 지정된 지역이다. 몬트 드 파루 전망대에 서면 포보아 드 바르징과 이스포젠드 사이의 광활한 대서양 연안을 한눈에 조망할 수 있다고

이스포젠드 카바도 강 너머의 일몰 풍경

한다. 저녁은 가져온 컵라면과 페이스트리로 간단히 해결했다. 오늘따라 컵라면이 유난히 맛있게 느껴졌다. 내일도 처음 계획했던 오피셜 루트 대신, 이틀간 걸어온 해안길 루트를 계속 걷기로 아내와 함께 결정했다.

11월 13일

순례길 Ⅲ,
이스포젠드에서
비아나 두 카스텔루

아침에 눈을 뜨니 피로가 가시지 않은 느낌이다. 아내는 발바닥이 조금 아프다고 한다. 숙소에서 아침 식사를 하고 정확히 오전 9시에 목적지를 향해 출발했다. 오늘의 여정은 이스포젠드(Esposende)를 출발하여 마리냐스(Marinhas), 마르(Mar), 벨리뉴(Belinho), 안타스(Antas), 카스텔루 두 네이바(Castelo do Neiva), 샤페(Chafé), 다르크(Darque)를 거쳐 비아나 두 카스텔루(Viana do Castelo)까지 약 27킬로미터의 길이다. 숙소를 나서니 피부에 와닿는 바람이 꽤 차갑게 느껴졌고, 기온은 섭씨 9도에 불과했다. 근래 들어 가장 낮은 아침 기온이었다. 아내는 추위를 느끼는지 오리털 점퍼를 입지 않은 걸 아쉬워했다.

5분쯤 걸어 올라가자 이스포젠드 도시 이름이 새겨진 조형물이 설치된

이스포젠드 순례길 해안 풍경

작은 광장이 보여 아내와 인증사진을 찍어 두었다. 우리 뒤로 중년의 커플이 다가오더니 우리 부부의 사진을 찍어 주겠다고 하여, 서로 사진을 찍어 주고 안부 인사를 나눴다. 스페인에서 온 매우 다정다감한 부부였다.

순례길이 처음이냐고 묻길래 2년 전 프랑스길(Camino Francés)로 40일간 900킬로미터를 걸었다고 하자 화들짝 놀라며 엄지를 치켜세운다. 그러고는 카미노 북쪽길(Camino del Norte)이 너무나 아름다우니 꼭 걸어 보라고 추천한다. 내가 힘든 숙제를 하나 받았다고 하자 깔깔거리며 웃는다. 오늘의 최종 목적지가 비아나 두 카스텔루(Viana do Castelo)로 같아서 길에서 자주 보자며 인사를 나누었다. 해안길을 30분쯤 걷다 보니 갑자기 '더 이상 갈 수 없다'는 표식이 나타났다. 의아했지만 별다른 방법이 없어 오피셜 루트로 방향을 돌릴 수밖에 없었다. 하지만 예상과 다르게 오늘의 오피셜 루트는 단조롭거나 지루하지 않고 꽤 인상적이었다. 2년 전 스페인의 산티아고 순례길처럼, 변화무쌍한 마을의 모습과 특색 있는 골목길이 지루함을 잊게 해 주었다. 멀리 서쪽에서 대서양의 모습도 간간이 보였다. 1시간여를 걸어 마리냐스 성모 교회(Igreja Paroquial de Marinhas)를 마주했다.

11세기부터 있던 이 교회는 1930년대에 재건되었으며, 외부 정원에는

마리냐스 성모 교회 중앙제단   벨리뉴 성모 교회

재사용된 두 개의 돌무덤과 르네상스 스타일의 높은 제단과 아치도 있다. 내부에는 스테인드글라스 창문과 금박 제단이 있고, 중앙에는 수호성인 대천사 성 미카엘의 이미지가 있다. 찻길 맞은편으로는 잘 정돈된 큰 공동묘지를 볼 수 있었다. 마을 곳곳에 큰 주택들이 눈에 띄고, 노랗게 익은 귤나무를 심은 집들에 저절로 발걸음이 멈추었다. 벨리뉴(Belinho)에 들어서니, 곳곳에 있는 예배당과 성당들이 눈길을 끌었다. 벨리뉴 성모 교회(Igreja Paroquial de Belinho)는 1897년에 신고전주의 건축 양식으로 지어졌다. 내부에는 루르드의 성모님(Norte Dame de Lourdes)이 발현하신 동굴을 재현했고, 신고전주의 양식의 금박 조각이 남아 있다는 설명이 되어 있다. 문이 닫혀 있어 내부를 보지 못해 다소 아쉬웠다.

    숙소를 출발한 지 두 시간쯤 지났을 무렵부터 왼쪽 무릎에 통증이 오기 시작했다. 대수롭지 않게 여기며 계속 발걸음을 옮겼으나 통증이 더욱 심해지기 시작했다. 무릎을 접고 펴는 순간마다 느끼는 통증으로 걸음을 떼기가

대서양이 바라보이는 순례길 풍경

쉽지 않았다. 아내의 무릎 보호대를 착용해 봤지만 그다지 도움이 되는 것 같지 않았다. 작은 예배당 앞에서 웃옷을 벗고 잠시 휴식을 취해 보기로 했다. 10여 분 휴식을 취하고 다시 걸었지만 별 차이가 있는 것 같지 않았다. 아내가 사용할 목적으로 가져온 등산 스틱을 빌려 최대한 가 보기로 했다. 삼십여 분을 힘들게 걷다 보니 작은 산등성이가 나타나 오르막과 내리막 산길로 이어졌다. 일단 산길을 넘은 후 마을에서 카페를 찾아 휴식을 취하기로 했다.

아내가 구글맵을 통해 찾은 카페까지 힘겹게 도착하니 오후 1시가 되어가고 있었다. 가벼운 샌드위치와 햄버거로 점심을 해결하며 무릎 상태를 확인해 보았다. 나의 성격을 잘 아는 아내는 식사를 하는 도중 계속하여 나를 설득하기 시작했다. 발걸음을 떼기도 힘든데 목적지까지 완주하는 건 무리라며 오늘은 여기서 멈추자고 한다. 더 걷다 가는 무릎에 더 큰 악영향을 줄 수 있으니 그만 욕심을 버리라고 강하게 이야기한다. 일리가 있는 말이지만 중간에 멈추기가 쉽지 않다.

이틀 동안 배낭이 꽤 무거웠던 모양이었다. 트레킹 중에도 여행기를 쓸 목적으로 소형 노트북까지 챙겨왔으니 욕심이 과했던 모양이다. 28킬로미터를 이동해야 하는 오늘 일정의 겨우 절반을 소화했다. 아직 2주나 남은 나머지 여행 일정도 무시할 수 없어 부득이 아내의 의견을 따르기로 했다. 카

비아나 두 카스텔루 리마강과 에펠 다리

스텔루 두 네이바에서 비아나 두 카스텔루까지는 볼트 택시를 이용했다. 비아나 두 카스텔루로 진입하려면 리마강(Rio Lima)을 가로지르는 에펠 다리(Ponte Eiffel)를 건너야 한다. 적어도 에펠 다리는 걸어서 최종 목적지에 도착

에펠 다리 입구의 어부 조각상

하고 싶은 욕심에 다리 앞에서 택시를 멈추었다. 다리 입구에는 강건한 모습으로 배위에 서 있는 어부의 조각상(Monumento ao Pescador do Rio Lima)이 눈에 띄었다. 에펠 다리는 비아나 두 카스텔루시와 다르크 마을 사이에 있는 리마강의 두 제방을 연결하는 다리다. 1878년에 개통된 이 다리는 귀스타브 에펠(Gustave Eiffel)이 설계한 철로 만든 다리이다. 총 길이는 645미터에 달한다. 다리를 걷는 내내 통증을 느껴 힘이 들었지만, 포르투갈 국민들이 가장 사랑하는 도시 가운데 하나로 손꼽히는 비아나 두 카스텔루를 건너뛸 수는 없는 노릇이었다.

비아나 두 카스텔루 헤푸블리카 광장　　　　　　　　　　　　D. 아폰수 3세의 기념비

　　비아나 두 카스텔루는 대서양에 면한 항구 도시로 리마강 하구에 위치한, 포르투갈의 숨은 보석 중 하나이다. 이곳은 해안선과 강을 따라 펼쳐진 아름다운 자연환경과 풍부한 역사적 유산을 자랑하는 곳이다. 16세기에는 대항해 시대의 포르투갈 탐험가들과 무역 상인들에게 중요한 항구였다. 이 시기에 많은 역사적 건물이 지어졌다. 또한 이곳은 포르투갈의 역동적인 수출 지역 중 하나로, 주된 산업은 선박 건조와 수리다. 도시 중심부에는 고대 로마 유적과 중세 시대의 건축물이 공존하며, 역사적 중심인 헤푸블리카 광장(Praça da República)에는 1554년에 르네상스 양식으로 지어진 분수대가 있다.

　　다리를 건너 먼저 헤푸블리카 광장 부근에 있는 비아나 두 카스텔루 대성당(Sé Catedral de Viana do Castelo)으로 향했다. 성당으로 향하는 로터리에서 아폰수 3세의 기념비(Monumento ao D. Afonso III)를 마주했다. 비아나 다 포스 두 리마(Viana da Foz do Lima)의 창립 왕인 D. 아폰수 3세를 기리는 흥미로운 기념물이다. 조각가 파울로 네베스(Paulo Neves)가 디자인한 이 기념비는 24개의 에스트레모즈(Estremoz) 대리석 블록으로 만들어졌으며, 2004년에 대중에게 공개되었다.

비아나 두 카스텔루 대성당은 15세기에 건립된 본당 교회이자 대성당으로, 두 개의 큰 탑과 메를롱(Merlons, 흉벽의 견고한 직립 부분)으로 구성된 로마네스크 양식의 정면이 특징적이다. 중앙 고딕 양식 현관은 아치볼트(Archivolts)가 있으며, 그리스도와 사도들의 수난을 묘사한 조각품으로 장식되어 있다.

내부는 라틴 십자가 형태로 설계되었고, 본당과 두 개의 통로, 상 베르나르두(São Bernardo)와 성찬에 바쳐진 두 개의 보조 예배당으로 이루어져 있다. 본당은 다른 대성당에 비해 그렇게 화려하지는 않지만 절제된 아름다움이 느껴졌다. 반면, 성찬에 바쳐진 보조 예배당은 금빛 장식으로 둘러싸여 있어 상대적으로 화려한 인상을 주었다.

아픈 무릎을 이끌고 비아나 두 카스텔루의 대표적인 랜드마크인 산타루지아 산의 정상에 위치한 가톨릭 성지, 몬트 드 산타 루지아 예수 성심 성지(Santuário do Sagrado Curação de Jesus/Monte de Santa Luzia)로 향했다. 산의 정상

비아나 두 카스텔루 대성당

대성당 본당

대성당 보조 예배당

대성당 보조 예배당

에 오르려면 푸니쿨라(Elevador de Santa Luzia)를 탑승해야 하는데, 편도 요금은 2유로, 왕복 3유로이다. 1923년에 운행을 시작한 이 푸니쿨라는 작년 100주년을 맞이했다. 정상까지 오르는 시간이 5분이 넘어, 포르투에서의 푸니쿨라와는 비교가 되지 않았다. 산타 루지아 성지의 건축은 1904년에 시작되어 1959년에 완공되었다. 기병대장 루이스 드 안드라드 에 소자(Luis de Andrade e Sousa)가 심각한 안과 질환을 앓던 중 시력을 회복하고 은총에 감사하기 위해 이 건축을 시작했다. 프랑스 사크레쾨르 바실리카(Basilique du

산타 루지아 예수 성심 성지

Sacré-Coeur)에서 영감을 받은 이 성지에서는, 정상에 오르니 도시와 리마강, 광활한 대서양의 전망을 자랑하는 거대한 광장이 눈앞에 펼쳐졌다. 광장에 세워진 두 개의 거대한 기둥은 넓은 공간에 대칭으로 서 있는 듯했다. 주요 파사드에는 1898년에 제작된 예수 성심의 청동상이 자리하며, 이는 교회 건물보다 훨씬 오래된 조각상이다.

　내부는 밝은 색상으로 장식되어 있으며, 주 제단은 화강암으로 정교하게 조각되어 있다. 두 천사가 포르투갈과 비아나 두 카스텔루의 방패를 예수 성심께 봉헌하는 모습이 담겨 있다. 스테인드글라스 창문은 내부를 빛과 색으로 채우며, 성당과 돔의 후진을 둘러싸고 있는 프레스코화는 십자가의 길을 나타낸다. 밝은 색상의 인테리어는 한편으로는 평화롭고, 다른 한편으로는 경이로운 분위기를 풍기는 걸 느낄 수 있었다. 특히, 천사에 둘러싸인 예수 그리스도의 모습이 그려진 천장화는 내부를 더욱 환하게 밝히는 효과를 주었다. 매년 6월, 이곳에서는 예수 성심께 경의를 표하는 순례가 도심에서 언

예수 성심 성지 주 제단

예수 성심 성지 천장화

예수 성심 성지 스테인드글라스

예수 성심 성지 광장의 기둥

덕 꼭대기까지 거행된다고 한다.

오미오 앱을 통해 확인해 보니, 오후 4시 10분에 포르투 캄파냥 역으로 가는 플릭스(Flix) 버스가 있어 기차 대신 버스를 선택했다. 소요 시간도 1시간 남짓으로 기차보다 더욱 편리했다. 산 정상에서 푸니쿨라를 타고 내려와 버스터미널로 향했다. 무릎 통증이 지속되어 발걸음을 옮기기가 쉽지 않았다. 터미널에 도착해 플릭스 버스 게이트를 확인하고 잠시 쉬었다가 버스에 탑승하니, 2년 전 순례길 완주 후 세비야(Sevilla), 론다(Ronda), 그라나다(Granada) 등 스페인 남부 지방을 여행하면서 자주 이용했던 플릭스 버스의 기억이 새롭게 떠오른다. 버스 내부 승객은 많지 않았지만, 옆 좌석 승객이 주변을 아랑곳하지 않고 스피커폰으로 페이스톡을 하며 대화를 한다. 포르투 도착 후 비슷한 경험을 두어 번 더 했는데, 열차나 지하철에서도 스피커폰으로 대화하는 사람들을 보곤 했다.

캄파냥 역에 도착한 후 지하철을 이용해 귀가하려 했지만, 환승이 쉽지 않아 다소 애를 먹었다. 다음 기회에 좀 더 자세히 살펴보아야겠다. 무릎 통증이 가시지 않아 내일과 모레는 가급적 움직임을 최소화하고 집에서 휴식을 취해야 할 것 같다. 당초 모레로 계획했던 코임브라(Coimbra) 방문은 토요일로 연기하기로 했다. 오늘은 아픈 다리를 끌고도 약 5시간 동안 20킬로미터를 걸었고, 총 2만 7,300보를 기록했다. 오늘 무릎 통증으로 아쉽게도 최종 목적지까지 걸어서 완주하지는 못했지만, 지난 3일간 포르투갈 순례길의 일부인 포르투 해안길을 17시간 이상 걸으며 총 78킬로미터를 소화했다.

끝없이 이어지는 대서양의 장엄한 풍광은 마치 나의 영혼을 부드럽게 감싸안는 듯했다. 마토지뉴스에서는 황금빛 모래로 수놓인 백사장이 거대한 화폭처럼 펼쳐졌고, 빌라 두 콘드에서는 아브강 위로 깃든 산타클라라 수녀원 전망대에서의 석양이 천상의 붓으로 그려진 듯 아름다운 장면을 자아내었다. 포보아 드 바르징은 마치 숨겨진 보물처럼 깔끔한 도시 풍경으로 휴

예수 성심 성지 광장에서 바라다본 비아나 두 카스텔루 전경

양지의 낭만을 전해 주었다. 아 베르-오-마르에서는 그 이름처럼 황홀하게 펼쳐진 대서양 수평선의 마법 같은 선율에 저절로 발걸음이 멈추기도 했다.

이스포젠드의 숙소로 향하는 해변길에서는 눈부시게 붉어진 하늘이 그림처럼 펼쳐져, 마치 서쪽 바다로 스러지는 태양의 마지막 숨결을 바라보는 듯했다. 이스포젠드에서 카스텔루 두 네이바로 이어지는 길은 각기 다른 이야기를 품은 마을과 개성 넘치는 주택들이 마치 영화의 한 장면처럼 다가와, 그 모습이 한동안 쉽게 잊히지 않을 것 같다. 비아나 두 카스텔루에 접어들며 에펠 다리 위에서 바라본 리마강과 해안선을 따라 펼쳐진 도시의 아름다운 자태는 한 폭의 예술 작품과 같았으며, 도시의 랜드마크라고 불리는 산타 루지아 예수 성심 성지는 아픈 무릎을 끌고 올라가기에 충분한 가치와 독특한 매력을 발산했다. 왠지 모르게 포르투갈이라는 이베리아반도의 끝자락에 자리한 나라에 살며시 정이 가기 시작했다.

11월 14일

달콤한
숨 고르기

오늘은 느긋하게 아침을 맞았다. 무릎 통증 때문에 최소한 오늘 하루는 집에서 휴식을 취할 생각이었다. 아침 식사를 위해 집을 나서 발걸음을 떼어 보니 여전히 통증이 있어 다리가 편치 않았다. 남은 여행 일정을 생각하니 조금 걱정이 되기 시작했다. 아침을 먹고 집으로 돌아오는 길에 약국에 들러 통증을 설명하니 볼타렌 25(Voltaren25)라고 하는 소염진통제를 처방해 주었다. 아내는 장을 보러 마트에 다녀왔다. 오랜만에 집에서 휴식을 취하며 여행기를 작성하고 보완하기로 마음을 먹었다.

점심으로 아내와 함께 고등어구이를 먹고, 무릎 상태도 체크할 겸 단골 카페인 스타벅스로 잠시 나가 보았다. 어제보다는 나아졌지만, 여전히 통증이 남아 있고 걷는 게 부자연스러웠다. 집으로 돌아와서는 주말에 다녀올 코임브라(Coimbra)와 기마랑이스(Guimarães)의 명소들에 대해서 아내와 의견을 나누었다. 어제 플릭스 버스를 이용해서인지 아내는 환승 없는 버스가 낫다고 하여, 두 도시 모두 헤데 익스프레수스(Rede Expressos) 또는 플릭스 버스를 이용하기로 결정했다. 버스는 기차에 비해 매시간 운행하는 차량 수가 많아, 출발 및 도착 시간에 크게 구애받지 않는다는 장점이 있다.

오후 늦은 시간에 아내가 우연히 유튜브 쇼츠에서 포르투갈 패치를 발견하고는 약국에 가자고 한다. 항상 소지하던 패치를 이번 여행에서는 아쉽게도 준비하지를 못해 먹는 약과 함께 사용해 보기로 했다. 아내도 무릎에 작은 통증이 있는 모양이었다. 나란히 무릎에 패치를 붙이고는 함께 웃음을 터트렸다. 이제까지 산티아고 순례길을 포함하여 국토 종주 등 많은 길을 장시간 걸었어도 지금 같은 무릎 통증은 처음 겪어 보는 일이다. 무릎을 조심히 다뤄야 한다는 신호인 모양이다. 저녁은 아내가 장 봐 온 야채와 아스파라거스 그리고 앵거스 등심 스테이크를 레드와인과 함께 맛있게 먹었다. 항상 남편을 먼저 챙기느라 자신의 통증을 대수롭지 않게 여기는 아내에게 참으로 미안하고 고마운 마음이다.

토요일 방문 계획인 코임브라 대학 조아니나 도서관(Biblioteca Joanina)의 입장권을 대학 홈페이지에서 온라인으로 예매했다. 아내는 코임브라에서 꼭 들러야 할 곳들의 동선을 세심히 확인한다. 이런 소소한 준비 과정에서 다시금 여행의 즐거움을 느껴 본다. 내일은 무릎 상태가 나아지길 기대하며 여행기를 정리했다.

11월 15일

비 내리는 **도루강변**의 속삭임

　　　　　　　　눈을 뜨고 침대에서 일어나 집안을 조금 걸어 보니 무릎 상태가 어제보다 나아진 듯한 느낌이었다. 하지만 통증이 완전히 사라지지 않아, 아침 식사 후 동네 주변을 산책하려던 계획을 접고 오전 중에는 집에서 휴식을 취하기로 했다. 덕분에 포르투갈 여행 가이드북 등을 통하여 내일 방문할 코임브라(Coimbra)와 시내 명소들에 대한 지식을 조금 쌓을 수 있었다. 며칠 뒤면 떠나게 될 포르투에 대해서도 더 깊이 알아보는 시간을 가질 수 있었다. 포르투는 기원전 29년 로마에 정복될 당시 '포르투스 칼레(Portus Cale)'라고 불렸는데, 이는 '따뜻한 항구'라는 의미를 가졌다. 국가명인 포르투갈 또한 여기서 유래했다고 한다.

　　포르투의 랜드마크인 동 루이스 1세 다리가 설계된 배경도 흥미롭다.

히베이라 광장 노천카페의 풍경

1806년 최초의 영구 교량인 바르카스 다리(Ponte das Barcas)가 세워졌지만, 3년 후 프랑스의 침공 당시 많은 사람들이 피난을 시도하던 중 무게를 견디지 못하고 붕괴되어 수천 명의 목숨을 앗아 가고 말았다. 이른바 '바르카스 다리의 비극'으로 불리는 사건이었다. 이 사건 이후 포르투에는 에펠탑을 건설한 귀스타브 에펠(Gustave Eiffel)과 벨기에 건축가 테오필 세이리그(Théophile Seyrig)에 의해 마리아 피아 다리(Ponte de Dona Maria Pia)와 동 루이스 1세 다리(Ponte de Dom Luis I)가 건설되었다.

 점심은 집에서 해물된장찌개로 해결하고 히베이라 광장으로 산책을 나갔다. 내일 코임브라를 다녀올 계획이라 무릎의 상태도 확인할 필요가 있었다. 밖에는 비가 부슬부슬 내리고 있었다. 우산을 받쳐 들고 느린 속도로 발걸음을 옮겨 보니 통증이 조금은 느껴지지만 그런대로 걸을 만했다. 삼십 분가량 걸으니 처음 집을 나섰을 때보다 한결 나아진 느낌이었다. 무척 다행이었다. 내일이 오늘보다 좀 더 호전된다면 코임브라 여행도 큰 문제는 없을 것 같다. 히베이라 광장에 접어드니 비가 꽤 강하게 내리기 시작했다. 광장에 줄지어 있는 식당과 카페에는 비가 내리는 도루강변의 운치를 만끽하고자 하는 많은 사람들로 앉을 자리가 없을 정도였다.

 동 루이스 1세 다리 근처의 조그마한 노천카페에 자리를 잡고, 비를 막

메이아 두지아 내부

아 주는 파라솔 아래 야외 테이블에서 커피 두 잔을 시키고는 빗속의 풍경을 감상해 보았다. 주변에 중국인 단체 여행객들이 빗속에서도 다리를 배경으로 사진을 찍느라 여념이 없다. 옆 카페의 한 테이블에서는 남자 세 명이 큰 맥주잔을 부딪치며 건배를 외치고 있다. 기타를 치며 노래하는 거리의 악사는 비를 아랑곳하지 않고 감미로운 연주를 이어 간다. 히베이라 광장에서만 만날 수 있는 낭만이 흐르는 운치 있는 강변의 모습이었다. 커피 두 잔의 가격이 8유로로, 노천카페의 자릿세로는 좀 비싼 감이 있었다. 일반 카페의 거의 세 배를 지불한 느낌이었다.

돌아오는 길에 두 딸과 지인들을 위한 간단한 기념품을 구입하기 위해 메이아 두지아(Meia Duzia)로 향했다. 이곳은 일명 '물감잼'으로 알려진 튜브형 잼을 파는 브랜드로, 플로레스 거리에 매장이 있다. 호박 잼, 블루베리 잼, 무화과 잼, 딸기 잼 등 다양한 잼을 튜브에 넣어 판매한다. 매장 안으로 들어서자 남성 종업원이 처음 방문이냐고 물어보았고, 그렇다고 대답하자 여러 종류의 잼을 설명하며 샘플을 맛보게 해 주었다. 잼은 생각보다 덜 달아서 먹기에 괜찮았다. 놀랍게도 그가 한국어를 조금 할 줄 알았는데, 이는 많은 한국 여행객이 다녀갔다는 방증일 것이다. 가격을 조금 흥정한 끝에 작은 튜브 잼이 들어 있는 선물용 박스를 여섯 개 구입했고, 박스당 11유로로 총 66

프로메테우 아르테사나투 내부

유로를 지불했다.

　아내의 제안으로 상 주앙 거리(Rua de São João)에 있는 프로메테우 아르테사나투(Prometeu Artesanato)를 방문했다. 이곳에는 독특한 디자인의 아줄레주 타일부터 컵 받침, 책갈피, 가방, 모자 등 다양한 기념품들이 진열되어 있었다. 목재로 만든 소형 선박은 특히 눈길을 끌었다. 무엇보다도 이 매장은 거리에서 마주치는 흔한 기념품점과는 달리 아티스트의 공방 같은 분위기를 자아냈다. 실제로 매장 2층은 공방으로 꾸며져 있어 아줄레주 만들기 체험 클래스가 진행된다고 한다. 이 체험 클래스는 에어비앤비를 통해 예약할 수 있으며, 체험 클래스에서 직접 만든 완성된 아줄레주 타일은 하루나 이틀 뒤에 찾아갈 수 있다고 한다.

　멋진 아줄레주 타일들도 눈에 띄었으나, 가격이 다소 비싸고 무게 등을 고려하여 눈으로만 감상하고 매장을 나왔다. 귀가하면서 볼량 역에 들러 내일 코임브라행 버스를 타기 위해 들러야 할 캄파냥 역까지의 지하철 운임을 안단테 카드(Andante Card)에 미리 충전해 두었다. 이는 내일 아침에 지하철을 타기 위해 서두르지 말자는 아내의 아이디어다. 아내와 여행을 하다 보면 디테일에 강하다는 걸 자주 느낀다. 안단테 카드는 포르투의 지하철과 버스에서 쓸 수 있는 충전식 교통카드로, 지하철 역내 발매기와 직원이 있는 창구, STCP 표시가 있는 도심의 판매처에서 구입할 수 있다. 지하철과 버스를 자주 이용하는 여행자에게는 트램을 제외한 지하철, 버스를 무제한으로 이용할 수 있는 안단테 투어 카드가 유용하다.

오후에 산책 겸 외출해 약 한 시간 반 동안 구천 보를 걸었다. 아직 약간의 통증은 남아 있지만 걷는 데 큰 무리는 느끼지 않았다. 내일 코임브라 방문도 예정대로 진행할 수 있을 것 같다. 저녁은 아내가 미리 준비해 둔 카레밥으로 해결했다. 아내는 어제부터 우리가 포르투를 떠나기 전까지 집에서 먹어야 할 끼니 수와 메뉴를 머릿속에 그리고 있다. 역시 그녀다운 강한 디테일이 돋보인다.

11월 16일

고대와 현대의 교차로, **코임브라**

　　　　　　　　　오늘은 계획대로 코임브라(Coimbra)에 다녀왔다. 몬데구강(Rio Mondego)이 흐르는 포르투갈 중부 코임브라는 포르투갈 건국 초기 기마랑이스에 이어 1255년까지 약 100년간 포르투갈의 수도였던 곳으로, 학문과 예술을 꽃피운 '대학 도시'다. 포르투와 리스보아의 중간에 위치해 있으며, 언덕 위로는 포르투갈 최초의 대학이자 유네스코 세계문화유산으로 등재된 코임브라대학교가 있다. 오밀조밀 미로 같은 골목길에는 학생 기숙사와, 오래된 성당 그리고 파두 하우스가 숨어 있다.

　아침 9시 30분, 캄파냥 역에서 출발하는 헤데 익스프레수스 버스를 타고 10시 45분쯤 코임브라에 도착했다. 이틀 전 오미오(Omio) 앱에서 예매한 버스 티켓은 2인 편도에 원화로 3만 1,605원이었는데, 기차보다 훨씬 저렴하고 알사, 플릭스 등 다양한 회사의 버스들이 20~30분 단위로 출발해 편리했다. 대학 도시라는 명칭에 걸맞게 코임브라 여행은 코임브라대학교(Universidade de Coimbra)에서 출발한다. 약칭은 'UC'이다. 1290년 포르투갈의 6대 왕 디니스(D. Dinis)가 교황 니콜라스 4세의 허가를 얻어 리스보아에 '에스투두 제랄(Estudo Geral: Studium Generale)'이라는 이름으로 설립한 포르투갈 최초의 대학교다. 교회로부터의 자유 문제로 캠퍼스는 리스보아와 코임브라 사이를 몇 차례 오가다, 1537년 주앙 3세(João III)의 결정으로 코임브라에 완전히 자리 잡게 되었다. 현재 캠퍼스를 이루는 건물들 대부분은 16~18세기 조성되었으며, 이는 유럽에서 가장 역사가 오래된 대학 중 하나이자 이베리아반도에서 두 번째로 건립된 대학이다. 포르투갈의 국민 시인 루이스 드 카몽이스(Luis de Camões) 등이 배출되는 등 16세기까지 포르투갈의 유일한 고등교육기관으로서 정치와 사회에 막대한 영향을 끼쳤다.

시외버스 정류장에 도착 후, 대학 캠퍼스까지 운행하는 28번 버스를 기다렸다. 하지만 10여 분이 지나도 버스가 오지 않아 결국 볼트 택시를 타고 10여 분을 달려 캠퍼스에 도착했다.

캠퍼스는 구 대학과 신 대학으로 나뉘어 있으며, 우리가 방문한 곳은 구 대학이다. 이곳은 2013년에 유네스코 세계문화유산으로 지정되었다. 검은색 교복과 망토는 《해리포터》의 호그와트 교복에 영감을 준 것으로 알려져 있다.

코임브라대학교의 주요 명소는 학교 궁전(Paço das Escolas), 과학박물관 및 화학실험실(Laboratório Químico), 그리고 식물원(Jardim Botânico)이다. 학교 궁전은 조아니나 도서관(Biblioteca Joanina), 대학 감옥(Prisão Académica), 궁전(Palácio Real), 그리고 상 미구엘 예배당(Capela de São Miguel)으로 구성되어 있다. 학교 궁전의 하이라이트는 주앙 5세 도서관으로도 알려진 조아니나 도서관이다. 이 도서관에는 20분 간격으로 35~50명만 입장할 수 있어, 입장

코임브라대학교 학교 궁전의 시계탑   학교 궁전 광장의 주앙 3세 석상   코임브라대학교 철의 문

권을 미리 예매하면 기다리지 않고 입장 가능하다. 우리는 이틀 전에 코임브라대학교 공식 홈페이지에서 오전 11시 40분에 맞춰 입장권을 예약했다. 통합권은 학교 궁전, 과학 박물관, 식물원을 모두 관람할 수 있는 조합으로, 가격은 17.5유로다.

    택시에서 내려 구 대학으로 들어가는 철의 문(Porta Férrea)을 지나자, 도서관과 법대, 시계탑 등이 있는 'ㄷ'자 형태의 학교 궁전이 광장을 둘러싸고 있었다. 우뚝 선 시계탑은 수업이 끝나는 종소리가 울리면 신입생들이 염소

코임브라대학교 학교 궁전

코임브라대학교 학교 궁전에서 내려다본 코임브라 시내 전경

처럼 급히 돌아갔다고 하여 염소(Cabra)라는 애칭이 붙었다. 광장 중앙에는 코임브라대학교 정착에 기여한 주앙 3세의 석상이 궁전 본관을 향해 늠름하게 서 있다. 광장 아래로는 코임브라 시내 전경이 한눈에 들어온다.

　예약 시간이 다가와 조아니나 도서관으로 발길을 옮겼다. 11시 40분 입장을 기다리는 많은 사람들이 이미 도서관 앞에 줄지어 서 있었다.

　조아니나 도서관은 18세기에 건설된 바로크 양식의 도서관으로 그 화려한 장식과 귀중한 장서로 명성이 높다. 1728년에 완공되어 1777년부터 20세기 초까지 대학 도서관으로 운영되었다. 도서관은 크게 세 공간으로 나뉜다. 가장 유명한 '장엄홀(Piso Nobre)'은 도서관의 핵심이며, 실제 학술 연구와 책의 보존 및 관리를 담당했던 '사이층(Piso Intermédio)', 그리고 일반 법령의 지배를 받지 않고 대학 내 법률에 따라 죄를 다스렸던 '학술 감옥(Prisão Académica)'이 있다. 관람은 총 20분이라서 학술 감옥 5분, 사이층 5분, 장엄홀 10분으로 엄격히 통제하고 있었다. 시간에 맞춰 문이 열리자, 우리는 학술 감옥부터 관람을 시작했다. 유럽의 다른 대학들처럼, 코임브라 대학도 특권적 지위를 누려 자치적으로 법을 제정하고 집행할 수 있었다. 이런 특권 덕에 교직원과 학생이 범죄를 지지르면 대학 자체의 법률에 따라 총장이 판결을 내리고 일반 범죄자와 분리하여 학술 감옥에 구금했다. 이러한 관행은

코임브라대학교 조아니나 도서관 사이층의 고서

1834년까지 이어졌다. 1559년에 만들어진 학술 감옥은 나선형 돌계단을 통해 내려가는 지하의 공간으로, 두 개의 좁은 감방이 원시적인 형태로 남아 있다. 현재 관람 중인 이 감옥은 포르투갈에 보존된 가장 오래된 중세 감옥을 재현하고 있다고 한다. 18세기 말 폼발 후작(Marquis Pombal)의 대학 개혁으로 감옥의 여건도 개선되었으며, 이후 감옥의 역할이 끝나면서 조아니나 도서관에 통합되었다. 학술 감옥에 대한 자료를 조사하다 보니, 독일의 하이델베르크 대학교도 1712년부터 1914년까지 치외법권 지역이었던 대학교 내 범죄를 자체적으로 처리하기 위해 학생 감옥을 운영했다고 한다. 중세 시대 규모가 큰 대학들은 이와 유사한 학생 감옥을 운영했으며, 당시의 학생들은 감옥에 가는 것을 두려워하기보다는 하나의 경험으로 여겼다고 전해진다.

사이층으로 불리는 홀은 두 가지 목적을 가진 공간이었다. 하나는 학술 감옥을 감시하는 경비원의 역할을 지원하는 것이었고, 다른 하나는 장엄홀에서 읽은 책들을 보관하는 장소로 사용하는 것이었다. 이 공간은 학술 연구가 활발히 이루어지는 동시에, 고서들의 보존과 관리가 철저히 이뤄지던 곳이었다. 사이층에 들어서니 고서들이 빼곡히 채워진 서고와 육중한 책상들이 눈에 들어왔다. 오래된 책들이 내뿜는 특유의 향이 내부를 가득 채웠고,

코임브라대학교 조아니나 도서관 3층 장엄홀 서고(출처: 코임브라대학교 홈페이지)

그 책들이 지금까지도 잘 보존되어 있다는 사실이 놀라웠다.

장엄홀(Piso Nobre)은 도서관의 하이라이트로, 이곳을 보기 위해 코임브라에 왔다 해도 과언이 아닐 만큼 압도적이었다. 바로크 양식으로 웅장하면서도 화려하게 장식된 이 공간은 정교한 프레스코 천장화와 금으로 장식한 중국풍 그림의 흑단 책장, 그리고 법학, 철학, 신학 등 라틴어 고서 총 3만 권이 보관되어 있다. 도서관을 지은 18세기에 브라질에서 들어온 막대한 금 덕분에 이러한 호화로운 인테리어가 가능했다고 한다. 테이블 위에는 주앙 5세가 책을 읽다 하인을 부를 때 사용했던 황금종도 그대로 남아 있다. 도서관은 오래된 책 보존을 위해 신중히 설계되었다. 두께 2.2미터의 벽은 최상의 온도와 습도를 유지하게 하며, 책벌레를 방지하기 위해 도서관 내에 박쥐

조아니나 도서관 3층 장엄홀의 천장
(출처: 코임브라대학교 홈페이지)

조아니나 도서관 3층 장엄홀
(출처: 코임브라대학교 홈페이지)

코임브라대학교 상 미구엘 예배당   상 미구엘 예배당의 파이프 오르간

를 키웠다. 박쥐는 책벌레를 잡아먹고, 박쥐의 배설물로부터 책을 보호하기 위해 밤마다 모든 테이블에 펠트 천을 깔았다. 실제로 250년 동안 두 마리의 박쥐가 이곳에 살았다고 한다. 조아니나 도서관은 '세상에서 가장 아름다운 도서관'으로 알려져 있으며, 영화 〈미녀와 야수〉와 〈해리포터〉에 담긴 바 있다. 한 가지 아쉬운 점은 장엄홀에서 사진 촬영이 금지되어 있다는 것이었다. 습도 유지가 이유이긴 하지만, 사진을 찍고 싶은 욕구를 억누르기가 힘들 정도로 아름답고 화려한 도서관이었다.

　도서관을 나와 상 미구엘 예배당과 왕궁을 방문했다. 상 미구엘 예배당은 '코임브라대학 예배당(Capela da Universidade de Coimbra)'으로도 불리며, 현재의 건물은 12세기에 지어진 궁전의 작은 예배당을 16세기에 개축한 것이다. 실내장식 작업은 주로 17~18세기에 이루어졌다. 예배당 내부는 정교한 아줄레주 타일, 매너리즘 양식의 제단, 그리고 화려한 바로크 양식의 오르간이 특징적이다. 대천사로 둘러싸인 왕실 문장과 코임브라대학교 휘장이 있

코임브라대학교 왕궁의 무기고실

는 우아한 천장화는 1600년대 후반에 완성되었다. 주앙 5세의 선물인 오르간은 약 2,000개의 파이프로 구성된 이베리아 양식으로, 성 베네딕트의 수사 마노엘(Fiar Manoel)이 제작했다. 특징적인 점은 이 오르간이 예배당 앞이나 뒤가 아닌 중간에 위치한 것이다. 예배당에서는 특별한 행사가 있을 때 이 오르간이 사용된다.

왕궁(Palácio Real)은 10세기 말에 건축된 뒤, 이슬람 통치 시기에 시 지사를 위한 요새로 사용되다가, 1131년 포르투갈 초대 왕인 아폰수 1세가 거주하면서 포르투갈 왕실의 첫 번째 거주지가 되었다. 현재는 구대학의 본관으로 쓰이고 있다. 왕궁에서는 3개의 방을 관람할 수 있다. 무기고(Sala das Armas), 행위의 위대한 홀(Sala dos Atos Grandes), 개인 시험실(Sala do Exame Privado)이다. 무기고는 왕자를 보호하는 첫 번째 관문 역할을 했던 방이며, 왕립 근위대 무기를 보관하는 공간으로도 사용되었다. 현재는 학위 수여식 등 중요 행사 시 경비들이 사용한다.

'행위의 위대한 홀'은 대학에서 가장 중요한 공간이다. 한때 포르투갈 초대 왕조의 거주 공간이었고, 국왕의 즉위식이 이곳에서 거행되었다. 대학 설립 이후로는 매년 10월 둘째 주에 학위 수여식이 열린다. 카펫처럼 보이는 붉은 타일로 장식한 벽에는 포르투갈 역대 왕들의 초상화가 걸려 있다. 천장

코임브라대학교 왕궁의 '행위의 위대한 홀'

은 무려 172개의 타일에 그려진 바다괴물과 인어 같은 독특한 생물이 묘사되어 있어 이목을 끈다.

'개인 시험실'은 18세기 후반까지 지속되었던 졸업생들의 면접시험 장소로 사용되었다. 이 방에는 16~18세기에 걸쳐 재직했던 38명의 총장 초상화가 걸려 있어 역사적 분위기를 더한다.

코임브라 대성당은 구 대성당(Se Velha de Coimbra)과 신 대성당(Se Nova de Coimbra) 두 개로 나뉘며, 신 대성당은 현재 코임브라의 주교좌 성당으로 코임브라 캠퍼스 내에 위치한다. 예수회에서 리스보아의 상 비센트 드 포라 성당을 본떠 1598년 공사를 시작해, 100년 후인 1698년에 완공되었다. 18세기에 바로크 양식으로 완성된 파사드 상부에는 성 베드로와 성 바울의 조각상이, 매너리즘 양식인 하부에는 네 명의 예수회 성인상이 자리하고 있다. 파사드 양쪽에는 두 개의 종탑이 있다. 내부의 중앙 제단은 17세기 후반에서 18세기 초반에 만들어진 웅장한 금빛 제단화로 장식되어 있으며, 이는 코임브라 구 대성당에서 가져온 것으로 알려져 있다. 신 대성당의 건축 양식은 포르투갈의 식민 세계에 영향을 미친 중요한 예시로 평가된다. 우리는 대

코임브라대학교 왕궁의 '개인 시험실'

성당의 외관을 사진으로 담으며 그 웅장함을 느낄 수 있었다.

　구 대성당은 대학에서 언덕을 내려오는 중간에 위치한다. 이 성당은 포르투갈 초대왕인 아폰수 1세의 명으로 건축이 시작되어 1162년에서 1185년 사이에 완공되었다. 포르투갈의 제2대 국왕 산초 1세(Sancho I)가 이 새로운 성당에서 즉위했다. 다른 대성당들인 포르투, 브라가, 리스보아 대성당은 나중에 광범위하게 개축되었지만, 코임브라 구 대성당은 건립 후 비교적 온전하게 보존된 포르투갈 로마네스크 양식의 대표적인 표본으로 평가받고 있다. 건물의 입구에는 아랍풍의 문양들이 새겨져 있는데, 원래 무어인들의 요새였던 곳을 성당으로 재건한 것에서 유래한다고 한다. 포르투갈이 이슬람 세력에 대항해 국토 회복 운동을 벌였던 헤콩키스타(Reconquista) 시대에는 다시 요새로 사용되기도 했다. 이 대성당은 기본적으로 로마네스크 양식

코임브라 구 대성당　　　　　　　　　　　　　　　코임브라 신 대성당

로기아에서 바라본 코임브라 시내 전경

을 따르고 있으나, 르네상스 양식의 사랑스러운 옆문과 고딕 양식의 중앙 제단, 그리고 다양한 양식의 회랑이 조화롭게 어우러져 있다. 내부의 제단 오른쪽 사크라멘토 예배당 벽에는 예수와 10인의 사도, 성녀, 성인의 모습이 그려져 있다. 1772년 폼발 후작이 포르투갈에서 예수회를 추방한 후, 주교좌는 이 대성당에서 코임브라 신 대성당으로 옮겨졌다. 우리는 구 대성당의 외관을 관람하며 그 역사적인 의미와 아름다움을 느꼈다.

점심은 전망이 뛰어나기로 유명한 로기아(Loggia)에서 즐겼다. 식당 입구를 찾는 데 다소 애를 먹었는데, 마샤두 드 카스트루 국립 미술관(Museu Nacional de Machado de Castro) 안쪽에 위치해 있었다. 명성에 걸맞게 야외 테라스는 많은 손님들로 가득했다. 어렵사리 테이블 하나를 차지하고 앞을 보니, 코임브라 구 대성당 주위의 전경이 한눈에 들어온다. 점심 뷔페 가격은 인당 16유로로, 물, 와인 또는 맥주, 커피가 포함된 가격이었다. 빵, 샐러드, 메인 요리, 밥, 디저트 등으로 구성된 뷔페 음식의 질은 명성에

로기아 뷔페식 점심

코임브라대학교 과학 박물관

비해 다소 아쉬운 수준이었다. 하지만 전망 좋은 자리에서 시원한 맥주와 함께 커피를 마시는 여유를 만끽할 수 있어 충분히 만족스러운 가격이었다.

점심을 마친 후, 과학 박물관(Museu da Ciência) & 화학 실험실(Laboratório Químico)을 방문했다. 이곳은 포르투갈에서 가장 중요한 신고전주의 건물로 평가받고 있다. 18세기에 폼발 후작이 주도한 대학의 개혁 시기에 실험 화학을 가르치기 위해 지어졌으며, 실용적 과학교육이라는 계몽주의 이상의 실현을 위한 노력이 담긴 곳이다. 박물관 내부에는 세계의 호기심을 연구한다는 주제로 '호기심 캐비닛' 전시가 마련되어 있어 흥미로운 체험을 제공한다. 코임브라 과학 박물관은 그 혁신성을 인정받아 2008년 미켈레티 상(Michelotti Prize)을 수상했다. 화학 실험실을 나와 5분 정도 걸어 내려오면, 코임브라 대학을 설립한 디니스(D. Dinis)왕의 석상이 늠름하게 서 있어 그 역사적 의미를 느낄 수 있었다.

디니스 왕의 석상

헤푸블리카 광장에서 동쪽에 위치한 세레이아 정원(Jardim da Sereia)은 원래 산타 크루즈 수도원의 일부로, 산타 크루즈 공원이라고도 한다. 이 공원은 18세기에 수도사들의 모임과 명상의 공간으로 조성되었으며, 1885년에 코임브라 시의회가 인수하여 시민들의 여가와 휴식을 위한 공간으로 변모했다. 공원 입구에는 믿음, 소망, 사랑을 상징하는 세 개의 동상이 자리하고 있으며, 섬세하게 표현된 인어 조각상과 함께 아기자기한 분수대와 산책로가 마련되어 있다.

인어의 정원이라는 별명은 인어분수에서 비롯되었는데, 코임브라 인어는 특이하게도 3개의 꼬리를 가지고 있다. 하지만 인어 조각상에는 얼굴이 없는 부분이 있으며, 전반적인 관리 상태가 다소 아쉬운 느낌을 주었다.

코임브라 대학 캠퍼스 남쪽에는 13.5헥타르에 이르는 대학 식물원(Jardim Botânico da Universidade Coimbra)이 있다. 이 식물원은 코임브라대학교 과학 테크놀로지 대학의 생명과학 학과 옆에 위치하며, 베네딕트 수도회에서 기증한 땅에 1772년에 자연사 박물관의 일부로 조성되었다. 대학 개혁의 결과로 코임브라 대학 식물원이 되었으며, 세계 각지의 식물원과 식물 교환을 통해 아프리카, 특히 앙골라에서 유래한 희귀 식물들이 있다. 실내 식물원도 있으며 전체적으로 숲이 우거져 있고, 산책로가 잘 조성되어 있다. 현재는

코임브라 세레이아 정원

코임브라 시민들이 공원 같은 휴식처로 여기며 찾는 곳이라고 한다. 방문 시기상 꽃이 만발한 아름다운 모습을 보지 못해 다소 쓸쓸하고 황량한 느낌이 들었지만, 여전히 도시 한가운데서 자연을 느낄 수 있는 소중한 공간임에는 틀림이 없는 것 같았다.

식물원 바로 옆에 위치한 수도교(Aqueduto de São Sebastião)는 코임브라 상부 지역에 물을 공급하기 위해 세바스티앙(D. Sebastião) 왕에 의해 건설되었다. 이 수도교는 로마 시대의 기존 구조물 위에 1570년에 세바스티앙 왕이 재건축한 것으로, 약 1킬로미터 길이에 21개의 아치로 이루어져 있다. 수도교를 따라 내려가다 다시 한번 뒤를 돌아보며 코임브라 대학교 정문으로 향하는 길을 눈에 담아 보았다.

식물원을 나와 시외버스 정류장 쪽으로 발걸음을 옮겼다. 망가 정원(Jardim da Manga)은 1628년에 지어진 포르투갈 초기의 완전한 르네상스 건축물로, 산타 크루즈 수도원에 인접해 있다. 이 정원은 4개의 작은 예배당에 연결된 분수와 8개의 기둥으로 받친 돔 구조로 아랍 건축에서 영감을 받았다고 한다. 1934년에 국가 기념물로 지정되었다. '망가'는 '소매'라는 뜻으로, 포르

코임브라대학교 식물원

코임브라 수도교

코임브라 망가 정원

투갈 15대 국왕 주앙 3세의 소매를 본떠 만들었다고 전해진다. 주앙 3세는 마누엘 1세의 아들로 19세의 나이에 왕위에 올라 브라질 식민지, 북아프리카와 아시아로 영토를 확장했고, 리스보아에 있던 대학을 코임브라로 이전시킨 인물이다. 정원 양쪽의 화단에는 오렌지 나무가 심겨 있다. 망가 정원은 독특한 양식으로 눈길을 끌지만, 규모가 작고 노란색의 작은 예배당이 제대로 관리되지 않은 듯하여 다소 실망스러웠다. 그러나 아쉬운 보존 상태와는 별개로 그 역사적 의미와 건축의 독창성은 여전히 중요한 가치를 지닌 듯 보였다.

산타 크루즈 수도원(Moisteiro da Santa Cruz)은 망가 정원에서 도보 3분 정도의 거리에 위치해 있다. 산타 크루즈 성당으로도 불리는 이 수도원은 1132년에 포르투갈의 초대 왕 아폰수 1세가 설립했고, 16세기 마누엘 1세에 의해 대대적인 증축이 이루어졌다. 그래서 이 건물에는 12세기 유럽을 풍미한 로마네스크 양식과 마누엘 1세 시대의 마누엘 양식이 공존한다. 성당 전면의 파사드는 마누엘 양식으로 지어졌는데, 섬세하고 화려한 장식이 돋보인다. 내부로 들어가면 과하지 않은 마누엘 양식의 천장 장식과 푸른색

산타 크루즈 수도원 아줄레주 벽화

산타 크루즈 수도원 파사드

과 흰색의 아줄레주로 치장된 벽이 시선을 사로잡는다. 상단에는 성가대석과 함께 4,000개의 파이프로 이루어진 파이프 오르간이 돋보인다. 수도원 내부에는 포르투갈 건국 왕 아폰수 1세와 제2대 국왕인 산초 1세(Sancho I)의 무덤이 있어, 국립 판테옹(Panteão Nacional)의 지위를 부여받았다. 수도원 앞의 광장은 5월 8일 광장으로 불리며, 16, 17세기의 오래된 건축물과 현대적인 건축물이 혼재되어 있다. 이 광장은 1834년 5월 8일에 테르세이라(Terceira) 공작의 자유주의 군대가 왕당파로부터 도시를 탈환한 날을 기리기 위해 명명되었다. 수도원 입장료는 4유로다.

산타 크루즈 수도원 중앙제단

산타 크루즈 수도원 파이프 오르간

킨타 다스 라그리마스(Quinta das Lágrimas)는 코임브라를 방문하면서 계획했던 명소 중의 하나로서, 페드루 1세(Pedro I)와 스페인 출신 왕비의 하녀 이네스(Inés)의 비극적인 사랑 이야기가 깃든 곳이다. 전해지는 이야기로는 이네스가 여기서 죽임을 당했고, 그녀의 눈물이 흘러 '눈물의 샘'이라는 폰트 다스 라그리마스(Fonte das Lágrimas)가 되었으며, 몬데구강의 수초가 붉은 빛을 띠게 된 것도 그녀의 피 때문이라고 한다. 이 장소는 현재 호텔로 운영되고 있지만, 아름드리 나무가 우거진 정원이 산책하기 좋도록 일반에게 개방되어 있다고 한다. 그러나 시간이 오후 4시를 넘기고 있었고, 정원이 몬데구강 건너편에 위치해 있어 아쉬움을 남긴 채 우리는 코임브라를 떠나기로 했다.

코임브라 폰트 다스 라그리마스

산타 크루즈 수도원에서 시외버스 정류장까지는 걸어서 약 15분이 소요되었다. 시간이 부족해 코임브라의 중

심가인 페헤이라 보르헤스 거리(Rua Ferreira Borges)에서 노천카페의 진한 커피 한잔을 즐기지 못한 것도 아쉬움으로 남았다. 이 거리는 포르타젬 광장(Largo da Portagem)부터 5월 8일 광장까지 이어지는 보행자 전용도로로, 코임브라의 활기찬 중심을 느낄 수 있는 곳이라고 한다.

코임브라는 마치 대학이라는 심장에 의해 생동감을 얻는 도시처럼 느껴졌다. 이곳의 경제적 활력은 약 2만 명의 학생을 거느린 코임브라대학에 크게 의존하고 있다고 전해진다. 그러나 이 도시의 매력은 단지 현재에만 국한되지 않는 모습이다. 과거 포르)은투갈의 찬란한 영광이 숨 쉬는 곳이며, 유럽에서도 손꼽히는 유구한 역사를 지닌 코임브라대학교와 12세기에 지어진 대성당이 자리하고 있다. 이는 마치 시간을 거슬러 과거로의 여행을 떠나는 듯한 착각을 불러일으킨다. 포르투와는 또 다른 독특한 매력을 간직한 도시로서, 오래된 듯하면서도 동시에 정제되고 세련된 분위기를 자아내는 곳이었다.

바쁘게 다녔음에도 시간이 충분치 않아 코임브라 구시가지의 좁은 골목길을 맛볼 수 없었던 진한 아쉬움을 가슴속에 간직한 채, 우리는 코임브라를 뒤로하고 오후 4시 45분 캄파냥행 헤데 엑스프레수스 버스에 몸을 실었다.

11월 17일

태동의
역사를 따라,
기마랑이스

오늘은 포르투 근교의 마지막 여행지인 기마랑이스(Guimarães)를 방문했다. 기마랑이스는 포르투 북쪽 브라가 지구에 속하며, 주도인 브라가에서 남동쪽으로 25킬로미터 떨어져 있다. 흔히 포르투갈의 탄생지 또는 요람의 도시(Ciudade-Berco)라 불리는데 이는 포르투갈의 전신인 포르투갈 공국의 수도였기 때문이다. 포르투갈의 초대 왕인 아폰수 엔히크스(Afonso I Henriques)가 태어난 곳이며, 상 마메드(São Mamede) 전투로 포르투갈 왕국 건설의 결정적 계기를 맞았다. 중세 시대 건축물과 도시의 경관이 잘 보존된 기마랑이스의 역사적인 구시가지는 구도시 전체가 2001년에 유네스코 세계문화유산에 등재되었다. 대표적인 역사적 건축물로는 10세기에 쌓은 기마랑이스 성과 15세기에 지은 브라간사 공작 저택이 있다.

올리베이라 성모교회와 위안의 성모교회 또한 역사적 가치가 높은 건축물이다. 남쪽 페냐의 산 위에는 페냐 성소가 있다.

볼량 역에서 지하철을 이용하여 캄파냥 역으로 이동한 후, 아침 9시 40분에 출발하는 플릭스(Flix) 버스를 타고 10시 50분에 기마랑이스에 도착했다. 오전은 역사 지구에서 떨어진 페냐 성소(Santuário da Penha)를 방문하기로 했다. 오전 시간이 충분치 않아 일단 볼트 택시를 타고 페냐 성소에 도착했다. 도심에서 1,700미터 떨어진 페냐산(Montanha da Penha)을 잇는 케이블카(Teleférico de Guimarães)는 성소를 내려올 때 타기로 했다.

기마랑이스 남동쪽 페냐 산 정상에 위치한 페냐 성소는 1711년에 건축된 바로크 양식의 예배처이다. 고지대에 위치했기 때문에 이곳을 방문하는 것은 고행의 길이었다. 이곳은 선원들의 가족이 항해의 무사 귀환을 기원하고, 50킬로미터 떨어진 바다를 바라보며 배의 귀향을 기다리던 장소였다. 18세기부터 예배와 순례를 위한 중요한 장소로 사랑받다가, 19세기 말부터 다양한 기반 시설과 종교 건축물로 구성된 지금의 형태를 갖추었다. 성당과 다양한 기독교 관련 조형물들이 어우러진 산책로는 경건한 분위기를 자아낸다. 페냐 성소는 단순한 교회 이상의 의미를 지닌다. 크고 작은 종교시설과 아름다운 전망대, 그리고 이를 잇는 소담한 산책로를 채운 다양한 종교 예술품 등으로 가득한 페냐 성소는 광활한 페냐 산자락에 자리 잡고 있는 '종교테마'이자 '종교지구'다. 이곳의 모든 건축물과 조형물들은 현지의 화강암으로

기마랑이스 페냐 성소의
카르무 성모 마리아 성당

카르무 성모 마리아 성당의 중앙제단   카르무 성모 마리아 성당의 스테인드글라스

지어져 특별한 종교의 향기를 더한다.

　카르무 성모 마리아 성당(Nossa Senhora do Carmo da Penha)은 성소의 가장 높은 곳에 위치하며, 아르 데코(Art Deco) 양식이 돋보이는 이 성당은 이탈리아 종교 건축가 안토니우 마르케스 다 실바(António Marques da Silva)가 설계했고, 1947년에 완공되었다. 안타깝게도 성당이 완공되기 석 달 전 그는 세상을 떠났다고 한다. 1949년에 종탑과 십자가가 추가되었다. 이 성당은 아담한 규모로 직선을 사용해 현대적인 아름다움을 자아낸다. 성당 앞 광장에는 십자가 모양으로 물이 채워져 있고, 간결한 대칭구조의 파사드가 물에 반사되어 한층 경건한 분위기를 느끼게 한다. 내부는 화려한 장식 없이 담백함이 느껴진다. 스테인드글라스 창으로 쏟아져 들어오는 따사로운 햇살이 화강암 벽의 차가움을 부드럽게 감싸는 듯하다. 단아하면서도 정갈한 성당 안에 있는 것만으로도 마음이 저절로 고요해진다.

　성당 뒤로 돌아가면 절로 탄성을 내지르게 된다. 기마랑이스의 가장 높은 곳에 위치한 성당에서 내려다보는 도시의 전경은 참으로 압도적이다. 이곳의 성스러운 분위기로 인하여 전망대라는 단어조차 어울리지 않을 만큼

페냐 성소 전망대에서 내려다본 기마랑이스 시내 전경

특별함을 느끼게 된다.

반대편 언덕으로 오르니, 이 지역의 서품을 허용한 255대 교황 비오 9세(Pio IX Penha)의 석상이 시가지를 바라보며 우뚝 서 있다. 내려오는 길에 바위틈 사이에서 발견한 작은 성모상은 성모 마리아의 발현지로 유명한 루르드의 성모(Notre Dame de Lourdes)를 본떠 1947년에 설치된 것이라고 한다. 페냐 성소 주변에는 이끼 낀 커다란 바위들이 여기저기 널려 있어 자연과의 조화를 이루며, 그 사이로 산책로를 조성하여 방문객들이 쉽게 이동할 수 있도록 배려한 모습이 인상적이었다.

페냐 성소의 교황 비오 9세의 석상

페냐 산은 순례자들의 발걸음이 이어지는 성스러운 장소다. 산꼭대기에는 성당과 교황 비오 9세의 석상이 우뚝 서 있으며, 다른 것이라곤 성물을 파는 작은 상점과 카페뿐이다. 실제로 이곳은 오랜 시간 동안 순례자들이 찾아온 신앙의 중심지로, 지금도 그 발길이 이어지고 있다. 성당에서 교황 비오 9세 석상

으로 이어지는 길에는 마치 십자가의 길처럼 종교적인 성물로 가득 차 있어, 그 신비로운 분위기를 가슴 한가득 느끼며 산을 내려왔다. 산을 내려가는 길에는 성당 뒤편에서 출발하는 케이블카를 타기로 했다. 잠시 걷는 동안에도, 무성한 나무들이 빼곡한 깊은 숲은 마치 미지의 세계에 발을 들인 듯한 느낌을 주었다. 케이블카를 타고 페냐 산을 내려오는 데는 약 10분이 소요되었고, 요금은 편도 4유로, 왕복 6유로다.

케이블카에서 내려 오늘의 주요 관람지들이 모여 있는 역사 지구로 향했다. 아내가 구글맵에 세심하게 표시해 둔 동선에 따라, 먼저 브라질 헤푸블리카 광장(Largo da República do Brasil)으로 발걸음을 옮겼다.

붉은 샐비어 꽃으로 가득 찬 긴 화단이 기하학적 모양으로 예쁘게 조성된 헤푸블리카 광장은 기마랑이스 랜드마크 중 하나다. 기마랑이스를 소개

페냐 성소의 성모상

페냐 성소의 화강암 바위

페냐 성소의 산책길

기마랑이스 브라질 헤푸블리카 광장   기마랑이스 콘솔라상의 성모 성당

하는 사진에 이 장소가 가장 먼저 등장하는 이유이다. 광장은 콘솔라상의 성모 성당(Igreja Nossa Senhora da Consolação em Guimarães, 위로의 성모 성당)과 알베르토 삼파이오 박물관(Museu de Alberto Sampaio) 사이에 일자로 길게 늘어선 곳에 조성되어 있는데, 광장 이름에 브라질이라는 이름이 왜 붙었는지는 이유를 찾을 수가 없었다.

　브라질 헤푸블리카 광장에서 가장 눈길을 끄는 것은 두 개의 첨탑이 웅장하게 솟아 있는 콘솔라상의 성모 성당이다. 1576년에 지어졌다가 1785년에 바로크 양식으로 개축된 이 성당은 한 세기 후에 두 개의 첨탑이 더해져 현재의 모습을 갖추게 되었다. 성 구알테르 성당(Igreja de São Gualter)으로도 알려지며, 포르투갈 최초의 프란시스코 전도사 '구알테르 성인'을 기리는 축제가 매년 이곳에서 열린다. 이 성당은 십자가의 길을 따라 예수님의 수난 과정이 생생히 남아 있어 더욱 유명하다. 성당 입장은 무료지만, 헤푸블리카 광장을 내려다볼 수 있는 성당 2층을 올라가려면 1유로가 필요하다.

　시간은 벌써 오후 1시 30분을 가리키고 있었다. 원래 아내가 찾아둔 점심 맛집이 있었지만, 거리가 멀어 대신 광장 근처의 햄버거 전문점인 소울

기마랑이스 올리베이라 광장

스트리트 버거(Soul Street Burguer)를 찾았다. 그늘진 야외 테이블에 자리를 잡고 이베리코 햄버거 두 개와 감자튀김, 그리고 시원한 생맥주 두 잔을 주문했다. 전문점답게 햄버거의 맛도 상당히 훌륭했다. 총 33.90유로를 지불했다.

올리베이라 광장(Largo da Oliveira)은 역사지구의 중심에 위치해 있다. 과거 기마랑이스의 번영을 상징하는 이곳은 지금도 성당과 구 시청사 등 역사적인 기념물들로 둘러싸여 있으며, 광장을 둘러싼 전통 양식의 아름다운 건물들 사이로 식당들이 자리 잡고 있다.

기마랑이스 살라두 기념비

광장에 들어서자마자 눈길을 끄는 독특한 건축물이 있었으니, 그것은 바로 살라두 기념비(Padrão do Salado)였다. 4개의 석조 고딕 아치 안에 세워진 십자가가 인상적이다. 이 기념비는 1340년, 포르투갈의 아폰수 4세가 이슬람 세력과 싸운 살라두 전투의 승리를 기념하기

위해 세운 것이다. 이 전투는 이베리아반도를 지키기 위해 포르투갈의 아폰수 4세와 스페인 카스티야의 알폰소 11세가 힘을 모아 싸운 중대한 전투였다. 이 전투의 승리로 지브롤터 해협의 통제권이 기독교 세력에 넘어왔고, 모로코의 이슬람 세력은 더 이상 이베리아반도를 넘보지 못하게 되었다.

기념비 바로 앞에 자리 잡은 올리베이라 성모 성당(Colegiada de Nossa Senhora da Oliveira)에 들어갔다. 입장료는 2유로다. 이 성당은 3세기의 수도원 터에 12세기에 지어진 것으로, 14~17세기 수차례의 개축과 증축을 거쳐 현재의 모습으로 완성되었다. 성당 내부는 1387~1413년에 포르투갈 고딕 양식에 따라 개조되었으며, 포르투갈 고딕 건축 양식의 압축판이자 최고봉으로 여겨진다. 성당 2층 발코니에는 오래된 오르간의 건반이 놓여있고, 그 위로는 웅장한 파이프 오르간이

기마랑이스 올리베이라 성모 성당

올리베이라 성모 성당 내부

올리베이라 성모 성당의 파이프 오르간

자리하고 있어 그동안 궁금했던 파이프 오르간의 작동 원리를 깨달을 수 있었다. 포르투갈의 많은 성당들이 올리베이라 성모 성당을 모델로 삼아 건축되었다고 한다.

이 성당에는 한 가지 흥미로운 설화가 전해 내려온다. 1342년, 리스보아의 한 상인이 성당 앞에 올리브 나무를 심었는데, 이 나무가 말라 죽은 후 3일 뒤에 기적적으로 푸른 잎을 틔우며 열매를 맺었다. 이에 광장과 성당의 이름을 '올리베이라'로 명명하게 되었고, 올리브 나무의 생명력을 기념하게 되었다. 1870년까지 이 자리를 지키던 나무는 옮겨졌고, 현재의 나무는 1985년에 새로이 심은 것이다. 이를 기념하며 나무 아래 석판에는 1342, 1870, 1985라는 연대가 새겨져 있다.

성당을 나와 기마랑이스를 둘러싸고 있는 옛 성벽(Muralhas de Guimarães)을 걷기 위해, 광장을 나와 벽 바깥으로 이어진 길을 따라 출입구를 발견했다. 흉벽을 따라 걷다 보니 다시 올리베이라 광장 초입으로 이르게 되었다.

기마랑이스 벽의 철제 덱

알고 보니 굳이 광장 밖으로 나올 필요 없이, 광장 초입에 이미 입구가 있었던 것이다. 기마랑이스 벽은 12세기와 13세기에 주로 축조되었으며, 그 기원은 로마 시대까지 거슬러 올라간다. 이 성벽은 기마랑이스 구시가지를 둘러싸고 있으며, 포르투갈에서 가장 잘 보존된 중세 성벽 중 하나로 꼽힌다. 성벽 위에는 산책로가 조성되어 있어, 우리가 걸을 수 있는 구간은 올리베이라 광장 초입 출입문에서 브라간사 공작 저택이 보이는 출입문까지 이어지는 흉벽 구간이다. 이곳은 걷기 좋게 철제 덱이 설치되어 있어 편리했다. 성벽을 따라 걸으며 브라간사 공작 저택을 비롯한 다양한 역사적 유산과 도시의 아름다운 풍경이 한눈에 들어와 매우 인상적이었다.

올리베이라 광장 초입에서 브라간사 공작 저택(Paço dos Duques de Bragança)까지는 도보로 약 15분이 걸렸다. 기마랑이스의 골목길은 깔끔하고 청결하여 산책하기에 안성맞춤이었다. 길을 따라 늘어선 중세풍의 주택들은 마치 15세기로 시간 여행을 온 듯한 착각에 빠지게 했다. 저택으로 향하는 길목에서는 17세기 말에 건축되어 스페인 카르멜회 수녀인 테레사 성녀(Saint Teresa)에게 봉헌된 카르무 성당(Convento do Carmo)을 만날 수 있었다. 1830년대에 이르러 포르투갈의 종교 교단들이 해체되면서, 이 아름다운 교회와 수도원은 국가 소유가 되었다.

브라간사 공작 저택 앞 광장에는 포르투갈의 초대 왕 아폰수 1세 엔히크

기마랑이스 시내 골목길

기마랑이스 카르무 성모 성당

기마랑이스 브라간사 공작 저택
앞 광장의 아폰수 1세 동상

스의 동상이 우뚝 서 있다. 아폰수 1세(Afonso I, 1109~1185)는 1139년부터 1185년까지 재위하며, 포르투갈의 독립을 선언하고 왕국의 기반을 세운 군주로, 그의 통치 아래 포르투갈은 독립된 왕국으로 자리 잡았다. 포르투갈의 국경을 확장하고 교회를 지원하며, 교육 체계를 개선하는 등 다양한 업적을 남겼다. 그의 가장 큰 업적 가운데 하나는 1179년에 포르투갈의 독립을 선언한 것으로서, 이후 포르투갈은 국제 사회에서 독립 국가로 인정받게 되었다.

브라간사 공작 저택은 초대 브라간사 공작인 D. 아폰수(D. Afonso)가 15세기 초에 지은 건물로, 브라간사 가문이 거주하며 주앙 4세를 비롯한 포르투갈의 여러 왕을 배출한 상징적인 장소이다. D. 아폰수는 포르투갈 초대 왕 아폰수 1세와는 다른 인물이며, 주앙 1세의 서자로 알려져 있다. 그는 그 시절 유럽 여러 곳을 여행하며 얻은 이국적인 요소들을 건축에 반영했으며, 경사진 지붕과 원뿔형 첨탑, 독특한 긴 굴뚝을 통해 브라간사 가문의 자부심을 표현했다. 저택의 본관 발코니와 개방형 회랑에서는 당시 프랑스 건축 양식의 흔적도 엿볼 수

기마랑이스 브라간사 공작 저택

기마랑이스 브라간사 공작 저택의 무기방

있다. 16세기 중반 브라간사 가문이 빌라 비코사(Vila Vicosa)로 이주한 후 한동안 방치되었던 저택은 1933년 살라자르 독재정권 시절에 복원됐다.

현재는 15~18세기의 가구, 도자기, 무기, 미술품 등이 내부에 전시되어 있다. 저택의 독특한 분위기는 특히 36개의 굴뚝에서 비롯된다. 방마다 설치된 벽난로를 통해 각 방에 굴뚝이 세워져 있으며, 굴뚝은 저택의 전반적인 매력을 더한다. 안뜰에서 보면 저택의 모습은 포르투갈의 중세 수도원과 유사한 느낌을 주며, 여러 아치형 문과 개방된 회랑이 두드러진다. 천장은 나무로 만든 보트를 거꾸로 매단 듯한 독특한 형태를 하고 있으며, 대기실은 잃어버린 계단의 홀(Hall of Lost Steps)이라는 별칭을 가지고 있다. 이는 과거

기마랑이스 브라간사 공작 저택의 개방형 회랑과 굴뚝

기마랑이스 브라간사 공작 저택의 왕녀 캐서린의 침실

에 많은 사람들이 공작을 기다리느라 긴 시간을 보냈기 때문에 붙여진 이름이라고 한다. 벽에 걸린 대형 태피스트리는 북아프리카 정복을 묘사한 작품이다. 2층 연회장은 대기실과 비슷하지만 더욱 널찍하고, 천장이 보트 같은 독특한 형상이었다. '아실라(Asilah)에서의 전투'를 묘사한 태피스트리로 장식되어 있었고, 포르투갈 스타일의 꽃병, 그릇, 촛대 등을 비롯하여 고급스럽고 우아한 가구가 전시되어 있었다.

저택의 하이라이트 중 하나는 예배당으로서 예수와 아폰수 1세, 브라간사 공작 등을 묘사한 강렬한 색의 스테인드글라스가 눈길을 사로잡았다. 왕녀 '캐서린'에게 경의를 표하기 위해 만들어진 화려한 캐서린의 침실은 물론, 공작의 침실, 무기방 등 당시 시대를 반영한 다양한 방과 장식들을 감상할 수 있었다. 입장료는 브라간사 공작 저택과 기마랑이스 성을 포함한 통합권이 6유로다.

브라간사 공작 저택을 나와 기마랑이스 성(Castelo de Guimarães)으로 향하는 길에 위치한 상 미구엘 성당(Igreja de São Miguel do Castelo)은 역사적으로 중요한 장소이다. 이 성당은 1664년 아폰수 1세가 세례를 받은 곳으로, 당시 세례식에 사용된 분수가 여전히 남아 있는 로마네스크 양식의 성당이다. 매

기마랑이스 브라간사 공작 저택의 대기실

기마랑이스 브라간사 공작 저택의 고귀한 홀

기마랑이스 브라간사 공작 저택의 연회장

브라간사 공작 저택 예배당의 파사드

브라간사 공작 저택 예배당의 스테인드글라스

년 아폰수 1세의 생일을 기념하며 이곳에서 미사가 열린다. 성당 바닥에는 포르투갈 건국의 공신들이 묻혀 있으며, 이곳에 묻힌 기사들의 이름이 화강암 석판에 새겨져 있다. 이러한 사연과 역사의 무게로 인해 상 미구엘 성당은 1910년 국보로 지정되었다.

기마랑이스 상 미구엘 성당의 외관

상 미구엘 성당에서 조금 더 올라가면 기마랑이스 성이 보인다. 매우 육중하고 투박한 것이 첫눈에 봐도 중세 성곽의 모습이다. 이 성은 이베리아반도를 침입하는 무어인과 노르만족으로부터 산타 마리아 수도원(Moisteiro de Santa Maria)을 보호하기 위해 무마도나 디아스(Mumadona Dias) 공작 부인이 10세

기마랑이스 성

기 후반에 세운 것이다. 훗날 포르투갈의 초대 왕이 된 아폰수 1세가 태어난 곳으로도 유명하다. 14세기 말까지 외적과의 전투를 반복하며 방치되었던 기마랑이스 성은, 20세기에 이르러 여러 번의 복원 공사를 거쳤다. 건설된 후 여러 차례의 개축을 거쳐 왔기 때문에 원래 모습과는 많이 달라졌다고 한다. 1910년에 국가 기념물로 지정되었으며, 천년이 넘도록 한자리를 지켜 온 것만으로도 역사적 의미가 크다고 할 수 있겠다. 포르투갈 왕조의 시작을 상징하는 이 성은 우리나라 경복궁과 비슷한 위치를 차지하는 것 같았다. 성곽을 따라 걸어 보니 기마랑이스 지역의 아름다운 풍경을 한눈에 조망할 수 있었고, 내부에서는 포르투갈 건국의 역사를 담은 영상과 각종 전시물을 관람할 수 있다.

발걸음을 돌려 포르투갈 건국 도시 성벽으로 향했다. 약 15분을 이동하니 넓고 시원하게 뻗어 있는 토랄 광장(Largo do Toural)에 도착했다. 이곳은 기마랑이스의 심장부와 같은 곳으로 17세기 조성될 당시에는 가축 행사와 투우 경기가 열렸고, 과거 시 경계 바깥쪽에 위치했었다. 아담한 올리베이라 광장과는 달리 노천카페와 레스토랑으로 둘러싸인 규모가 큰 광장이다. 광장 중앙에는 르네상스식 토랄 분수가 보이고 우측에는 신고전주의 양식으로 1884년에 완공된 상 페드루 대성당(Catedral de São Pedro)이 보인다. 이 성

기마랑이스 상 페드루 대성당 　　　　　　　　　　기마랑이스 토랄 광장

당은 원래 양쪽으로 두 개의 첨탑을 올리도록 설계되었으나, 한쪽만 세워져 있어 아직도 완성되지 못한 상태라고 한다.

　토랄 광장에 도착할 즈음 무릎에 조금씩 통증이 느껴지기 시작했다. 아직 완전히 회복되지는 않은 모양이다. 가벼운 배낭이지만 어제와 오늘 각각 1만 5,000보 이상을 걸었다. 잠시 휴식도 취할 겸 노천카페를 둘러보았지만, 마땅한 자리가 눈에 띄지 않았다. 게다가 시간도 벌써 오후 4시 30분이 되어가고 있어 집으로 돌아가는 버스 시간도 확인해야 할 처지였다. 일단 건국 도시 성벽을 눈으로 확인하고 버스표를 예매하기로 했다.

　성벽에 아로새긴 선명한 문구인 "여기서 포르투갈이 탄생했다."는 뜻인 "Aqui Nasceu Portugal."이 눈에 들어왔다. 이슬람의 지배를 받던 포르투갈이 북부의 여러 왕국을 모아 국토를 되찾으려 독립운동을 전개하던 중, 1139년 아폰수 1세가 포르투갈의 건국을 선언하고 초대 국왕으로 즉위했고, 이를 기념하기 위하여 그가 태어난 기마랑이스에 이 글귀가 새겨진 성벽을 축조했다고 한다. 아폰수 1세가 첫 수도를 기마랑이스로 정했으니 여기가 포르투갈의 시작인 셈이다. 건국 도시 성벽이라기에 전체가 성벽으로 둘러싸였을 줄 알았지만, 실제로는 성벽이 한쪽에만 있고 양쪽으로 주택들이 늘어서 있어, 이색적이고 독특한 매력이 느껴졌다. 중세의 도시가 현대라는 책장 위에 펼쳐져 과거와 현재가 건축의 실타래로 촘촘히 엮여 있는 모습이었다.

기마랑이스 포르투갈 건국 도시 성벽

오미오 앱을 통해 포르투행 5시 출발 버스표(Rede Expressos)를 예매했다. 시외버스 정류장까지는 약 15분이 소요되었다. 휴식을 취할 겨를도 없이 아픈 무릎을 이끌고 바쁜 걸음으로 정류장에 도착했지만, 버스는 20분 지연되어 출발했다. 정말 바쁘게 움직인 하루였다. 덕분에 도시의 구석구석을 둘러볼 수 있었고 도시의 매력에 흠뻑 빠지게 되었다.

기마랑이스는 마치 고대의 이야기책 속에서 막 튀어나온 듯한 도시로, 구시가지의 모든 모퉁이가 유네스코 세계문화유산의 장엄함과 아우라를 자랑한다. 도시의 깔끔하고 정갈함은 마치 정성스럽게 다듬어진 예술 작품을 연상시키며, 아기자기한 골목길은 마치 화사한 꽃밭 사이를 걷는 듯한 즐거움을 선사한다. 거리 곳곳이 놀랍도록 깨끗하게 유지되어 있어, 그 정갈함이 매력을 더한다. 포르투갈을 찾는 여행자라면 이 매혹적인 도시를 천천히 음미하며 둘러보기를 추천한다. 한 가지 아쉬웠던 점은 숱한 명소를 둘러보기에 바빠서 시간적, 정신적 여유를 온전히 누리기에는 다소 힘에 겨웠다는 점이다. 토랄 광장에서 아폰수 1세의 건국 기개를 느끼며 커피 한 잔의 여유도 즐기지 못한 것은 상당한 아쉬움으로 남았다.

그러나 이처럼 매력이 넘쳐나는 도시인 만큼, 충분한 시간적 여유를 가지고 만끽하길 권한다. 각 공간에서의 순간들을 마음에 담으며, 기마랑이스의 진가를 온전히 체험하는 특별한 여정을 계획해 보길 바란다.

11월 18일

마음을 훔치는
포르투의
야경

　　　　　　　　내일이면 20일 간의 포르투 체류를 마무리하고 리스보아로 이동한다. 27일 리스보아를 떠나 출국할 예정이라 총 8박 9일을 리스보아에 머문다. 오늘은 집에서 체력을 비축하며 리스보아 여정을 점검하고, 우리가 머무는 동안 따뜻한 배려와 세심함을 아끼지 않은 필리파와 아나를 위해 작지만 진심 어린 선물을 준비하기로 했다. 아침 식사를 마친 후, 동네를 산책하며 산타 카타리나 거리로 향했다. 포르투에 체류하는 동안 가장 자주 걸었던 거리로, 매일 마주치는 푸른 아줄레주가 인상적인 알마스 성당과 조앤 롤링이 《해리포터》를 집필한 곳으로 알려진 마제스틱 카페 등이 있는 곳이다. 이 활기찬 거리의 풍경은 아마도 한동안 내 기억 속에 깊이 남아 있을 것이다.

아내가 필리파와 아나에게 초콜릿 선물을 추천하여 핑구 도스로 향했다. 그곳에서는 선물용 포장지로 아름답게 포장된 초콜릿들이 진열되어 있었다. 적당한 가격의 초콜릿 박스 두 개를 구입하고 나니 마음이 한결 가벼워졌다. 자그마한 선물이지만 20일 동안 여러모로 도움을 준 그녀들에게 진심 어린 감사의 마음을 전하고 싶었다.

산타 카타리나 거리를 걷다 보면 사람들의 발걸음을 멈추게 하는 가게가 하나 있으니, 바로 히카미 베로니카(Ricami Veronica)다. 이곳은 유아용 옷과 인형, 그리고 다양한 직물 제품을 판매하는 곳으로, 두 명의 여성이 손님이 구입한 상품에 미싱을 이용하여 아름다운 색깔의 실로 이름을 수놓아 준다. 손놀림이 빠르고 수놓은 글자체도 예뻐 보였다. 8개월 된 손자와 곧 태어날 손녀를 떠올리며 또다시 발걸음을 멈추었다. 어디서 왔냐고 묻는 가게 직원과 잠시 대화를 나누고, 손주들의 이름을 수놓은 애착 인형을 구입하며 괜스레 얼굴에 웃음꽃이 번진다. 점심으로는 집에서 해물된장찌개와 핑구 도스에서 구입한 양념 돼지갈비를 즐겼다.

리스보아 체류 기간은 포르투만큼 길지 않으므로 효율적인 시간 배분이 필요하다. 도착하는 날을 제외하고 주어진 7일 동안 리스보아 시내 관광과 근교 도시 여행 배분에 적잖은 고민을 했다. 최종적으로 리스보아에서 3일, 근교 도시에 네 차례 방문을 계획했다. 포르투처럼 여유로운 일정은 기대하기 어려웠다. 특히 3일간의 리스보아 시내 여행은 동선을 효율적으로 수립하여 시간 낭비를 최소화해야 했다.

근교 도시로는 반드시 가 봐야 할 신트라(Sintra), 유럽의 최서단 카보 다 호카(Cabo da Roca), 그리고 호젓하고 아름다운 해안 도시 카스카이스(Cascais)를 최우선으로 꼽았다. 특히 카보 다 호카는 이번 여행에서 꼭 방문하고 싶었던 장소였다. 포르투갈 대항해 시대의 국민 시인 루이스 드 카몽이스의 시구인 "여기 땅이 끝나고 바다가 시작된다(Aqui onde a terra acaba e o mar começa),"

산투 일드푼수 성당의 야경   포르투 대성당의 야경

   가 새겨진 십자가 탑을 보며, 2년 전 산티아고 순례길을 완주하고 피스테라(Fisterra)의 대서양을 바라보며 느꼈던 뭉클함을 다시금 경험하고 싶었다. 오비두스(Óbidos), 나자레(Nazaré) 및 파티마(Fátima) 세 도시는 여행사를 통해 그룹 투어로 방문하기로 이미 예약해 두었다. 중남부 내륙 알렌테주(Alentejo)에 위치한 에보라(Evora)는 중세 성곽과 성당이 오롯이 남아 있는 도시로, 일단 계획에 넣어두고 리스보아 일정에 따라 방문 여부를 결정하기로 했다.

   저녁을 먹고는 포르투의 마지막 밤을 함께 할 야경을 감상하러 동 루이스 1세 다리를 건너 모후 정원으로 향했다. 가는 길에 산투 일드푼수 성당과 포르투 대성당의 야간 모습을 사진에 담았다. 야경을 즐기는 한 가족은 아이의 재롱을 사진으로 남기느라 여념이 없다.

   강을 따라 늘어선 붉은 지붕의 오래된 건물들에서 뿜어져 나오는 주황색 불빛과 도루강 위를 비추는 건물의 반영에 왠지 모르게 넋을 놓게 된다. 세하 두 필라르 수도원을 감싸는 원통의 불빛은 찬란하다 못해 강렬한 느낌으로 시선을 압도한다. 강을 가로지르는 동 루이스 1세 다리의 황금빛 불빛에 도루강은 금빛으로 반짝인다. 하얀빛, 빨간빛, 주황빛이 어우러져 퍼지는

모후 정원에서 바라본 포르투 야경

빛의 향연은 보는 이의 마음을 빼앗기에 부족함이 없다. 포르투의 야경은 황홀하기보다는 은은하고 낭만적인 분위기를 펼쳐낸다. 그 낭만적인 분위기에 나도 모르게 취하게 된다. 그렇게 포르투에서의 마지막 밤이 감미롭게 깊어 간다.

Part 3

리스보아와
근교 소도시

11월 19일

코메르시우 광장에서 펼쳐진
리스보아의
첫 발자국

　　　　　　　　오늘은 포르투 일정을 마치고 드디어 리스보아로 향하는 날이다. 캄파냥 역에서 오전 11시 32분에 출발하여 리스보아의 산타 아폴로니아(Santa Apolónia) 역에 오후 2시 30분에 도착하는 특급 열차다. 아침 10시 30분에 집을 나서 볼트 택시로 캄파냥 기차역으로 이동했다. 캄파냥 역에는 지하철과 기차가 붙어 있지만, 각각 다른 라인을 운행하니 주의할 필요가 있다. 기차 일등석은 가장 마지막 차량에 있다는 것을 이미 경험으로 알고 있어, 마지막 차량이 정차할 위치에서 열차를 기다렸다.

　　그러나 열차는 예상했던 방향의 반대쪽에서 들어오는 바람에 황급히 자리를 옮겨야 했고, 무거운 가방을 끌고 뛰어갈 수밖에 없는 상황이었다. 차량에 탑승하면, 각 차량의 후미에 무거운 가방을 보관해 두는 짐칸이 별도로 설치되어 있다. 그러나 짐칸이 협소하여 늦게 탑승하는 승객의 경우 무거운 가방일지라도 머리 위 선반에 올릴 수밖에 없는 상황이다. 포르투갈에 도착한 다음 날 포르투로 이동하는 열차에서 난감한 상황에 처한 경험 때문에 서둘러 차량에 탑승하느라 애를 먹었다. 다행히 이번에는 무거운 가방 2개를 짐칸에 잘 보관할 수가 있었다. 포르투에서 리스보아로 가는 기차에서는 진행 방향 기준으로 오른쪽에 앉아야 대서양 전망을 감상할 수 있다.

　오후 2시 30분에 리스보아에 도착할 예정이었던 기차는 3시가 넘어도 계속 달렸고, 아무런 안내 방송도 나오지 않았다. 승객들은 별다른 동요 없이 침착한 표정이었다. 결국, 예정 시간에서 50분이 지난 3시 22분에 목적지인 리스보아의 산타 아폴로니아 역에 도착했다. 숙소는 산타 아폴로니아 역에서 볼트 택시로 약 10분 거리에 있었다. 가는 길에 마주한 리스보아의 첫인상은 중남미의 여느 도시들과 유사한 느낌을 받았다. 그러나 그 느낌은 오래지 않아 지워지며 그들과는 다른 독특한 리스보아의 감성으로 다가왔다. 포르투의 아기자기하고 낭만적인 분위기가 변화한 도회지 속의 정돈된 느낌으로 변하는 순간이었다. 또 다른 매력 넘치는 도시의 그림 같은 풍경을 마주하는 느낌이었다.

리스보아 산타 아폴로니아 역

　숙소에 도착하니 직원인 사브리나(Sabrina)가 반갑게 맞아주었다. 숙소는 포르투에 비해 내부가 현저히 작고, 특히 거실과 주방이 협소해 답답한 느낌을 받았다. 포르투에서처럼 숙소에서 저녁을 준비하기에는 불편해 보였다. 가장 불편을 느낀 점은 옷장이 없이 작은 행거만 있었고,

리스보아와 근교 소도시

리스보아 호시우 기차역

수납 공간이 부족해 속옷이나 잡동사니들을 보관하기가 어려웠다. 그러나 내부는 깨끗하고 정돈이 잘 되어 있었다. 부킹닷컴에서 평점이 높은 숙소를 선택했지만 기대에 미치지 못하여 실망스러웠다. 기차가 연착되는 바람에 예정보다 늦게 도착해 숙소에서 체크인 후 곧바로 밖으로 나섰다. 먼저 리스보아 체류 동안 자주 드나들 호시우 기차역(Estação do Rossio)을 둘러보았다. 호시우 광장 옆의 대형 말발굽 모양의 문이 인상적이었고, 마치 판타지 영화의 무대 같은 역이었다. 1887년 건립된 호시우 역은 네오 마누엘 양식과 낭만주의 양식이 어우러져 세계에서 아름다운 기차역 중 하나로 손꼽힌다. 과거에는 다른 도시로 가는 기차가 정차했지만, 지금은 신트라(Sintra) 선만 남아 있다. 이틀 후 신트라 방문 시 이 역에서 여행을 시작할 예정이다.

산타 주스타 엘리베이터

호시우 기차역을 가는 길에서 만난 거대한 산타 주스타 엘리베이터(Elevador de Santa Justa)는 매우 인

호시우 광장의 크리스마스 마켓

상적이었다. 리스보아에 체류하는 동안 기회를 만들어 탑승해 볼 계획이다. 지하철역은 호시우 광장(Praça do Rossio) 동쪽 편에 위치해 있다. 때마침 호시우 광장에서는 크리스마스 마켓(Rossio Christmas Market)이 열리고 있어 저녁 시간을 즐기러 나온 많은 사람들로 붐비고 있었다. 호시우 광장의 정식 명칭은 동 페드루 4세 광장(Praça de Dom Pedro IV)이다. 중앙에는 브라질 최초로 황제가 된 동 페드루 4세의 동상이 우뚝 서 있고, 그 뒤로는 도나 마리아 2세 국립 극장(Teatro Nacional Dona Maria II)이 신전처럼 자리하고 있다. 광장의 자갈 바닥은 물결치는 파도 모양의 '칼사다 포르투게자'로 멋들어지게 장식되어 있었다.

호시우 광장의 동 페드루 4세 동상

구글맵을 이용하여 호시우 광장에서 숙소로 향하는 도중에 만나는 아우구스타 거리(Rua Augusta)는 호시우에서 코메르시우 광장(Praça do Comércio)으로 이어지는 다섯 갈래의

호시우 광장의 자갈 바닥 '칼사다 포르투게자'

길 가운데 중앙에 쭉 뻗은 대로로서 '8월의 거리'라는 뜻을 지니고 있다. 이곳은 리스보아에서 드문 평지의 쇼핑 거리로, 양쪽에는 자라, 망고, 풀앤베어 등 브랜드 매장과 기념품점이 늘어서 있고, 거리 중앙의 보행자 전용 도로에는 레스토랑의 노천 테이블이 펼쳐진다. 포르투에서 즐겼던 나타 맛집 만테이가리아(Manteigaria)와 파브리카 다 나타(Fábrica da Nata)도 눈에 띄었다. 거리 예술가의 공연은 이 거리에 더욱 활기를 더하는 모양새다.

루아 아우구스타의 끝에 당도하니 눈부신 백색의 대리석 아치가 눈에 들어오고 그 앞으로는 광활한 광장이 펼쳐졌다. 리스보아에서 가장 규모가 큰 코메르시우 광장으로, 리스보아의 모든 길은 코메르시우 광장으로 통한다고 한다. '무역'이라는 뜻을 지니고 있으며, 과거 무역상들이 테주강가에 배를 대고 돌계단을 올라온 데서 유래한 이름이다. 이곳에는 마누엘 1세의 히베이라 궁전(Palácio da Ribeira)이 있었으나 1755년 대지진으로 궁전은 파괴되었다. 당시 왕이었던 주제 1세는 근교의

리스보아 루아 아우구스타 풍경

리스보아 코메르시우 광장

아주다 궁전(Palácio Nacional da Ajuda)으로 거처를 옮겼고, 대지진 후 도시 재건 사업을 주도했던 폼발 후작은 이곳에 광장을 조성했다. 사각형의 광장 중앙에는 도시 재건의 주역인 주제 1세의 기마상이 14미터의 높이로 위풍당당하게 서 있다.

광장 북쪽에는 19세기에 세운 개선문이 있어, '승리의 아치(Arco da Vitória)'라고 불린다. 이 아치는 코메르시우 광장의 독보적인 랜드마크로, 광장 쪽에는 마리아 1세가 민족적 영웅 바스쿠 다 가마와 폼발 후작에게 월계관을 씌우는 수려한 조각이, 아우구스타 거리 쪽에는 정교한 시계가 장식되어 있다.

코메르시우 광장의 승리의 아치　　　　　　　　　　코메르시우 광장 주제 1세의 동상

코메르시우 광장에서 바라본 테주강의 풍경

　3층 높이의 ㄷ자형 노란 회랑이 광장을 감싸고 있으며, 광장 한쪽에는 대형 크리스마스트리가 설치되어 있었다. 바다처럼 넓은 테주강과 맞닿은 광장 강변에는 강물에 발을 담그거나 계단에 앉아 맥주를 즐기는 사람들로 북적였다. 시간이 흐르자 승리의 아치를 밝히는 야간 조명이 서서히 켜지며 광장의 모습은 더욱 아름다워졌다. 테주강 물살을 서서히 가르며 이동하는 크루즈의 모습은 한 장의 그림엽서를 방불케 했다. 해 질 녘 붉은 노을을 배경으로 멋진 사진을 위해 기회를 보아 다시 찾아오기로 마음먹었다.

　테주강을 배경으로 몇 장의 사진을 찍은 후, 광장 한편에 자리한 여행자 안내 센터에서 리스보아 카드 24시간권을 미리 구입해 두었다. 리스보아 카드는 교통카드 기능에 더해, 리스보아와 리스보아 근교 80곳 이상의 관광지 무료입장 또는 할인 혜택을 제공하는 여행자용 카드다. 이 카드로 지하철, 트램, 버스, 아센소르는 물론 신트라와 카스카이스를 오가는 기차까지 이용할 수 있다. 카드를 개시한 순간부터 시간이 카운트된다. 24시간권, 48시간권, 72시간권으로 나뉘며, 가격은 일반 기준 각각 27유로, 44유로, 54유로다.

　아내가 저녁 메뉴로 피자를 추천했다. 구글맵을 통해 평점이 높은 루아 아우구스타 한쪽에 위치한 이태리 피자 전문점을 찾았다. 우리가 자리를 잡고 앉는 동안에도 많은 손님들이 이 식당을 방문했고, 꽤 유명한 곳임을 알 수 있었다. 마르게리타(Margherita)와 레오폴디나(Leopoldina) 피자 각각 하나,

그린 샐러드, 이태리 맥주 페로니(Peroni) 두 병을 주문했고 총 40.50유로를 지불했다.

정통 이태리 피자의 맛을 느낄 수 있어 상당히 만족스러웠다. 아내는 피자 두 개의 양이 다소 많게 느껴져서 식사가 끝나갈 즈음에는 맛이 다소 반감되었다고 했다.

저녁을 마친 후, 아내가 찾아둔 바이샤 엘리베이터(Elevador de Baixa)를 타고 핑구 도스에 들러 간단히 장을 보고 귀

이태리 피자 전문점

가했다. 핑구 도스 내부에는 카스텔루 엘리베이터(Elevador do Castelo)가 있어, 며칠 후 상 조르주 성을 관람할 때 편리하게 이용할 수가 있을 것 같았다. 리스보아의 첫날이 서서히 저물어간다.

리스보아 Lisboa

리스보아는 대서양을 면한 포르투갈의 수도이자 최대 도시로, 2024년 기준 인구는 약 57만 명이고, 수도권까지 포함한 광역 도시권의 인구는 약 296만 명에 이른다. 리스본Lisbon이라는 영어식 이름으로도 알려져 있으며, 포르투갈어로는 리스보아Lisboa, 약자로 Lx라고 불린다.

일곱 언덕의 도시, 관용의 도시, 그리고 빛의 도시라는 별칭을 지니며, 유럽에서도 오래된 도시 중 하나이다. 처음 보면 바다로 오인할 정도로 드넓은 테주강Rio Tejo을 끼고 있는 천혜의 항구다. 1755년 11월 1일 대지진으로 인해 도시의 2/3가 파괴되고 많은 건축물이 소실되었으나, 이후 폼발 후작 세바스티앙 주제 드 카르발류Sebastião José de Carvalho의 주도로 현재의 격자형 거리 구조를 갖춘 근대적 도시로 재건되었다.

리스보아는 관광과 상업이 주요 산업으로, 리스보아 항구는 중요한 화물의 집산지 역할을 한다. 또한 비누, 군용품 제조, 제철뿐만 아니라 최근에는 패션과 디자인 분야도 성장하고 있다.

교통 면에서 리스보아 공항은 도심에서 북쪽으로 약 7킬로미터 떨어져 있으며, 국철이 시내에 위치한 네 개의 역에서 발착한다. 교통수단으로는 지하철, 버스, 전차가 있어 접근성이 뛰어난 편이다.

기후는 지중해성 기후로 겨울에는 온화하고 비가 많으며, 여름은 건조하고 더운 편이다. 평균 최저 기온은 8°C, 최고 기온은 28°C이지만, 최근 여름에는 30°C를 넘기도 한다.

도시는 공식적인 행정 구역 대신 역사적 의미를 지닌 지역사회 분류 방식으로 나눠진다. 알파마Alfama, 카스텔루Castelo, 모라리아Mouraria, 바이샤Baixa, 베아투Beato, 시아두Xiado, 바이후 알투Bairro Alto, 하투Rato 지구 등이 그것이다. 이러한 지구들은 명확한 경계는 없지만, 각자의 역사문화, 랜드마크, 사회적 특성이 있다.

관광객이 많은 구시가지와 20세기 신시가지로 나눌 수 있으며, 일곱 언덕이 있는 구시가지는 알파마와 그라사, 바이샤를 포함한다. 바이샤의 중심은 호시우와 코메르시우 광장으로 리스보아의 상업 중심지다. 리베르다드 거리는 명품 상점들이 밀집해 있는 주요 통로다. 알파마는 리스보아에서 가장 오래된 지구로, 상 조르즈 성과 미로 같은 골목이 있으며, 전통 파두 음악을 들을 수 있는 곳이다. 모라리아는 '무어인이 사는 곳'이라는 의미를 지닌다. 시아두는 쇼핑과 문화 활동의 중심지이며, 바이후 알투는 밤 문화의 중심지다.

벨렝Belém 지구는 포르투갈 탐험가들이 항해를 시작한 역사적 장소로, 세계문화유산에 등재된 제로니무스 수도원과 벨렝탑, 항해왕자 엔히크의 사망 500주년을 기념해 지어진 발견 기념비 등이 자리 잡고 있다.

리스보아는 전통과 현대가 조화롭게 어우러진 매력 넘치는 여행지로, 다양한 문화적 경험을 제공한다.

출처: Wikipedia>Lisbon

11월 20일

언덕을 넘나드는
리스보아의
매력

　　　　　　　　어제 오후 리스보아에 도착한 후 대략적인 지리를 파악하고자 숙소 주변을 둘러보았다. 리스보아의 중심지인 아우구스타 거리 주변에 위치한 숙소는 시내 관광은 물론, 가까운 호시우 역에서의 주변 도시 방문까지 매우 편리한 위치에 자리하고 있는 듯했다. 게다가 숙소에서 제공하는 조식은 포르투와는 비교할 수 없을 정도로 상당히 훌륭했고, 특히 플랫 화이트 커피가 제공되어 매우 만족스러웠다. 포르투갈에서 지금껏 마신 커피 중 최고였다. 리스보아 숙소는 브런치 카페를 별도로 운영하고 있었다. 어제 숙소에 도착해서 느꼈던 일부 실망감이 많이 희석되는 기분이었다.

　아침을 먹으며 아내와 논의한 끝에, 오늘은 아우구스타 거리 서쪽을 중심으로 둘러보고, 내일은 근교 도시인 신트라(Sintra)를 방문하기로 했다. 리스보아의 보헤미안 스타일이 물씬 풍기는 아우구스타 거리 서쪽 지역인 바이후 알투-시아두 지구(Bairro Alto-Chiado)에는 대표적인 카르무 수도원을 비롯하여 카몽이스 광장, 베르트란드 서점 및 아센소르를 타고 갈 수 있는 전망대가 두 곳이 있다고 한다. 우리는 먼저 시아두 지구의 베르트란드 서점(Livraria Bertrand)을 둘러보기로 했다. 서점으로 가는 길에

리스보아 숙소의 조식

는 포르투에서 튜브잼을 구매했던 메이아 두지아(Meia Duzia)의 지점과 유명한 쇼핑몰인 아르마젱스 두 시아두(Armazens do Chiado)가 자리하고 있었다.

베르트란드 서점은 2010년 '세계에서 가장 오래된 서점'으로 기네스북에 오른 서점으로, 290년의 역사를 자랑한다. 1732년 페드루 포르(Pedro Faure)가 창업한 이래 포르투갈과 스페인에 54개 지점을 둔 대형 서점으로 성장했다. 서점은 예상보다 소박하게 느껴졌다. 포르투의 렐루 서점이 관광객들로 붐비는 것과 달리, 베르트란드 서점은 고요하고 차분한 동네 서점의 분위기를 풍기며, 화려한 외관보다는 실제로 책을 읽고 구매하는 본연의 기능에 충실한 곳이었다. 문학, 역사, 예술, 과학, 여행 등 다양한 분야의 책이 아름답게 진열되어 있었고, 특히 페르난두 페소아(Fernando Pessoa)와 포르투갈 최초의 노벨문학상 수상자인 주제 사라마구(José Saramago)의 책 코너가 눈길을 사로잡았다.

서점 깊숙한 곳에는 페소아의 그림이 걸린 아담한 카페도 눈에 띄었다.

리스보아 베르트란드 서점   리스보아 베르트란드 서점 내부

사람들이 책을 덜 읽는 요즘 시대에도 화려함보다는 서점 본연의 기능에 충실하면서 포르투갈 문학의 중심지로 자리 잡은 이곳이 앞으로 오래도록 그 자리를 지켜 주길 소망해 본다. 서점을 나오며 아내는 베르트란드 서점이 렐루 서점보다 훨씬 우아하고 고풍스러운 멋을 지닌 진정한 서점이라고 평가했다.

루이스 드 카몽이스 광장(Praça Luís de Camões)으로 가는 길에 만난 아 브라질레이라(A Brasileria)는 브라가에서 야외 테이블에 앉아 햄버거와 커피로 맛있는 점심을 즐겼던 기억이 있는 카페다. 1905년에 문을 연 이 카페는 리스보아 최초로 진한 커피, 비카를 선보였던 유서 깊은 카페다. 리스보아 출신 작가인 페르난도 페소아도 여기서 비카를 마시며 글을 쓰거나 문학 모임을 가졌다고 한다. 그래서 테라스에는 1988년에 만든 페소아 동상이 있고, 내부에서는 그의 시집을 판매한다. 아내도 페소아의 동상과 나란히 앉아 사진 한 장을 찍으며 그 순간을 남겼다

카몽이스 광장은 28번 트램을 타면 지나게 되는 작은 광장으로, 시아두 지역의 중심을 이루고 있다. 광장 한가운데는 16세기의 국민 시인 루이스 바스 드 카몽이스(Luís Vaz de Camões)의 동상이 자리 잡고 있으며, 그 아래에는 포르투갈을 빛낸 수학자, 시인, 역사가 등 8명의 실존 인물이 동상을 받치고 있다. 카몽이스는 포르투갈 문학을 형성한 작가로, 대표작인 대서사시

리스보아 시아두 지구의 '아 브라질레이라' 카페   페르난도 페소아의 동상

'우스 루지아다스(Os Lusíadas)'에서 바스쿠 다 가마가 인도 항로를 발견하기까지의 과정을 그려냈다. 1545년부터 궁정에서 일해 왔으나 다혈질적인 성격으로 여러 차례 수감 생활을 반복했고, 무어인과의 전투에서 오른쪽 눈을 잃기도 했다. 그는 끝내 역병으로 사망했으며, 유해는 제로니무스 수도원에 안장되었으나 1755년 리스보아 대지진 때 소실되었다. 그의 사망일로 알려진 6월 10일은 '포르투갈의 날'로 지정되어 국경일로 기념하고 있다. 광장 바닥의 칼사다 포르투게자는 '우스 루지아다스'를 테마로 디자인되어, 이곳의 역사적 의미를 더하고 있다.

　　리스보아의 전경이 궁금해져 가까운 전망대를 찾아보기로 했다. 리스보아에서는 트램을 닮은 아센소르(Ascensor)를 타고 전망대에 오를 수 있다. 언덕이 많은 리스보아에서 언덕길만 오르내리는 전차를 아센소르라고 한다. 아우구스타 거리 서쪽의 시아두 지구에는 멋진 풍경을 선사할 두 곳의 전망

리스보아 루이스 드 카몽이스 광장

리스보아 아센소르 다 비카

대가 있다. 아센소르 다 비카(Ascensor da Bica)를 이용해 오르는 산타 카타리나 전망대(Miradouro da Santa Catarina)와 아센소르 다 글로리아(Ascensor da Glória)를 통해 접근할 수 있는 상 페드루 알칸타라 전망대(Miradouro da São Pedro de Alcântara)다. 먼저 가까운 산타 카타리나 전망대를 아센소르를 타지 않고 걸어서 올라가 보았다. 해발 245미터의 이 전망대는 그리 힘들지 않게 오를 수 있었으며, 아센소르는 운송 수단보다는 관광 상품에 가까워 보였다. 전망대에 서니 샌프란시스코의 금문교를 닮은 4월 25일 다리와 테주강 넘어 예수상이 시야에 들어왔다. 하지만 기대한 만큼의 황홀한 전망을 선사하지는 못하여 아내 역시 다소 아쉬운 표정을 지었다.

전망대를 내려와 카르무 수도원과 카르무 고고학 박물관으로 향했다. 카르무 수도원은 14세기 말, 1389년에 건축이 시작되어 약 50년 후인 1423년에 완공되었다. 그 당시 리스보아에서 가장 큰 성당 가운데 하나로 손꼽혔으

리스보아 카르무 수도원 입구

며, 고딕 양식의 높은 천장, 뾰족한 아치, 큰 창문 등이 특징적으로 잘 드러나 있는 건축물이다. 수도원 외관은 석회암으로 지어졌기에 햇빛을 받으면 밝게 빛나는 모습을 볼 수가 있다. 그러나 1755년 11월 1일 발생한 리스보아 대지진으로 수도원의 지붕이 완전히 무너져 내렸고, 당시 재정 상황이 좋지 않았던 포르투갈은 수도원을 복구하지 않기로 결정했다. 일부에서는 파괴된 수도원의 모습이 대지진의 참상을 상기시키는 중요한 기념물이 될 수 있다고 여겼고, 시간이 지나면서 사람들은 지붕 없는 수도원의 모습에서 독특한 아름다움을 발견하기 시작했다. 이후 카르무 수도원은 '지붕 없는 카르무 성당'이라는 새로운 이름으로 불리기 시작했고, 리스보아의 독특한 랜드마크가 되었다. 실제로 지붕이 없는 수도원의 모습은 독특한 매력을 풍기고 있었다. 다행히 지붕이 남아 있는 수도원의 본당은 현재 고고학 박물관으로 활용되고 있다. 이곳에서는 페르난두 1세의 석관, 모자이크화, 예수의 수난을 묘사한 아줄레주, 13세기 주화 등 다양한 유물을 볼 수 있다. 수도원 옆길은 산타 주스타 엘리베이터 전망대와 연결되어 있다.

　카르무 수도원은 리스보아의 찬란했던 과거와 비극적인 역사, 그리고 현재의 모습을 모두 담고 있는 독특한 건축물이다. 지붕 없는 모습으로 남겨진 이 수도원은 시간의 흐름과 자연의 위력, 그리고 인간의 회복력을 동시에 보여 주는 상징적인 장소라 아니할 수 없다. 입장료는 7유로다.

리스보아 지붕 없는 카르무 수도원

리스보아 헤스타우라도르스 광장

　주말에 출발 예정인 그룹투어의 집결지로 예정된 헤스타우라도르스 광장(Praça de Restauradores)을 미리 방문해 보았다. 이 광장은 신시가지에 위치하며, 호시우 기차역에서 그리 멀지 않은 곳에 자리 잡고 있었다. '부흥자'라는 뜻의 이 광장은 리스보아 교통의 중심지로 알려져 있다. 광장 중앙에는 스페인 통치 기간 동안 독립운동에 앞장섰던 투사들을 기리는 기념비가 서 있다. 30미터 높이의 오벨리스크는 오랜 세월 포르투갈이 겪어 온 다양한 국가적 사건들을 조각으로 표현해 낸 작품이다.
　오벨리스크 양옆에는 승리와 독립을 의미하는 청동상이 서 있으며, 바닥에는 포르투갈 특유의 기하학적 타일 패턴인 '칼사다 포르투게자'가 깔려 있어 독특한 분위기를 자아낸다. 상 페드루 알칸타라 전망대로 향하는 아센소르 다 글로리아도 이 광장 주변에 있다. 아침을 늦게 먹은 덕분에 오후 1시가 다가오는데도 별로 배고픔을 느끼지 못했다. 시아두 지구의 명소 몇 곳을 더 둘러본 후에 점심은 간단히 해결하기로 했다. 우선 광장 근처에 위치한 상 페드루 알칸타라 전망대로 가 보기로 했다. 산타 카타리나 전망대와 마찬가지로 아센소르를 타지 않고, 고도 265미터의 전망대를 걸어서 올랐다. 오

상 페드루 알칸타라 전망대

르는 동안 벽에 그려진 형형색색의 그라피티가 인상적이었다.

상 페드루 알칸타라 전망대는 영화 〈리스본행 야간열차〉에서 주인공 제레미 아이언스(Jeremy Irons)가 벤치에 앉아 쉬던 장면으로 더욱 인기가 높아진 곳이다. 리스보아가 '언덕의 도시'임을 강렬하게 느끼게 해 주는 전망대로, 여기에 서니 상 조르즈 성을 비롯하여 리스보아 시내의 풍경이 파노라마처럼 펼쳐지고, 유럽 특유의 붉은색 지붕들이 인상적으로 다가왔다. 오전에 올랐던 산타 카타리나 전망대와는 비교할 수 없을 정도로 뛰어난 전망을 자랑하고 있었다. 노을 질 무렵의 풍경이 궁금해져 저녁 무렵 다시 찾아올 곳으로 마음속에 찜해 두었다.

포르투갈 최초의 예수교 성당인 상 호케 성당(Igreja de São Roque)은 16세기 초 흑사병 피해자를 치유해 성인이 된 상 호케를 기리기 위해 세워졌다. 1755년 리스보아 대지진에도 살아남은 몇 안 되는 건물 중 하나로, 겉모습

상 페드루 알칸타라 전망대에서 바라다본 리스보아 전경

상 호케 성당 중앙제단   상 호케 성당 천장화

은 소박해 보이지만 내부는 매우 화려했다. 특히 나무 조각에 금박을 입힌 '탈랴 도라다' 장식이 눈부시며, 묵시록의 한 장면을 그린 인상적인 천장화도 보존되어 있다. 또한 바로크 양식의 제단과 성소, 다양한 색감의 아줄레주도 감상할 수 있었다. 성당 옆 박물관에는 아기 예수의 요람과 16세기 포르투갈 회화 작품, 화려한 성물, 성구, 은 세공품 등이 전시되어 있다고 하나, 우리는 성당만 관람했다. 성당 입장료는 2.5유로다.

    성당을 나와 피게이라 광장(Praça da Figueira)을 향해 내려가는 골목길에서 저 멀리 상 조르즈 성의 모습이 눈에 들어왔다. 피게이라 광장은 호시우 광장 옆길로 조금만 걸어가면 나오는 아담한 광장이다. 중앙에는 엔히크 왕자의 아버지 주앙 1세의 청동 기마상이 당당히 서 있고, 광장 주변에는 폼발 후작 시대의 세련된 분위기를 보여 주는 주택들과 노천카페, 레스토랑들이 자리 잡고 있었다.

    어느덧 시간이 오후 2시를 향해 가고 있었다. 아내가 구글맵에 표시해 둔 200년 역사의 빵집이 마침 광장 맞은편에 있었다. 그곳은 바로 콘페이타리아 나시오날(Confeitaria Nacional)로, 1829년에 개업을 한 유서 깊은 빵집이다. 내부로 들어가 보니 사람들로 꽤 북적거리고 있었다. 우리는 크루아상과 코코넛 빵 등 세 가지 종류의 빵을 커피와 함께 주문하고 야외 테이블에 자리를 잡았다. 단체 여행객 가이드가 빵집을 가리키며 뭔가를 설명하는 것으로 보아 빵집의 오래된 역사를 이야기하는 것으로 보였다. 간단한 식사를 마치고 일어나며 우리는 이 빵집이 역사에 비해 맛이 그렇게 특출나지는 않다는 데 의견을 같이했다.

언덕길에서 바라다본 상 조르즈 성

호시우 광장에서 동쪽의 알파마 지구로 가는 길목에 자리한 상 도밍고스 성당(Igreja de São Domingos)은 독특한 풍경을 선사한다. 문을 들어서면 검게 그을린 내부에 압도되게 된다. 황토색 천장과 벽은 날 것의 느낌을 강렬하게 풍겨 마치 역사의 상처를 보는 듯한 인상을 준다. 누군가에겐 기적의 성당으로 또 누군가에겐 비운의 성당으로 불린다. 1241년 설립된 로마 가톨릭 교회로 왕실 결혼식과 국가 장례식, 종교 재판이 열렸던 권위 있는 장소

피게이라 광장 주앙 1세의 기마상

콘페이타리아 나시오날 빵과 커피

리스보아 상 도밍고스 성당 외관

였다. 당시 리스보아에서 가장 크고 웅장한 바로크 양식의 성당이었다. 1755년 대지진과 1959년 대규모 화재도 견뎌내고, 후세에 세월이 할퀴고 간 아픔을 잊지 않도록 무너지고 타버린 모습을 그대로 두었다. 원래 중세 건축물은 지진과 화재로 소실되었으나, 일부 남은 피해의 흔적을 간직한 채로 재건되어 현재의 모습을 갖추게 되었다. 내부에는 세례자 요한에게 세례받는 예수님의 성화, 바로크 양식의 성수대, 피에타 조각상 등이 인상적이었다. 상 도밍고스 성당은 과거의 상처와 역사의 결을 간직하고 있어 알 수 없는 경건함과 신성함을 불러일으켰다. 유럽 여행은 성당 여행이라고 해도 과언이 아니다. 가는 곳마다 성당이 있다. 아내는 성당 관람에 점점 흥미를 잃어 가는 모습이다.

상 도밍고스 성당의 중앙제단   상 도밍고스 성당의 내부

오늘의 마지막 일정인 굴벤키안 미술관(Museu Calouste Gulbenkian)으로 향했다. 미술관은 알파마-그라사(Alfama-Graça) 지역 북쪽에 위치해 있어 지하철을 이용했다. 헤스타우라도르스 역에서 지하철 1회권을 구입하고 상 세바스티앙(São Sebastião) 역에서 하차했다. 거리 분위기는 관광 명소가 즐비한 구시가지와는 달리 현대적이고 세련된 분위기를 풍기고 있었다.

굴벤키안 미술관 입구의 굴벤키안 동상

굴벤키안 미술관은 리베르다드 거리 북쪽 끝에 있는 에두아르두 7세 공원(Parque Eduardo VII)의 위쪽에 자리하고 있다. 칼루스테 사르키스 굴벤키안(Calouste Sarkis Gulbenkian, 1869~1955)은 아르메니아계 영국인 석유 사업가로, 제2차 세계대전 이후 리스보아로 이주하여 13년간 거주한 후 이곳에서 생을 마감했다. 한때 포르투갈 돈의 5퍼센트가 그의 것이라 하여 그에게 'Mr. 5퍼센트'라는 별명이 붙었을 정도로 세계에서 가장 부유한 사람 중 하나였다고 한다.

그의 사후인 1956년에 리스보아에 굴벤키안 재단(Fundação Calouste Gulbenkian)이 설립되었고, 이 재단은 그가 생전에 소장했던 '굴벤키안 컬렉션'을 한곳에 모아 대중과 공유하기를 소망했던 그의 염원에 따라 굴벤키안 미술관을 개관했다. 원래 파리, 런던, 뉴욕 등지에 흩어져 있던 컬렉션은 1970년 미술관 설립 후 이곳에 한데 모여 전시되고 있다. 미술관은 고대 예술 작품부터 20세기 초 회화까지 다양한 작품을 소장하고 있다. 유럽, 이슬람 세계, 중국과 일본을 포함한 아시아 문화권에 이르기까지 광범위한 시공간을 아우르는 6,000여 점을 소장하고 있으며, 이 가운데 1,000점을 선별하

굴벤키안 미술관의 내부 전시실

여 전시하고 있다. 동양의 도자기와 고대 그리스, 로마, 이집트의 예술 작품, 이슬람 작품 등이 '동양과 고전 예술'이라는 주제로 묶여 전시되어 있고, 유럽 예술 작품 전시실에는 18세기 프랑스 회화와 11~20세기 유럽에서 제작된 작품들이 다채롭게 선보이고 있다.

렘브란트(Rembrandt), 모네(Monet), 루벤스(Rubens), 마네(Manet), 르노아르(Renoir), 드가(Degas), 터너(Turner) 등 거장들의 회화는 물론, 로댕(Rodin)의 조각 작품도 볼 수 있었다. 최근에는 굴벤키안이 깊은 존경심을 지녔던 프랑스 친구 르네 랄리크(Rene Larique)의 보석과 유리 작품을 위해 별도의 전시실도 마련되었다. 공원 내에는 음악당과 도서관이 있는 본관, 수집품이 있는 전시관과 상설 전시 및 현대 미술관이 있다. 굴벤키안 미술관은 전 세계에서 가장 훌륭한 예술품을 소장하고 있는 민간 미술관 중 하나로 평가받고 있다. 오후 3시경에 시작한 관람은 5시가 되어서야 대강 마무리할 수 있었지만, 최소 반나절은 투자해야 여유로운 관람이 가능할 듯 보였다. 모던하고 세련

굴벤키안 미술관에 전시된 회화 및 조각 작품들

된 건물들은 신선한 인상을 주었고, 생각보다 큰 규모의 미술관과 전시된 작품들은 매우 인상적이었다. 미술사에서 잘 알려진 작품들뿐 아니라, 거장들의 덜 알려진 작품들도 감상할 수 있는 뜻깊은 공간이었다. 고 이건희 회장도 두 번이나 이곳을 찾아 벤치마킹을 시도했다고 전해진다. 굴벤키안 미술관은 한 개인의 노력으로 세워져, 전 세계 사람들에게 감동을 선사하는 귀중한 선물과도 같았다. 그 생각에 미술관 초입에 자리한 그의 동상에 다시 한 번 눈길을 주게 되었다. 입장료는 미술관과 박물관 통합권이 14유로다.

상 카를루스 국립극장 방문 계획은 시간이 늦어지면서 취소하고 귀갓길에 올랐다. 집에서 저녁을 먹고 잠시 휴식한 뒤, 리스보아의 야경이 궁금해져 집 근처의 산타 루지아 전망대(Miradouro de Santa Luzia)로 향했다. 아내가 알아본 대로 바이샤 엘리베이터와 카스텔루 엘리베이터를 이용해 전망대에 도착했으나, 기대했던 만큼의 훌륭한 전망을 보여 주지는 못했다. 전망대 앞이 완전히 트이지 않아 야경이 다소 실망스러웠다. 아내는 포르투의 야경이 왜 그렇게 아름답다고 여겨지는지 알 것 같다며 아쉬움을 보였다. 전망대를 내려와 집으로 돌아오는 길에 마주한 리스보아 대성당의 외관은 제대로 관리되지 못하는 듯한 인상을 주었다. 대성당은 며칠 내 방문할 계획이다.

11월 21일

동화 같은
신트라의
마법

 오늘은 리스보아 근교의 도시, 신트라(Sintra)를 방문했다. 페나 성이 자리한 신트라는 자연과 중세 건축이 어우러진 풍광이 아름답기로 유명한 도시다. 영국 낭만파 시인 바이런은 신트라를 '눈부시게 아름다운 에덴(Glorious Eden)'으로 예찬하기도 했다. 3,000여 종이 넘는 나무가 살아 숨 쉬어 한여름에도 리스보아보다 기온이 3~4°C 낮으며, 왕족과 귀족들이 앞다투어 신트라에 여름 별장을 지은 이유도 이 때문이나. 유서 깊은 건축물과 자연 경관의 조화 덕에 1995년 도시 전체가 유네스코 세계문화유산으로 지정됐다.
 아침 식사를 서둘러 마치고, 오전 8시 41분 출발 신트라행 열차를 탔다. 호시우 역에서는 약 20분 간격으로 신트라행 열차가 출발하며, 과거 다른

호시우 역 신트라 선

도시로 가던 기차는 이제 모두 없어지고 신트라 선만 운행한다. 신트라 역까지는 약 40분이 걸리며, 요금은 왕복 4.80유로다.

신트라 역에서 페나 궁까지는 시간을 절약하기 위해 볼트 택시를 이용했다. 434번 버스를 탈 수도 있었으나, 방문 계획이 페나 궁, 무어 성, 헤갈레이라 별장, 몬세라트, 신트라 궁 등으로 꽉 차 있어서 이동 시간을 최대한 줄일 필요가 있었다. 페나 궁까지는 택시로 20여 분이 소요되었다. 정식 명칭은 국립 페나 궁/정원(Parque e Palácio Nacional de Pena)이다. 1995년 유네스코 세계문화유산으로 지정된 '신트라의 문화경관(Cultural Landscape of Sintra)'에 포함되며, 포르투갈 7대 명소 가운데 하나로 꼽힌다.

현재 페나 궁이 자리한 산꼭대기에는 원래 성모 마리아를 기리는 수도원이 있었다고 한다. 16세기 마누엘 1세(Manuel I)가 새롭게 지어 제로니무스 수도회(Ordem de São Jerónimo)에 기증했으나, 1755년 리스보아와 주변을 덮친 대지진으로 수도원은 대부분 파괴되었고, 일부만 남아 수십 년간 폐허로 방치되었다. 독일의 작센코부르크고타(Haus Sachen-Koburg und Gotha) 왕가 출신인 페르난두 2세(Fernando II)는 1836년 마리아 2세와 결혼해 포르투갈의 공동 통치자가 된 후, 수도원의 유적을 왕족의 여름 궁전으로 재건하고자 했다. 노이슈반스타인 성을 설계한 건축가 루트비히 폰 에슈베거(Ludwig von Eschwege)의 사촌인 그는 루트비히 폰 에슈베거 백작을 초빙해 노이슈반스타인 성보다 더 웅장한 성을 지어 달라고 요청했다.

1847년 왕궁은 거의 완성되었으나, 왕과 여왕의 요구에 다리, 정원, 장식 등이 추가되며 1854년에야 완공되었다. 왕과 여왕은 왕궁 장식에 적극적으로 개입하여 볼트 아치(Vault Arches)와 중세 및 이슬람적 요소들을 더했고, 정문 파사드의 화려한 창문도 직접 설계했다. 그렇게 완성된 페나 궁은 마누엘 양식, 기하학적인 아랍풍 타일, 독일식 둥근 첨탑, 벽돌을 쌓아 문양을 만드는 롬바르디아 밴드 양식이 절묘하게 조화를 이루는 19세기 낭만주의(Romanticism) 건축의 결정판으로 평가받고 있다.

1885년 페르난두 2세 사망 후, 페나 궁은 그의 후처 엘리제 헨슬러(Elise Hensler)의 소유가 되었으나, 1889년 루이스 1세(Luis I de Portugal)가 매입하며 다시 포르투갈 왕실의 여름 궁전으로 활용되었다. 그러나 1910년 공화주의 혁명 이후 페나 궁은 국가 소유의 박물관으로 전환되었다. 왕궁을 둘러싼 공원은 왕의 이국적인 낭만주의 취향을 담아 조성되었으며, 북미, 중국, 일본, 오세아니아 대륙에서 자생하는 다양한 수목이 포함되어 약 200헥타르에 이르는 아름다운 경관을 이루고 있다.

페나 궁 정문에 도착하니 오전 10시가 다 되어가고 있었다. 우리는 10시 30분 입장권을 구매했지만, 10시 입장이 가능하길 바랐다. 티켓 입장 시간은 정원 입구가 아닌 궁전 입구 기준이다. 정문에서 궁전까지는 도보로 약 10분 걸어 올라가야 한다. 빠른 걸음으로 궁전 입구에 도착했으나, 이미 10

페나 궁

페나 궁 입구　　　페나 궁 마누엘린 회랑　　　　　　　　　　　페나 궁 트리톤 아치

시 입장은 마감되었고 10시 30분 입장을 기다리는 긴 줄이 늘어서 있었다.

　페나 궁은 일반 궁전과 달리 노란색과 붉은색 벽, 그리고 파란색 타일로 알록달록 꾸며져 있어 멀리서도 쉽게 눈에 띄며 동화에서 튀어나온 듯한 느낌을 준다. 화사한 색상 덕에 첫 인상은 신선하고 신비로웠지만, 가까이서 보니 세월의 무게를 견디지 못하고 다소 칙칙하게 변해 있었다. 궁전의 한쪽 벽에는 '트리톤 아치'라고 불리는 조각상이 있는데, 전형적인 마누엘 양식으로 바다와 육지의 조화를 보여 준다. 트리톤은 그리스 신화의 바다의 신 포세이돈의 아들로서 상반신은 사람, 하반신은 물고기인 인어로 신화적인 존재이다.

　궁전 내부는 다양한 전시물과 예술품으로 가득 차 있었다. 궁 안으로 들어서자 둥근 아치형 건물과 기하학적인 문양의 아줄레주로 장식된 마누엘린(Manueline) 회랑이 보였다. 하늘로 뚫린 회랑을 중심으로 다양한 방들로 화려하게 꾸며져 있었다. 왕의 거처였던 왕좌실, 왕비의 개인 침실로 사용되었던 왕비의 침실은 아름다운 장식과 가구로 둘러싸여 있었다. 식당에는 고급스러운 식탁과 의자가 배치되어 있었고, 궁정에서 열리는 무도회나 연회를 위한 화려한 무도회장, 음악을 연주하거나 감상하기 위한 음악실에는 피아노와 여러 악기가 진열되어 있었다. 왕실 업무를 처리하던 사무실과 80여 명이 일하던 큰 주방의 모습도 볼 수 있었다. 각각의 방은 독특한 분위기와

페나 궁 내부

장식을 갖추고 있었고, 다양한 스타일의 건축 요소가 혼합되어 있었다. 실내에 전시된 고풍스러운 가구와 식기 등을 통해 중세 포르투갈 왕가와 귀족들의 생활을 엿볼 수 있게 해 주었다. 궁전 내부의 정원은 아름다웠으며, 궁전 내부 관람을 마치고 나가는 길에는 여왕의 테라스가 위치하고 있어 멀리 바다와 리스보아까지 펼쳐진 광대한 전망을 즐길 수가 있었다. 테라스에서 마주친 인도 출신의 부부는 궁전의 아름다움에 연신 감탄했다.

    페나 궁전은 포르투갈의 역사, 문화, 예술, 자연이 어우러진 독특한 공간으로, 과거 왕실의 삶을 엿볼 수 있는 창이자 현대 포르투갈의 정체성을 대표하는 상징으로 자리 잡았다. 포르투갈을 여행하는 이들에게 페나 궁전은 반드시 방문해야 할 장소 중 하나로 강력히 추천한다. 성과 정원을 포함한 통합권 입장료는 20유로다.

    페나 궁을 나와 무어 성(Castelo dos Mouros)으로 발길을 향했다. 구글맵을 사용하여 무어 성을 찾았으나, 좀처럼 올바른 길을 찾을 수가 없고 페나 성

페나 궁 내부의 스테인드글라스   페나 궁 여왕의 테라스

　내부를 돌기만 할 뿐이었다. 주변에 다른 관광객도 보이지 않던 차에 중국인 여행객들을 만나 어렵게 길을 찾을 수가 있었다. 실제로 무어 성은 페나 궁 정문에서 도로 위쪽으로 약 550미터 올라가면 입구에 도착할 수 있다. 무어 성은 중세 시대의 성으로, 신트라산맥 내 해발 420미터 높이의 산 정상에 세워져 있다. 포르투갈의 국가 문화재로 지정되어 있으며, 1995년 유네스코 세계문화유산으로 지정된 '신트라의 문화경관'에도 포함되어 있다.

　이 성은 8~9세기 북아프리카에서 이베리아반도로 건너온 이슬람 세력인 무어인들이 리스보아 외곽 방어를 위해 절벽 위에 지은 성이다. 무어인들은 711년에 포르투갈을 침략하여 남부 해안을 점령한 후 약 400년간 포르투갈을 지배했다. 11세기부터 기독교도들의 국토 회복 운동인 헤콩키스타(Reconquista)가 진행되면서, 무어 성은 이슬람 세력의 주요 방어 거점 중 하나로 역할을 했다. 그러나 1147년, 포르투갈의 아폰수 1세가 제2차 십자군과 연합하여 리스보아를 점령하면서 기독교 세력의 손에 넘어갔다. 1755년 리스보아 대지진 때 무어 성도 많은 손상을 입었다. 19세기 중엽부터 성은 점차 복원되기 시작했고, 1840년대에 포르투갈의 공동 통치자였던 페르난두 2세가 신트라산의 정상부에 페나 궁을 건설하면서 가까이에 있는 무어 성도 함께 복원했다.

무어 성은 신트라산지의 북쪽 경사면에 위치하며, 가파른 절벽을 따라 약 450미터의 성벽이 이어진다. 성벽은 이중 구조로 되어 있으며, 여러 개의 탑이 곳곳에 세워져 있다. 지하에는 깊이 6미터의 물 저장소가 있고, 예배당에서는 13세기의 무덤이 발굴되기도 했다. 또한 화강암 아래 구멍을 파서 음식을 저장했던 사일로(Silo)도 고스란히 남아 있다. 이러한 역사적 중요성 때문에, 포르투갈 정부는 1996년 무어 성을 특별보호구역(Zona Especial de Proteção)으로 지정하여 보존하고 있다.

무어 성

베이징에 만리장성이 있다면, 신트라에는 무어 성이 있었다. 성벽을 따라 걷다 보면 자연스레 만리장성이 연상된다. 규모는 다르지만, 산등성이를 따라 구불구불하게 누운 모양이 너무나 닮았다. 아슬아슬한 성곽은 가파른 코스가 많아 주의를 집중하고 조심해서 올라가야만 했다. 하지만 성벽 위에서 바라보는 전망은 여태껏 봐온 그 어떤 전망보다 훌륭했다. 아래로는 신트라 왕궁과 헤갈레이라 별장이, 위로는 페나 성이 한눈에 들어온다. 발 아래로 펼쳐진 신트라 시내와 멀리 대서양 바다 그리고 파란 하늘이 빚어내는 360도 파노라마 전망에 입을 다물 수가 없는 지경이었다. 이토록 멋진 풍광을 기대하지는 않았기에 더욱 감동적이었다.

무어 성에서 바라본 페나 궁

무어 성에서 내려다본 신트라 시내 전망

성벽에 세워진 여러 탑에는 다양한 깃발이 걸려 있었다. 포르투갈 국기와 무어인의 깃발, 역사 속 왕의 문장을 상징하는 깃발들이 나부끼고 있었다. 숨이 턱에 차오르는 성곽 길을 올라 정상에 오르면, 저 멀리 비치는 페나 궁전은 한 폭의 그림 같았다.

헤콩키스타에 맞서 싸운 무어인의 유적을 보면서, 역사 속의 승자가 아닌 그 반대편에 서서 치열하게 전투를 벌였던 무어인들을 상상하게 되었다. 높은 절벽 위에 돌을 하나하나 쌓아 성벽을 만든 그들의 열정과 집념에 감탄하며 무어 성을 내려왔다. 무어 성의 입장료는 12유로다. 시간이 다소 애매하여 점심은 다음 목적지인 헤갈레이라 별장을 방문한 후 먹기로 했다. 무어 성에서 볼트 택시를 기다리는 데 시간이 걸려, 입구에 있던 택시를 타고 별장으로 이동했다. 별장에 도착하여 오후 1시 입장권을 현지에서 구입했다.

헤갈레이라 별장(Quinta da Regaleira)은 '헤갈레이라 궁(Palácio da Regaleira)'이라고도 불리며, 설립자인 카르발류 몬테이루(Carvalho Monteiro)의 별명에서 비롯된 '백만장자 몬테이루의 궁전(Palácio do Monteiro dos Milhões)'이라는 이름으로도 알려져 있다. 브라질 태생인 그는 코임브라대학교 법대를 졸업하고 무역으로 큰 부를 쌓았으며, 과학, 문화, 예술에 깊은 조예가 있는 백만장

신트라 헤갈레이라 별장

자였다. 별장 설계에 포르투갈 건축가와 조각가 6명을 섭외하고, 정원은 이탈리아 무대 디자이너이자 화가 겸 건축가인 루이지 마니니(Luigi Manini)에게 맡겨 1910년에 완공했다. 5층으로 된 궁전 건축물은 로마네스크, 르네상스 그리고 15~16세기 포르투갈 고딕 양식의 영향을 받아 유행했던 마누엘 양식(Estilo Manuelino) 등이 융합되어 낭만적이고 독창적인 외관을 자랑한다. 자연 동굴과 인공 구조물이 혼합된 우물과 연못, 다양한 장식 건축물, 그리고 예배당이 고급스러운 정원 옆에 아름답게 어우러져 있다. 특히, 우물(Poço Iniciático)은 반드시 봐야 할 장소로, 성수기에는 관람객들로 붐빈다고 알려져 있다. 다행히 우리는 무리 없이 우물을 관람할 수 있었다. 우물은 27미터 깊이로, 9개의 층이 나선형 계단으로 연결되어 있는데, 이는 단테의 〈신곡〉에서 지옥의 9개 층을 상징한다고 한다. 프리메이슨(Freemason)의 비밀 입단식과 관련이 있다

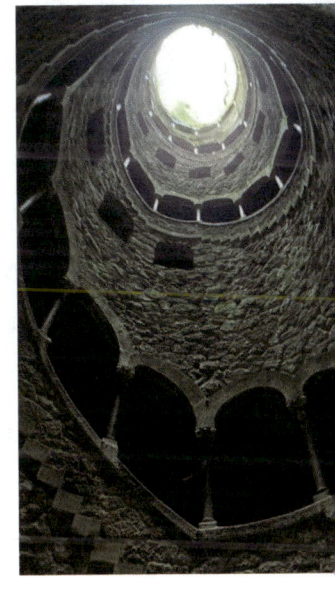

헤갈레이라 별장 우물

리스보아와 근교 소도시 281

헤갈레이라 별장 우물 바닥 　 헤갈레이라 별장 우물 동굴에서 바라본 작은 폭포 　 헤갈레이라 별장 우물의 동굴

고도 한다. 바닥으로 내려와서 위를 쳐다보면 하늘로 향한 커다란 구멍 하나만 보인다. 바닥에 도착하면 두 갈래의 동굴이 나온다. 한쪽 동굴은 작은 폭포, 연못과 다리로 이어져 있으며 나갈 수는 없다. 다시 돌아와 다른 쪽 동굴을 따라가면 출구가 나온다. 이 우물은 실제로 물을 저장하는 목적보다는 의식과 상징성을 위한 장소로 사용되었다고 한다.

　우물 관람을 마치고 저택 내부로 들어가 보았다. 별장은 지상 4층, 지하 1층으로 구성되어 있었다. 1층에는 대부분 몬테이루 가계도에 관한 설명이 주를 이루었고 다른 층은 관람할 수가 없었다. 특별한 설명도 없어 의아했다. 1층 관람을 마칠 때쯤 예보에 없던 비가 쏟아지기 시작했다. 우산을 준비하지 못하여 비를 피하느라 저택 내부에 계속 머물 수밖에 없는 상황이었다. 30여 분이 지나도록 억수같이 내리는 비는 그칠 줄을 몰랐다. 시간이 많이 지체되고 아직 점심도 먹지 못한 상황이라, 낭만주의 시대를 대표하는 몬세라트(Parque e Palácio de Monserrate) 방문은 취소하기로 했다.

　몬세라트는 영국의 대부호 프란시스 쿡(Francis Cook)이 사용했던 별장으로, 신고딕 양식과 19세기 낭만주의가 혼재된 아름다운 외관을 자랑한다.

궁전 앞 드넓게 펼쳐진 정원에는 오세아니아 대륙을 비롯한 세계 각지에서 모인 다양한 동식물과 여러 희귀종이 서식한다. 2013년에 '유럽 정원상'을 수상할 정도로 아름다운 곳으로 알려져 있다. 비가 조금씩 약해지자 더 이상 지체할 수 없어 아내가 찾아낸 카페 시우다드(Café Ciudade)에서 일단 점심을 먹기로 했다. 볼트 택시 도착 예정 시간이 30분 이상이라 어쩔 수 없이 카페까지 걸어가기로 했다. 약하게 내리는 비를 맞으며 카페에 도착했을 때는 시계가 벌써 오후 3시를 가리키고 있었다. 헤갈레이라 별장의 저택 내부를 1층밖에 관람하지 못한 데다가 아름답다고 알려진 정원을 쏟아지는 비로 인하여 제대로 관람하지 못하여 상당한 아쉬움이 남았다. 그나마 우물을 제대로 본 것에 만족해야 했다.

헤갈레이라 별장 내부의 탑

카페 시우다드에서의 점심

카페 시우다드는 작지만 여러 블로그에서 자주 소개된 곳이었다. 샌드위치가 맛있고 하나를 시켜 반으로 나눠 먹어도 충분할 정도로 크다고 했다. 우리도 이베리안 샌드위치 하나를 주문하여 반으로 나누어 먹었다. 특히 우리가 즐겨 마시는 카페 라테도 사이즈 업(XL)하여 더블 샷(Double shot)으로 주문이 가능했다. 커피는 만족할 정도로 훌륭했고 식대로 지불한 21.50유로의 값어치를 하고도 남았다.

카페에서 신트라 궁까지는 도보로 약 15분

신트라 궁

이 걸렸다. 구글맵에서는 길 대부분이 평지라고 안내했지만, 실제로는 오르막길이 많아서 숨을 헐떡이며 왕궁에 도착했다.

　신트라 궁(Palácio Nacional de Sintra)은 포르투갈에서 가장 오래된 궁전이며 유일한 중세 왕궁이다. 8세기 무어인이 지은 성을 포르투갈 왕가에서 12세기부터 궁전으로 사용했고, 중세에는 여름 별장으로 썼다. 이로 인해 아랍풍의 건물과 포르투갈 특유의 장식이 결합되어 화려하면서도 독특한 아름다움을 보여 준다. 멀리서 봤을 때 눈에 띄는 눈처럼 새하얗고 거대한 두 개의 원뿔형 굴뚝은 무어인 특유의 건축 양식으로, 강력한 흡입력으로 음식 냄새를 날려 보내는 역할을 했다고 한다. 신트라 궁 외관은 다른 왕궁에 비해 크게 화려하지 않았고, 원통형 굴뚝을 제외하고는 그다지 특이한 점을 발견할 수가 없었다.

　그러나 궁의 내부로 들어가자 아랍풍과 마누엘 양식이 절묘하게 조화를 이루며 절로 감탄을 자아내게 했다. 특히 천장 내부 장식이 압권이었다. 왕실의 무도회가 열리던 연회홀인 '백조의 방(Sala dos Cisnes)' 천장에는 27마리의 백조가 각각 다른 자세와 표정으로 그려져 있었다. 이는 아멜리아 여왕이 벨기에 왕실로 시집간 딸을 위해 만든 것으로 알려져 있다.

신트라 궁 백조의 방   백조의 방 천장 장식

　여왕의 방인 '까치의 방(Sala das Pegas)'에는 아줄레주로 장식된 벽과 176마리의 까치가 그려져 있는 화려한 천장화를 볼 수가 있었다. 하녀와 입맞춤을 하는 모습을 필리파 여왕에게 들키게 된 주앙 1세가 여왕의 화를 풀어주기 위해 순결의 상징인 까치를 하녀의 수만큼 그리게 하고, 까치의 발에 여왕의 상징인 장미를 그리게 했다는 이야기가 전해 오는 방이다.

　가장 화려한 방은 마누엘 1세의 권력을 엿볼 수 있는 '문장의 방(Sala dos Brasões)'이다. 돔 형태의 천장에 그려진 천장화의 가운데는 자녀 8명의 문장과 8마리의 수사슴이 그려져 있고, 74개 귀족 문양이 아래로 가득 새겨져 있었다. 벽에는 말을 타고 외출하거나 사냥하는 왕족의 모습을 그린 푸른 아줄레주 타일로 화려함을 더했다.

　왕실 예배당을 거쳐 궁전 내부를 나오면 만날 수 있는 정원은 화려하진

신트라 궁 까치의 방   까치의 방 천장 장식

신트라 궁 문장의 방

문장의 방 천장 장식

않지만 잘 가꾸어진 모습을 하고 있었다. 신트라 궁은 1195년 신트라의 문화경관의 일부로 유네스코 세계문화유산으로 지정되었다. 이국적인 모습의 외관과 더불어 특히, 천장이나 벽 등에 그려진 그림들 때문에 각각 다른 이름으로 불리며, 포르투갈의 독특한 양식으로 화려하게 장식된 방의 내부는 너무나 인상적이었다. 덕분에 헤갈레이라 별장에서 느꼈던 많은 아쉬움을 털어낼 수 있었다. 신트라 궁을 나와 앞쪽을 바라보니 언덕 위의 알록달록한 집들과 저 멀리 보이는 무어 성이 마치 한 폭의 그림처럼 펼쳐져 있었다. 신트라 궁 입장료는 13유로다.

 이베리아반도를 정복했던 무어인들이 지은 강인한 느낌을 주는 무어 성과 포르투갈의 왕궁으로 사용되었던 신트라 궁이 있는 신트라는 포르투갈 역사의 정수를 담고 있는 곳이다. 페나 성, 헤갈레이라 별장은 물론 시간이 부족해 방문하지 못한 몬세라트 궁전 등의 아름답고 고풍스러운 건축물들은 마치 동화 속 한 장면을 거니는 듯한 느낌을 주었다. 신트라는 역사의 깊

신트라 궁 광장에서 바라본 무어 성

신트라 궁 광장 앞의 마을 전경

이와 문화의 풍요로움을 온전히 느낄 수 있는 특별한 장소로, 그곳에서 느낀 알 수 없는 뿌듯함과 경외감은 이 도시를 더욱 인상 깊게 만들어 주었다.

오후 4시 40분 열차를 타고 호시우 역으로 돌아온 후, 저녁 식사는 마르팅 모니즈 광장(Praça Martim Moniz) 맞은편의 아시안 푸드코트에서 즐겼다. 베이징 덕(Beijing Duck)과 매운 양념 불고기, 밥이 포함된 식사는 만족스러웠으며, 슈퍼복 맥주 두 병을 포함하여 27.80유로를 지불했다.

마르팅 모니즈 광장은 포르투갈의 독립운동 지도자이자 시인 마르팅 모니즈의 이름을 딴 곳으로, 지하철, 트램, 버스가 출발하는 리스보아 교통의 허브역할을 하는 곳이다. 내일은 벨렝 지구를 중심으로, 리스보아 카드로 입장할 수 있는 명소들을 방문할 계획이다.

리스보아 마르팅 모니즈 광장

11월 22일

리스보아의
찬란한 보석
벨렝

        오늘은 리스보아에 도착한 첫날 구입한 리스보아 카드를 활용해 명소들을 방문하기로 했다. 전날 저녁 아내와 함께 구글 맵으로 명소의 위치와 효율적인 동선을 확인한 뒤, 오전에는 벨렝(Belém) 지구의 제로니무스 수도원, 발견 기념비 및 벨렝 탑을 관람하고, 오후에는 알파마 지구로 넘어와 상 조르즈 성, 국립 판테옹, 아줄레주 국립 박물관을 방문하기로 했다.
    제로니무스 수도원(Mosteiro dos Jerónimos)은 벨렝 지구에서 가장 많은 관람객이 방문하는 곳으로, 성수기에는 입장을 위해 한 시간 이상 줄을 서야 하는 곳으로 유명하다. 비수기인 지금은 비교적 한산하지만, 혹여라도 긴 대기 줄에서 시간을 낭비하는 불상사를 피하기 위하여 일찍 집을 나섰다. 코메

제로니무스 수도원

　　르시우 광장에서 15E 트램을 타고 제로니무스 수도원으로 향했다. 트램 창밖으로 보이는 리스보아의 잘 정돈된 풍경은 활기 넘치는 대도시의 모습을 보여 주었다. 꽤 규모가 있는 아파트 단지의 모습도 인상적이었다. 트램을 타고는 교통카드 인식기에 카드를 대지 않는 몇몇 얌체 승객도 보였다. 수도원에 도착하니 우선 그 거대한 규모에 압도되어 입이 다물어지지 않았다. 입장 시간인 아침 9시 30분보다 40여 분 일찍 도착했기에 기다리는 관람객은 많지 않았지만, 잠시 후 우리 뒤에 관람객들이 속속 모여들어 어느새 긴 줄을 형성했다.

　　리스보아의 남서쪽 벨렝 지구는 대항해 시대의 숨결이 깃들어 있는 곳으로, 포르투갈인들의 자부심이 녹아 있는 장소이다. 바다를 향한 거대한 꿈이 물결치던 강 위로 이제는 요트와 유람선이 유유히 떠다닌다. 제로니무스 수도원은 '대항해 시대를 향한 러브레터'라는 찬란한 수식어만큼 웅장하고 화려하게 빛나는 벨렝의 보석이다. 1496년 마누엘 1세가 탐험가 바스쿠 다 가마의 성공적인 인도 항해를 기원하며 수도원 건축을 명령했고, 1501년부터 100년 동안 후기 고딕 양식에 마누엘 양식을 결합한 석회석 건물이 완성

제로니무스 수도원 회랑의 아치   제로니무스 수도원 회랑

되었다. 원래 이름은 벨렝의 산타 마리아 수도원(Mosteiro de Santa Maria de Belém)이지만, 제로니무스 수도회에서 사용했기 때문에 일반적으로 제로니무스 수도원이라고 부른다. 마누엘 양식은 대항해 시대를 상징하는 바다 관련 장식이 가미된 포르투갈 고유의 장식주의 건축 양식으로, 밧줄, 닻, 범선, 산호 등의 대항해 시대의 상징물이 화려하게 장식되어 있다. 이토록 아름다운 수도원이 1755년 리스보아 대지진에도 불구하고 온전하게 남아 있는 것은 강변에 위치해 있기 때문이다. 수도원은 1983년 유네스코 세계문화유산으로 등재되었다.

    수도원 건물을 정면에서 바라볼 때 가장 오른쪽에는 조각 디테일이 예술인 산타 마리아 성당 입구가 위치하고, 그 왼쪽으로 수도원 건물이 이어지며 가장 왼쪽 끝에는 해군 박물관 입구가 자리 잡고 있다. 수도원 내부로 들어서자, 수도원의 백미라 불리는 회랑의 모습에 나도 모르게 감탄이 절로 나왔다. 안뜰을 둘러싼 55미터의 사각형 회랑은 눈을 돌릴 때마다 대항해 시대의 상징물인 산호, 밧줄, 범선 등으로 장식된 아치와 기둥의 정교함 덕분에 입을 다물 수 없을 정도였다. 관람객들은 저마다의 위치에서 사진을 찍느라 여념이 없다. 회랑은 2층으로 되어 있으며, 각 층은 서로 다른 건축가에

제로니무스 수도원 사각형 회랑

의해 설계되었다. 중앙에는 분수가 우아하게 자리 잡고 있고, 긴 회랑의 끝에는 수도사들이 고해성사를 하던 고해의 방도 있다. 이 회랑의 아케이드 중 하나에는 20세기의 시인 페르난도 페소아와 포르투갈의 셰익스피어라 불리는 16세기 루이스 카몽이스도 묻혀 있다.

제로니무스 산타 마리아 성당 내부

수도원과 연결된 산타 마리아 성당을 관람할 차례였다. 하지만 성당의 입구를 찾기 어려워 근무자에게 물어보니, 성당은 현재 내부 수리 중이라 관람이 불가능하다고 한다. 너무나 아쉬워 발길을 쉽게 돌릴 수 없었고, 몇 번이나 확인한 뒤에야 겨우 수도원을 나올 수가 있었다.

산타 마리아 성당(Igreja de Santa Maria)은 바스쿠 다 가마가 항해를 떠나기 전 기도를 올렸던 곳으로, 지금도 신도들이 미사를 올린다고 한다. 성당 내부 왼편에는

바스쿠 다 가마 석관

루이스 드 카몽이스 석관

바스쿠 다 가마, 오른편에는 시인 루이스 드 카몽이스의 석관이 자리하고 있다. 손에 밧줄을 쥐고 있는 바스쿠 다 가마의 관에는 배, 혼천의, 십자가가 조각되어 있고, 루이스 드 카몽이스의 관에는 월계관, 펜, 악기가 조각되어 있다. 성당은 무료로 입장할 수 있지만, 수도원은 유료이며 입장료는 12유로다. 우리는 리스보아 카드를 이용해 무료로 입장했다.

아쉬움을 뒤로 하고 제로니무스 수도원의 건너편에 위치한 발견 기념비(Padrão dos Descobrimentos)로 향했다. 수도원 앞 넓은 임페리우 광장(Praça do Império)과 공원을 지나 지하도를 이용하여 대로를 건너면 넓은 광장이 나타난다. 그 중앙에 발견 기념비가 우뚝 서 있다. 이 기념비는 대항해 시대를 열었던 포르투갈의 용감한 선원들과 그들의 후원자들을 기리는 범선 모양의 건축물로, 1940년 바스쿠 다 가마가 아프리카 항해를 떠난 자리를 기념하기 위해 설계되었으며, 1960년 엔히크 왕자의 사후 500주년을 기념해 재건되었다. 기념비의 길이는 46미터, 넓이 20미터, 높이는 52미터이다. 탐험대의 '카라벨(Caravel)'선을 본뜬 형태로, 뱃머리 가장 앞쪽에는 해양 왕 엔히크 왕자의 조각상이 자리하고 있으며, 그 뒤를 바스쿠 다 가마(인도 항로 개척), 페드루 알바르스 카브랄(Pedro Álvares Cabral; 브라질 발견), 페르디난드 마젤란(Ferdidnand Magellan; 마젤란 해협 발견), 바르톨로메우 디아스(Bartolomeu Dias; 희망봉 발견) 등 30명의 탐험가와 항해가, 작가, 화가, 선교사의 조각상이 좌

발견 기념비

발견 기념비 광장 바닥의 세계 전도

우 양쪽으로 이어진다.

 시인 루이스 드 카몽이스와 유일한 여성 승선원인 필리파 렝거스트 여왕의 조각상도 있다. 52미터 높이의 발견 기념비 정상에 있는 전망대에 올랐다. 전망대 폭은 좁았으나 테주강을 굽어보는 풍경은 아득하고 끝이 없는 아름다움이었다. 제로니무스 수도원의 모습도 한눈에 들어왔다. 발견 기념비 앞의 광장 바닥은 대항해를 상징하듯 물결 모양의 칼사다 포르투게자로 포장되어 있으며, 직경 50미터의 나침반과 함께 포르투갈이 지배했던 나라에 연도를 표시해 둔 세계 지도가 그려져 있다. '바람의 장미(Rosa dos Ventos)'라는 타일로 그려진 작품이다. 지도에는 포르투갈 탐험가들이 발견한 항로와 항구가 자세히 기록되어 있었고, 한국의 모습도 보였다. 전망대에서는 이 작품을 한눈에 내려다볼 수 있어 사진으로 남겨 두었다. 대항해 시대에 대한 자부심을 잃지 않으려는 포르투갈인들의 불굴의 정신을 느낄 수 있었다. 전망

발견 기념비 전망대에서 바라다본 테주강과 벨렝 지구의 전경

발견 기념비 전망대에서 바라다본 임페리우 광장과 제로니무스 수도원

발견 기념비 광장 바닥의 '바람의 장미'

벨렝 탑

대 입장료는 5유로다.

발견 기념비에서 벨렝 탑(Torre de Belém)까지는 도보로 약 15분이 소요되었다. 드레스를 입고 강가에 서 있는 여인처럼 보인다고 하여 '테주강의 귀부인'이라는 별칭을 가진 벨렝 탑은 1515년에서 1521년에 걸쳐 이뤄진 바스쿠 다 가마의 위대한 발견을 기념하기 위해 테주강변에 세워진 건축물이다. 고상한 별명과는 달리 과거 벨렝 탑의 주요 역할은 요새로서 모든 탐험대의 전진 기지였다. 이 탑은 요새와 북쪽에 위치한 높이 30미터의 4층 석조 탑으로 이루어져 있다. 처음 완공되었을 당시

벨렝 탑을 배경으로

에는 사면이 물에 잠겨 있었지만, 현재는 상당 부분이 모래에 노출되어 있다. 밀물과 썰물의 차로 인해 종종 물에 잠기던 1층은 감옥으로, 2층은 포대, 3층은 왕의 거실 겸 망루로 사용되었다. 건축적으로는 마누엘 양식의 미학을 잘 드러내고 있다. 19세기 이후 점차 요새로서의 역할이 퇴색하면서 세관, 우체국, 등대로 이미지 변신을 꾀하기도 했지만 오래가지 못했다. 1983년 제로니무스 수도원과 함께 유네스코 세계문화유산으로 지정되었다. 벨렝 탑이 세계문화유산으로 선정된 것은 대항해 시대에 미지의 대륙으로 향했던 이들의 여정이 이곳에서부터 시작되었다는 커다란 의미 때문인 것 같다. 다리를 건너 탑 앞에서 입장권을 구매하면 내부 꼭대기에 올라 탁 트인 테주강의 풍경을 감상할 수 있다. 입장권은 8유로다.

벨렝 탑 앞에서 열심히 셀피를 찍고 있던 젊은 커플에게 사진을 찍어 주겠다고 하자, 멋진 포즈를 취하고는 연신 고맙다는 인사를 한다. 덕분에 우

아주다 국립 궁전

리 부부도 벨렝 탑과 끝없이 펼쳐진 테주강을 배경으로 멋진 사진을 남길 수 있었다. 벨렝 탑 옆에는 내부 관람을 위한 긴 줄이 있어, 우리는 외관만 보고 돌아서기로 했다. 제로니무스 수도원과 함께 벨렝의 랜드마크인 벨렝 탑은 강의 끝자락과 바다의 초입을 지키는 웅장한 게이트처럼 보였다.

리스보아의 서쪽 끝, 대항해 시대의 시작점인 이곳 벨렝에는 마누엘 양식의 백미를 보여 주는 건축물이 여행객의 발길을 사로잡고 있었다. 세월의 흔적이 배어 있는 돌담과 조각들 속에서 탐험가들의 열망이 느껴졌고, 바스쿠 다 가마의 항해가 이곳에서 시작되었음을 실감하며 가슴이 뭉클해졌다. 발견 기념비 앞에서는 묘한 존경심과 설렘에 사로잡혔다. 바람에 실려 오는 테주강의 향기는 그 시절 바다를 누비던 선원들의 꿈을 전해 주는 듯했고, 벨렝의 풍경은 과거와 현재가 맞닿는 경이로움으로 내 마음을 사로잡았다.

리스보아의 아주다 언덕에 세워진 아주다 국립 궁전(Palácio Nacional de Ajuda)은 포르투갈에서 가장 화려한 궁전으로, 브라간사 왕조의 호화로운 삶을 만날 수 있는 곳이다. 18세기 주앙 5세가 여름 별궁으로 사용하던 이곳은 1755년 대지진으로 지금의 코메르시우 광장 자리에 있던 왕궁이 무너지자 주제 1세가 이곳으로 거처를 옮겼다. 동 루이스 1세가 19세기 후반부터

아주다 국립 궁전 블루 룸

아주다 국립 궁전 핑크 룸

아주다 국립 궁전 그린 룸

아주다 국립 궁전 마블 룸

다시 왕궁으로 사용하면서 아름답게 꾸며졌고, 1908년 카를로스 1세의 암살 사건 이후 공화국 정부의 소유가 되었다. 현재는 정부의 영빈관으로 사용되고 있다. 궁전에 들어서니 베르사이유 궁전을 연상시키는 화려한 내부에 감탄이 절로 나왔다. 벽지와 장식의 색깔에 따라 블루 룸(Blue Room), 핑크 룸(Pink Room), 그린 룸(Green Room), 마블 룸(Marble Room) 등이 각각 독특한 매력을 뽐내고 있었다. 알현실의 눈부신 샹들리에와 붉은 왕좌는 강렬한 인상을 남겼다. 은은한 진줏빛 연회장은 200여 명을 수용할 수 있는 규모였고, 왕실이 이용하는 작은 예배당도 눈에 띄었다. 여왕의 방(Queen's Room)은 왕의 방(King's Room)보다 더 인상적인 화려함을 자랑했다. 외교단을 접견하는 방에서는 궁전을 견학 온 유치원생들이 열심히 설명을 듣는 모습도 보였다.

아주다 국립 궁전 연회장   아주다 국립 궁전 알현실

　아주다 궁전은 단순히 왕궁을 개방해 놓은 것만이 아니고, 실제로 왕족들이 사용하던 온갖 진귀한 가구와 장식들로 가득한 하나의 박물관 같았다. 입장료는 8유로였지만 우리는 리스보아 카드를 이용해 무료로 입장했다.

　궁전 관람을 마치니 어느새 오후 12시가 되어 가고 있었다. 조금 늦더라도 상 조르즈 성을 둘러보고 점심을 먹기로 했다. 정류장에서 조르즈 성 버스를 기다리는 동안 반대편 차선의 버스 안에서 검수원들이 승객들의 표를 검사하는 장면을 목격했다. 표를 소지하지 않은 여성 두 명이 검수원들에 의해 버스 밖으로 나오는 모습을 지켜보며, 우연의 일치인가 싶었다. 공교롭게도 우리가 탑승한 버스에서도 똑같은 해프닝이 발생했다. 검수원이 수시로 차량에 탑승하여 표 검사를 하는 모양이었다. 50여 분 후, 드디어 상 조르즈 성에 도착했다.

　성 입구에 가 보니 입구는 성에 들어가려는 인파로 인산인해를 이루고 있었다. 다행히 우리는 리스보아 카드를 소지하고 있어 대기 줄에서 기다릴 필요 없이 바로 입장 티켓으로 교환하여 성안으로 들어갈 수가 있었다. 리스보아 카드의 위력을 새삼 느낄 수 있는 순간이었다. 입장료는 일반 15유로, 리스보아 카드 소지자는 무료로 입장할 수 있었다. 성에 들어서자 리스보아의 전경이 한눈에 들어왔다. 리스보아에는 전경을 조망할 수 있는 전망대가 여러 곳 있지만, 상 조르즈 성(Castelo de São Jorge)은 리스보아의 일곱 개 언덕

상 조르즈 성 공원에서 바라다본 리스보아 전경

중에서도 가장 높은 언덕에 위치해 있어 그 풍경은 압도적이었다. 특히 360도 모든 방향을 조망할 수 있어, 리스보아의 일부 전경만을 조망할 수 있는 다른 전망대와는 비교할 수 없는 차이점이 있었다.

　상 조르즈 성은 원래 고대 로마 지배 시기인 5세기경 로마인들이 구축한 이후, 9세기에는 무어인이 요새의 목적으로 다시 지은 성이었다. 1137년 아폰수 1세가 무어인으로부터 포르투갈을 탈환한 이후에는 포르투갈 왕궁으로 사용되었다. 역대 왕들은 알파마 지구와 항구, 테주강 일대를 내려다보는 이 성의 군사적 이점을 활용하여 계속 요새로 이용했다. 1371년, 영국 랭카스터 왕가의 왕녀 필리파와 결혼한 주앙 1세가 이 성을 영국의 수호성인 세인트 조지에게 헌정하며 포르투갈어로 '세인트 조지'를 뜻하는 '상 조르즈'라는 이름을 얻게 되었다. 그러나 테주강변 코메르시우 광장 자리에 새로운 궁전이 지어지고, 1531년에 일어난 지진의 피해까지 입게 되면서 이 중세의 성은 예전의 영광을 잃었다. 현재 성곽 내부는 옛날 궁전으로 사용되던 곳으

상 조르즈 성

상 조르즈 성 아폰수 1세 동상

상 조르즈 성 공원

로 지금은 공원이 조성되어 있다.

    상 조르즈 성은 성 자체와 원래 이곳에 있던 왕궁의 유적들로 이루어져 있다. 19세기에 세워진 정문을 지나면 중앙 광장인 '프라사 다르마스(Praça Darmas)'가 펼쳐지며, 울리세스의 탑(Torre de Ulisses)에는 전망경이 있어 리스보아를 360도로 둘러볼 수 있다. 성곽 안으로 들어가 성벽에 오르자, 구불구불한 알파마의 골목길과 코메르시우 광장, 그리고 네모반듯한 아우구스타 거리와 광장들이 시야에 들어왔다. 테주강을 건너 알마다 지구까지 보이는 풍경은 감탄을 자아냈다. 지진 때 무너져 내린 그대로 보존된 카르무 수도원과 그 옆의 산타 주스타 엘리베이터의 모습도 선명하게 눈에 들어왔다. 광장에는 이 성을 함락시킨 포르투갈 초대 왕 아폰수 엔히크스의 동상이 늠름하게 서 있었다. 성벽을 따라 걷다 보니 성에서 가장 유명한 전망대인 '오래된

상 조르즈 성곽의 성벽

창문' 앞에서는 사진을 찍으려는 관광객들로 북적였다. 창문을 통해 바라본 리스보아의 풍경은 매력적이고 감동적이었다. 멀리 상 비센트 드 포라 수도원의 첨탑이 눈에 들어오며, 그 아름다움이 잊을 수 없는 기억으로 남았다.

상 조르즈 성 공원에서는 느긋하게 걸어다니는 공작새들을 만날 수 있었다. 유유히 걸어다니는 공작새는 물론, 담벼락과 나무 위에서도 그 모습을 볼 수 있었다. 그들이 이따금 내는 괴이한 울음소리는 우아한 모습과는 상상이 되질 않아 흥미로웠다. 꼬리를 활짝 편 공작새의 모습을 보려고 한참을 기다렸지만, 결국 뜻을 이루지는 못했다.

상 조르즈 성 '오래된 창문'

성을 한 바퀴 둘러보니 시간이 벌써 오후 2시를 넘어가고 있었다. 성안에서 리스보아 전경을 감상할 수 있는 야외 테이블을 설치한 러브리 카스텔루(Lovely Castelo)에서 점심을 먹기로 했다. 간단히 클럽 샌드위치와 생맥주를 주문했지만, 음식값이 37.80유로로 상당히 비싼 수준이었다. 생맥주 500밀리리터가 6유로로 시내 다른 식당에 비해 상당히 높은 가격으로서, 전망을 감상하는 대가로 보였다.

상 조르즈 성 공원 담벼락 위의 공작새들

상 조르즈 성 마누엘 1세 석상   상 조르즈 성에서 바라보이는 상 비센트 드 포라 수도원

    점심을 먹으면서 아내와 오후 일정에 대해 논의했다. 매일 여러 명소를 방문하며 저녁에 여행기를 작성하느라 시간이 부족한 나를 대신해, 아내는 구글맵을 참고하여 다음 날 일정에 포함된 방문지들의 동선을 효율적으로 작성한다. 아내의 수고 덕분에 시간 낭비를 최소화할 수 있었다. 점심을 마치고 당초 계획된 국립 판테옹으로 가기 전에 상 비센트 드 포라 수도원을 먼저 둘러보기로 했다. 성을 나오는 길에 마누엘 1세의 석상이 한쪽에 자리하고 있었다. 마누엘 1세는 15세기 말에서 16세기 초에 걸쳐 선왕의 항해 사업을 계승하고, 바스쿠 다 가마의 인도 도착(1498년)과 카브랄의 브라질 발견(1500년)에 이어 장대한 포르투갈 해상제국을 실현한 왕이다. 그의 치세에 꽃피운 르네상스 건축장식은 '마누엘 양식'이라 불리며, 해산물과 항해용구가 곁들여져 웅장함을 자랑한다.

    상 비센트 드 포라 수도원(Mosteiro de São Vicente de Fora)은 상 조르즈 성에서 도보로 10분 거리에 위치해 있다. 중세 포르투갈에서 중요한 수도원 중 하나였던 이곳은 포르투갈의 초대 왕 아폰수 엔히크스가 1147년에 건립했으며, 무어인들과의 전투에서 사망한 군인들을 기리기 위해 세워졌다. 16세기에 포르투갈의 국왕으로 즉위한 스페인의 펠리페 2세에 의해 르네상스 양식으로 개조되었으나, 1755년 대지진으로 파손된 후 18세기에 현재의 모

상 비센트 드 포라 수도원 천장화와 아줄레주 벽화

습이 되었다. 1834년 포르투갈 수도원들이 폐쇄되면서 수도원은 리스보아 대주교의 궁전으로 사용되기도 했다. 외벽은 로마네스크 양식으로 지어졌고, 수도원은 여러 왕조를 거치며 18세기까지 증·개축되었다. 고귀한 입구로 들어서니 아줄레주 타일과 천장화가 입구에서부터 눈길을 사로잡았다. 타일은 포르투갈 왕과 수도원 설립을 묘사한 유약 타일 패널로 장식되어 있으며, 방의 천장에 그려진 사실적인 그림은 이탈리아의 화가인 빈첸초 바카렐리(Vincenzo Baccarelli)에 의해 완성되었다. 성찬례 박물관에는 오래된 제의와 제대 위의 성물들이 전시되어 경건한 마음을 불러일으켰다. 수도원 내부의 회랑 역시 리스보아의 역사가 그려진 아줄레주로 장식되어 있었다.

  수도원에 딸린 성당은 펠리페 2세에 의해 1582년에 재건된 포르투갈 매너리즘 스타일의 첫 번째 사례 중 하나이다. 화려한 바로크 양식의 제단 조

상 비센트 드 포라 수도원

상 비센트 드 포라 성당 　　　　　　　상 비센트 드 포라 성당 로얄 판테옹

각은 18세기에 최고의 포르투갈 조각가 조아킹 마샤두 드 카스트루(Joaquim Machado de Castro)가 만든 작품이다. 성당 안쪽에는 브라간사가의 군주들의 묘소가 안치된 로얄 판테옹(Panteão Real Bragança)이 자리하고 있었다. 페르난두 2세 국왕이 수도사들이 사용하던 옛 식당을 브라간사가의 왕, 여왕의 묘소로 개조하고, 성당에 있던 예배당을 영묘로 개조했다고 한다. 로얄 판테옹에는 마리아 1세 국왕, 페드루 4세 국왕을 제외한 브라간사가의 모든 군주들의 묘소가 안치되어 있다. 로얄 판테옹의 옆으로는 총 대주교의 판테옹(Panteão dos Patriarcas)의 모습도 보였다.

옥상으로 가는 계단을 통해 올라가니 리스보아 시내와 테주강이 360도 파노라마 뷰로 펼쳐졌다. 멀리서만 보아 왔던 수도원의 두 개의 첨탑이 우뚝

상 비센트 드 포라 수도원 돔 테라스(옥상 전망대)

상 비센트 드 포라 수도원 돔 테라스에서 바라다본 테주강과 리스보아 전경

솟은 모습으로 위용을 자랑하고 있었다. 바로 옆의 국립 판테옹과 끝없이 펼쳐진 테주강변에 정박해 있는 크루즈선도 한눈에 들어왔다. 리스보아 시내와 테주강이 마치 영화의 한 장면처럼 펼쳐지는 비밀 전망대와 같았다. 리스보아 언덕에 자리한 여러 전망대보다 훨씬 환상적인 풍경을 자랑하고 있어 참으로 인상적이었다. 리스보아를 방문하는 여행객들에게 감히 추천하고 싶은 옥상 전망대(?)이다. 수도원의 입장료는 8유로이나, 리스보아 카드 소지자는 6유로에 이용할 수 있다.

상 비센트 드 포라 수도원에서 도보로 5분 거리에는 오렌지색 지붕으로 뒤덮인 언덕 위에 고개를 내민 백색 바로크 양식 돔이 눈에 띈다. 포르투갈을 빛낸 위인들이 묻힌 국립 판테옹(Panteão Nacional)이다.

국립 판테옹

판테옹의 '판'은 모두, '테옹'은 신이라는 뜻으로 '모든 신들'이라는 그리스어에서 유래했다. 16세기 후반 원래 있던 교회가 무너진 후, 1682년에 그 자리에 산타 앵그라시아 성당(Igreja de Santa Engrácia)이 지어지기 시작했는데 1712년 건축가

리스보아와 근교 소도시

국립 판테옹 내부의 석관

가 사망하면서 공사가 중단되고 말았다. 오랜 기간 미완성으로 남아 있던 건물은 20세기에 이르러 돔이 추가되며 1966년에 이르러서야 완성되었다. 결과적으로 판테옹은 완성될 때까지 포르투갈에서 가장 오랜 시간을 소요한 건축물이 되었다. 로마의 성 베드로 성당으로부터 영감을 받아 건축된 바로크 양식의 성당으로, 1916년에 국립 판테옹으로 개조되면서 포르투갈을 빛낸 위인들을 모시는 국립묘지의 역할을 하고 있다. 역대 대통령을 비롯해 탐험가, 시인, 유명 파두 가수, 축구 선수 등 역사, 문화적으로 가장 중요한 인물들의 석관과 기념비가 놓여 있다. 특히, 항해 왕 엔히크 왕자, 인도 항로를 개척한 바스쿠 다 가마, 세계적인 파두 가수 아말리아 로드리게스와 국민 시인 루이스 드 카몽이스의 석관이 안치되어 있으며, 세계적인 축구 선수였던

국립 판테옹 엔히크 왕자의 석관

국립 판테옹 카몽이스의 석관

306 　세상의 끝, 포르투갈의 숨결

국립 판테옹 돔 천장의 무늬　　국립 판테옹 파이프 오르간과 대리석 바닥　　국립 판테옹 바로크 파이프오르간

에우제비오 다 실바(Eusébio da Silva)의 석관도 눈에 띄었다.

　　산타 엥그라시아 성당은 한 번도 예배 장소로 사용된 적이 없지만, 그 이름은 지금까지 보존되어 국립 판테옹과 함께 사용되고 있다. 가까이에서 바라본 판테옹의 모습은 웅장하고, 대리석 건물의 화려함이 눈부실 지경이었다. 내부는 더욱 훌륭하여 아름다운 무늬가 들어간 대리석 구조물은 품격이 흐르고 우아함을 자아냈다. 화려하거나 현란하지 않고 심플함 속에서 깊은 공간감을 느낄 수 있었다. 위를 올려다보니 붉은 방사형 무늬가 입혀진 한 개의 큰 원형 돔과 그 주위를 받치는 네 개의 반원형 돔이 입체감과 웅장함을 더하고 있었다. 대리석 하나하나의 색깔과 조화는 오묘하며 신비로운 분위기를 자아냈다. 내부 계단을 따라 위층으로 올라가면 원통형 건물의 각층을 걸어 다니며 중앙 돔과 벽면 장식, 각 방의 장식품 등을 관람할 수가 있었다. 위층에서 내

국립 판테옹 돔 테라스

국립 판테온 돔 테라스에서 바라다본 테주강의 전경

려다보면 십자가 모양의 구조와 대리석 바닥이 눈에 들어온다. 여기서는 미사를 드리지 않기 때문에 십자가도 의자도 없다. 정면에는 리스보아 대성당에서 가져온 18세기 바로크 파이프 오르간이 보이며, 양쪽으로 석관들이 눈에 띄었다. 4층으로 올라가 돔의 테라스로 나가 보니, 여기서의 풍경 역시 장관이었다. 판테온 테라스는 원형으로 360도 조망이 가능하여 알파마 지구와 테주강을 한눈에 시원하게 감상할 수 있었다. 상 비센트 드 포라 수도원에 이어 판테온에서 바라본 전망 역시 일품이었다.

판테온 밖으로 나와 다시 한번 국립 판테온을 정면으로 바라보았다. 웅장하게 펼쳐진 모습에 감탄하지 않을 수 없었다. '멋지다'라는 단어로밖에 표현할 길이 없는 아름다움이었다. 판테온은 리스보아가 자랑할 만한 반짝반짝 빛나는 진주 같은 건축물로, 그 위용은 지나는 이들의 시선을 끌기에 충분했다. 국립 판테온의 입장료는 8유로이며, 리스보아 카드 소지자는 무료로 입장할 수 있다.

아줄레주 국립 박물관(Museu Nacional do Azulejo)은 판테온에서 약 1.5킬로미터 거리에 위치해 있다. 도보로 가면 20분 이상이 소요되어 주변에 있던 툭툭(Tuk Tuk)을 타기로 했다. 여행객이라고 20유로를 제시하는 기사와 흥정한 끝에 15유로를 지불하고 아줄레주 박물관에 당도했다. 아줄레주 국립 박물관은 리스보아의 동쪽, 베아투 지구의 강변 부두 근처에 자리 잡고 있다. 1509년 레오노르 여왕에 의해 건축된 마드레 드 데우스 수도원(Mosteiro dos Madre de Deus, 성모 수도원) 건물과 수도원의 타일 예술품을 보존하기 위해 1916년 박물관을 세웠고, 이후 1980년 국립 박물관으로 승격되었다. 풍부하고 화려한 건축장식이 특징인 마누엘 양식으로 지어졌고 이후 바로크 양식이 추가되었다. 덕분에 1층 회랑에서 2층까지 겹겹의 방을 넘나들며 15세기 이후 포르투갈 특유의 타일 예술과 그 변천사를 살펴볼 수 있는 곳이다. 박물관에 도착해서는 국립 박물관이라는 이름이 무색할 정도로 소박한 입구에 순간적으로 눈을 의심했다. 내부로 들어서니 아줄레주의 제작 과정을 직접 실습하는 학생들의 진지한 모습이 눈에 들어왔다. 포르투갈인들의 아줄레주에 대한 열정과 자부심이 이어지는 모습이었다. 처음 전시 공간은 아줄레주를 설명해 주는 공간이다. 아랍 타일 장식에서 영향을 받았고 그래서 이름도 아랍 단어에서 유래

툭툭

아줄레주 국립 박물관

아줄레주 국립 박물관 아줄레주 작품 〈리스보아의 거대한 파노라마〉

되었다.

　초창기 아줄레주 양식은 기하학적 무늬를 중심으로 발전했으나, 대항해 시대를 맞아 무역을 통해 접하게 된 중국 도자기의 영향을 받아 하얀 타일에 파란색으로 그림을 그리는 형태로 진화하게 되었다.

　박물관에는 아줄레주 작품들이 연대와 장르별로 전시되어 있었다. 박물관 지하층에서는 무어 양식 등 17세기까지의 타일 양식 작품이 전시되어 있었고, 1층에는 18세기부터 20세기까지의 다양한 타일 작품이 있다. 이 작품들은 종교화는 물론 전원 풍경, 궁정 모습, 서민생활, 동식물, 신화 등 다양한 주제를 표현하고 있다. 수도원의 본래 타일 벽화와 장식, 그리고 포르투갈과 세계 각국의 20세기 타일 예술가들의 작품이 어우러져, 박물관 내부 곳곳에서 아줄레주 타일 특유의 화려한 색채와 다양한 문양을 만끽할 수 있었다. 가장 눈길을 끈 작품은 2층에 전시된 1738년에 제작된 대형 작품 〈리스보아의 거대한 파노라마(Grande Panorama de Lisboa)〉로, 1,300여 개의 타일로 만들어져 길이가 23미터에 이르는 압권이었다.

　1775년 대지진 이전의 리스보아 전경이 사실적으로 그려져 있다. 각각

아줄레주 국립 박물관 시대별 다양한 아줄레주 작품들

의 건물들 그림 밑에 건물 이름이 적혀 있어, 대지진 전 리스보아 주요 건물들의 위치와 형태를 살펴보는 재미를 더해 주었다. 각지에서 벽째 옮겨온 아줄레주뿐만 아니라 회화 작품과 도자기까지 다양하게 전시되어 있었다. 마지막 전시관에서는 계속 새로운 형식으로 발전 중인 현대 아줄레주를 만날 수 있었다. 전통적인 컬러와 타일 아트의 형식은 유지하되, 시대에 맞춰 내용이 변화하는 모습이 인상적이었다. 박물관 지하에 있는 예배당은 번쩍이는 금박으로 치장한 상부와 푸른 아줄레주로 장식한 하부가 묘한 조화를 이루고 있었다.

아줄레주는 과거의 유물이 아니라 현재에도 지속되고 있는 하나의 문화였다. 시대의 흐름에 새롭게 적응하기 위해 계속 진화하고 있음을 느낄 수가 있었다. 다양한 시대의 타일 작품을 감상하며 포르투갈의 역사와 아줄레주에 대해 더 깊이 이해할 수 있는 계기가 되었고, 포르투갈 국민들이 아줄레주를 단순한 타일 장식을 넘어 하나의 문화로 계승하려는 모습을 간접적으로나마 느낄 수 있었다. 아줄레주 국립 박물관의 입장료는 일반인 8유로, 리스보아 카드 소지자는 무료로 입장할 수 있다.

오후 5시 30분경에 박물관 관람을 마치고 귀갓길에 자주 마주친 산타 주스타 엘리베이터(Elevador de Santa Justa)에 호기심이 발동하여 한번 타 보기로 했다. 45미터 높이 꼭대기에는 전망대도 있다. 엘리베이터 왕복과 전망대 관람을 합친 통합 요금이 6유로이고 리스보아 카드 소지자는 무료다.

박물관 앞 정류장에서 759번 버스를 타고 약 30분 이동하여 아우구스타 거리에 위치한 엘리베이터에 도착했다. 역시나 엘리베이터 앞에는 긴 줄이 늘어서 있었다. 산타 주스타 엘리베이터는 1902년생으로 120년이 넘는 세월 동안 지대가 낮은 바이샤(Baixa)와 언덕 위 바이후 알투(Bairro Alto) 지역을 수직으로 연결해 주고 있다. 강철로 제작된 신고전주의 양식으로 《죽기 전에 꼭 봐야 할 세계 건축 1001》이라는 건축 백과사전에도 소개된 바 있다.

산타 주스타 엘리베이터 전망대에서 바라다본 상 조르즈 성의 야경

엘리베이터를 타고 전망대에 오르니 앞쪽에 붉은빛으로 물든 상 조르즈 성의 야경이 한눈에 들어왔다. 발밑으로는 크리스마스 장식과 조명으로 반짝이는 거리의 모습이 아름답게 펼쳐졌다. 전망대는 카르무 수도원의 루프탑과 연결되어 있었다. 엘리베이터를 내려오며 산타 주스타 엘리베이터는 외관을 보는 것만으로도 충분하다는 생각이 들었다.

리스보아 시내 야경

오후 6시 30분이 넘어서 귀가하게 되었다. 24시간 리스보아 카드를 이용하여 무료로 입장할 수 있는 많은 명소를 방문하다 보니 다소 무리한 일정을 소화하게 된 것 같았다. 내일은 포르투갈에 와서 처음으로 그룹 투어 상품을 이용해 리스보아 근교에 위치한 세 개의 도시를 방문할 계획이다. 다만 한 가지 걱정스러운

것은 투어를 주관하는 여행사의 인솔 가이드의 몸 상태가 좋지 않다는 사실이다. 목감기로 인해 가이드 동반 여부가 불투명하다는 연락을 뒤늦게 받았다. 조속히 회복되어 그룹 투어가 원만히 진행되길 바랄 뿐이다.

11월 23일

오비두스의 동화,
나자레의 파도,
파티마의 기도

포르투갈 체류 중 처음으로 그룹 투어를 통해 오비두스, 나자레, 파티마를 다녀왔다. 어젯밤에는 꽤 많은 양의 비가 쏟아졌지만 오늘 아침은 여행하기에 적당히 화창한 날씨가 이어졌다.

미팅 장소는 헤스타우라도르스 광장 옆 의류 가게 망고(Mango) 앞이었다. 출발 시간은 오전 9시로 예정되어 있었다. 포르투갈로 여행을 떠나기 전, 리스보아 여행의 대략적인 계획을 수립하며 한인 여행사를 통해 이 3개 도시 패키지를 예약해 두었다. 참가 인원은 우리 부부를 포함하여 5팀, 총 17명으로 구성되어 가이드와 함께 20인승 밴에 올랐다.

가이드는 포르투갈에 거주한 지 8년째 되는 한인 여성으로, 남편은 포르투갈인이라고 했다. 그래서인지 오비두스로 향하는 버스 안에서 포르투갈

오비두스 성벽에서 내려다본 성 안의 마을 전경

의 역사와 현 경제 상황에 대한 설명을 많이 해 주었다. 이날은 리스보아의 크리스마스 트리 점등식이 있는 날로, 외곽에 있는 많은 시민이 저녁 무렵에 리스보아로 몰려 들어가 축제 같은 저녁을 보낸다고 한다. 오후부터는 리스보아로 향하는 차량들로 인해 교통이 마비될 것이므로, 우리 일행이 일정을 마치고 돌아오는 시간대와 겹쳐 예상보다 늦어질 가능성이 높다고 했다. 포르투갈 국민들은 크리스마스에 진심이며, 대형 크리스마스 트리와 거리마다 설치된 조명이 연말까지 환하게 빛난다고 덧붙였다. 1755년 대지진으로 도시 대부분이 파괴되었지만, 퐁발 후작에 의해 유럽 최초의 계획 도시로 재건되어 바둑판 모양으로 구획되었다고 설명했다. 최근에는 노동력 급감으로 아프리카 이민자의 수가 열 배나 증가하고 있으며, 이는 현지인의 열악한 임금 수준과 높은 세금으로 인해 상대적으로 임금이 양호한 유럽내 타국가로 이민이 증가하는 추세에서 비롯된 것이라고 한다. 늘어나는 아프리카 이민자들이 차츰 사회 문제로 비화되고 있다는 점도 언급했다. 한편 포르투갈은 바람의 나라로 불리며, 전체 전력의 약 30%를 풍력 발전으로 공급하고 있다고 했다. 이런 다양한 설명을 듣고 있는 동안, 차는 리스보아에서 북쪽으로 한 시간을 달려 오비두스에 도착했다. 라틴어 '오피둠(Oppidum)'에서

오비두스 성채   오비두스 성채의 성벽 길

유래한 오비두스(Óbidos)는 로마 시대부터 시작된 오랜 역사를 가진 성곽 도시로, 이름 자체가 성채 또는 요새를 의미한다. 이름에서 짐작할 수 있듯 무어인이 만든 성곽 마을로 지금도 중세의 아름다움을 간직하고 있으며, 골목, 광장, 성과 성벽이 잘 보존된 중세 건축의 모범 사례로 손꼽힌다.

1148년 포르투갈의 초대 왕 아폰수 엔히크스(Afonso Henriques)가 무어족을 소탕하고 이 도시를 정복했고, 1195년에 처음으로 도시로서의 인가를 얻었다. 1210년, 아폰수 2세는 아내인 카스티아 왕국의 우하카 왕비(Queen Urraca)에게 이 도시를 결혼 선물로 주었다. 1281년, 음유 시인이었던 동 디니스 왕은 아라강(Aragão)의 산타 이사벨(Santa Isabelle)을 아내로 맞는 날 오비두스를 그녀에게 선물했다. 이후 16세기까지 많은 왕이 이 도시를 왕비에게 선물하면서 이곳은 '여왕의 도시'라는 별칭을 얻게 되었다. 도시를 선물한다는 의미는 도시에서 거둬들이는 모든 세금이 왕비에게 귀속된다는 뜻이다. 따라서 이 마을은 중세 시대부터 16세기까지 왕비들의 후원에 힘입어 부유해졌다. 오비두스는 축제의 마을로도 유명하다. 봄이면 초콜릿 잔에 체리주 진지냐(Ginjinha)를 따라 마시고, 안주로 초콜릿을 실컷 먹는 초콜릿 축제가 열린다. 여름에는 중세 시장 테마의 메르카두 메디발(Mercado Medival)

오비두스 성벽에서 내려다본 성 밖의 마을 전경

축제가 개최된다. 이 축제 동안에는 중세의 음유 시인, 상인, 귀족, 거지 등으로 분장한 배우들이 공연를 펼치고, 중세 시대 의상을 입은 여행자들이 자연스레 어우러져 한바탕 '중세 놀이'를 즐긴다. 또한, 오비두스는 서점으로도 유명하다. 신도가 줄어 서점으로 변신한 상 티아구 성당(Igreja de São Tiago), 책과 현지 유기농 농산물로 가득한 책 파는 그로서리인 메르카두 비올로지쿠(Mercado Biológico)을 포함해 14개의 서점이 있다. 2015년에는 유네스코 문학 도시로 선정되었으며, 버려진 역사 공간 아홉 곳을 테마 서점으로 꾸며 국제 문학 축제를 개최하기도 했다.

위엄이 넘치는 오비두스 성(Castelo de Óbidos)은 13세기에 동 디니스 왕이 남긴 유적이다. 적의 동정을 살피기 위해 성벽 곳곳에 설치된 망루는 한때 이곳이 요새였음을 증명한다. 하지만 현재 이 성은 럭셔리 호텔 포우자다(Pousada)로 변신한 지 오래다. 성채에 들어선 후 성벽으로 올라가는 계단을 오르자, 높이 13미터, 길이 1.4킬로미터의 성벽이 펼쳐졌다. 두 사람이 나란히 서면 꽉 찰 정도로 폭이 좁은 성벽 위에는 난간이 없어 걸을때 상당히 조심해야 했다. 오늘따라 바람이 거세게 몰아쳐 몸이 휘청거리고 발을 잘못 디디면 떨어질까 아슬아슬했다. 하지만 성벽 위에서 바라본 마을의 모습은 환상적이었다. 알록달록한 장난감 집을 촘촘히 심어놓은 듯한 동화 속 사랑스

오비두스 마을 거리의 모습

오비두스 상 티아구 성당

　러운 마을의 전경이 눈을 즐겁게 했다.
　　성벽에서 내려와 운치 있게 빛바랜 골목길을 걸어 볼 차례다. 마을 중심을 가로지르는 디레이타 거리(Rua Direita)를 따라가면 아기자기한 골목이 미로처럼 이어진다. 예쁜 기념품 가게, 진지냐 상점들, 카페, 식당들이 줄지어 관광객들을 유혹하고 있다. 미로처럼 얽힌 좁은 골목길은 관광객들로 북적였다. 오비두스의 집들에는 이슬람교를 믿는 무어인의 흔적이 고스란히 남아 있다. 문과 집의 가장자리는 노란색과 파란색으로 칠해져 있는데, 이는 집 안으로 다른 신이 들어오는 것을 막기 위함이라고 한다.

오비두스 산타 마리아 성당

　　상 티아구 성당은 매우 독특했다. 겉모습은 아담한 성당처럼 보이지만, 안으로 들어서면 서가에 책이 아름답게 꽂혀 있다. 1186년에 고딕 양식으로 지어진 이 교회는 1755년 지진으로 무너졌다가 1778년 재건되었다. 한때 산티아고 순례자들을 위한 쉼터로 사용되다가 도서관 겸 서점으로 새롭게 변신했다. 디레이타 거리 아래쪽으로 우뚝 선 하얀 성당이 눈길을 끌었다. 이 성당은 오비두스의 랜드마크인 산타 마리아 성당(Igreja de Santa Maria)이다. 1441년 아폰수 5세와 코임브라 공주인 이사벨의 결혼식을 위해 지었다고 한다.

성곽 안의 길은 전부 반질반질 윤이 나는 돌길이었고, 그만큼 미끄러워서 오비두스를 여행하는 관광객들에게 운동화는 필수 준비물이다. 골목길을 돌다 가이드가 알려준 진지냐 상점에 도착했다. 상점 주인이 일러주는 대로 진지냐를 시음해 보았다. 진지냐는 야생 체리와 계피를 넣고 만든 달콤한 술로, 초콜릿으로 만든 잔에 담아 제공된다. 술을 마신 후에는 초콜릿 잔까지 먹을 수 있다. 알코올 도수는 20도로 예전 우리의 소주와 비슷한 강도였다. 진지냐를 시음해 보고 초콜릿 컵까지 먹으니, 처음의 후끈함이 지나간 후 초콜릿의 달콤한 뒷맛이 혀를 감쌌다. 두 딸이 생각나 작은 병과 큰 병으로 구성된 선물세트를 각각 1박스씩 구입했다. 작은 병 세트는 9.99유로, 큰 병 세트는 13.99유로를 지불했다. 성곽 입구에서 기타를 치며 공연하는 버스커의 노래 선율이 골목을 휘감으며 중세의 분위기를 물씬 풍겼다.

오비두스에서는 중세의 풍경이 가득한 돌길 옆으로 원색으로 가장자리를 칠한 집들이 활짝 핀 꽃처럼 여행객들을 따뜻하게 맞이했다. 그 소박한 아름다움에 마을 전체가 한 폭의 그림처럼 보였다. 또 체리주 진지냐의 달콤함이 그 매력을 더욱 돋보이게 했다. 아담하고 예쁜 이 중세 마을은 여왕의 도시로 불리기에 손색이 없을 정도로 사랑스러워, 마법처럼 내 마음을 사로잡았다.

오비두스를 뒤로하고 버스로 30여 분을 달려 서핑과 기독교 순례의 성지로 알려진 나자레(Nazaré)에 도착했다. 리스보아에서 북쪽으로 125킬로미터 떨어진 나자레는 겨울 서핑 대회가 열리는 소도시로, 세계 각국의 서퍼들이 큰 파도를 타러 몰려들어 서핑의 성지라 불린다. 또한 이곳은 기독교의 성지로도 유명한데, 4세기 이스라엘 나사렛 출신 성직자가 들여온 성모 마리아상과 성모 발현지에 세운 메모리아 소성당이 있기 때문이다. 나자레라는 이름도 예수님이 활동하시던 이스라엘 나사렛에서 유래했다고 한다.

나자레에 도착한 시간이 오후 12시 30분, 먼저 점심을 먹기로 했다. 여행사 측에서 문어 요리 전문점인 판제이아(Pangeia)에 예약을 해 두었다. 가이드의 말로는 이 식당이 포르투갈 최고의 문어 요리 전문점이며, 이에 따라 가격대가 다소 높은 편이라고 했다. 나자레로 가는 버스 안에서 가이드가 추천한 문어 요리 3종 세트인 트릴로지아(Trilogia de Polvo) 2인 세트를 주문했다. 트릴로지아는 숯불에 구운 그릴드 문어, 오븐에 익힌 오븐

나자레 '판제이아' 트릴로지아 문어 요리

드 문어, 옥수수를 갈아 속에 문어를 넣은 옥수수 덮밥 문어의 세가지 문어 요리가 세트로 나오는 요리이다. 각 문어 요리는 다른 양념으로 조리된 감자, 고구마, 시래기와 함께 세팅되어 제공된다.

지구본을 모티브로 한 옥색의 도자기 그릇에 플레이팅된 요리는 뚜껑을 덮은 채로 손님 테이블로 가지고 와서는 셋을 센 후에 뚜껑을 열고, 손님은 이때 자신이 주문한 요리의 사진을 찍는 퍼포먼스를 연출한다. 색도 모양도 그리고 의미도 멋있는 지구본 그릇만큼 화려하고 맛있어 보이게 플레이팅 되어 나온 요리에 탄성이 절로 나왔다. 처음 접해 보는 스타일의 요리라 호기심 반, 취향 반으로 주문한 3종 문어 요리는 각기 다른 맛을 발산했으며, 특히 2시간 동안 푹 삶은 후 다시 숯불에 구운 그릴드 문어의 맛이 가장 입에 맞았다. 눈도 즐겁고 입도 즐거웠다. 해산물 요리에 빠질 수 없는 화이트 와인 한 병과 더불어 83유로를 지불했다. 이번 포르투갈 여행 중 가장 비싼

나자레 해변 아랫마을과 윗마을 시티우

식사를 즐긴 셈이다. 가이드에 따르면 판제이아의 세프(Chef)는 크루즈 메인 세프로 일했던 경력이 있다. 세계 곳곳을 돌며 요리했던 경험을 기반으로 나자레에 레스토랑을 열었고, 그래서 레스토랑 이름도 판제이아(Pangeia)로 지었다고 한다. 판제이아는 지금의 여러 대륙이 분열하기 전 하나였다는 초대륙 이론, 즉 지구 전체라는 의미이다.

점심을 마치고 해변을 잠시 산책했다. 해변 모래사장에는 노란 깃발이 꽂혀 있어 오늘은 바다에서 수영이 가능한 날임을 알려 주었다. 빨간 깃발은 수영 금지를 나타내며, 파도의 크기와 색깔에 따라 구분한다고 한다.

먼 옛날, 나자레 절벽 아래는 모래사장 없이 깊은 바다로만 이루어져 있었다고 한다. 바람에 절벽이 깎이면서 파도에 실려 온 모래가 쌓여 지금의 긴 초승달 모양의 나자레 해변(Praia da Nazaré)이 만들어졌다. 해변의 끝에는 펼쳐지지 못한 병풍 같은 기암절벽이 그 증거로 남아 있다. 긴 해변을 따라 걷다 보니, 항구 중간쯤에 전통 그물 낚시를 했던 마지막 고깃배가 전시되어 있어, 그 시절의 향수를 느끼게 했다.

나자레는 나자레 해변이 있는 아랫마을과 절벽 위의 윗마을 시티우(Sitio)로 나뉜다. 절벽 위의 시티우 마을에 들어서면 시티우의 중심 광장인

나자레 성모 광장

나자레 성모 광장(Largo de Nossa Senhora da Nazaré)이 나타나고, 이 광장은 역사적·종교적으로 변함없는 큰 위치를 차지하고 있다.

광장 한편에는 성모 마리아 성당(Santuário de Nossa Senhora)이, 맞은편 바다 쪽으로는 자그마한 메모리아 소성당(Ermida da Memoria)이 자리하고 있다. 성모 마리아 성당은 4세기경 이스라엘 나사렛에서 가져온 작은 나무 성모상이 모셔진 곳으로, 도시 이름인 나자레도 여기서 기원한다. 전해오는 이야기로는, 절벽의 동굴 깊은 곳에 숨겨진 성모상을 8세기경 어느 양치기가 발견한 이후 그 자리에 성당이 세워졌고, 이후 성모의 기적이 일어나면서 순례자들의 성지가 되었다고 한다.

14세기 후반, 페르난두 1세는 광장 건너편에 있는 메모리아 소성당을 방문하는 순례자들이 늘어나자 더욱 넓은 성당의 건축을 시작했다. 시간이 흐르면서 16세기부터 19세기 사이에는 두 개의 높은 종탑이 지배하는 바로크 양식의 건축물로 완전히 탈바꿈하게 되었다. 성당 내부로 들어서면, 화려한 타일 장식과 함께 주요 제단이 금박을 입힌 목공예품으로 화려하게 장식되어 있어 눈길을 사로잡는다. 또한 나사렛 성모님 발현의 전설을 나타낸 성화가 눈길을 끌었다. 제단 오른쪽으로 이어지는 아줄레주 터널을 지나면, 이스

나자레 성모 마리아 성당

나자레 성모 마리아 성당 내부

라엘 나사렛에서 온 기적의 성모상이 놓여 있다. 그러나 가이드에 의하면 현재 놓여 있는 성모상은 모조품이며, 진품은 리스보아의 한 연구소에 보내졌다고 한다.

성모 마리아 성당 건너편에는 작은 기억의 소성당(Ermida da Memoria)이 세워져 있다. 전설에 따르면 이 예배당은 1182년에 일어난 기적적인 사건을 기념하기 위해 지어진 것으로, 이 지역의 귀족인 푸아스 루피뉴(D. Fuas Roupinho)가 주인공이다. 어느 안개 자욱한 아침, 그는 말을 타고 사슴 사냥을 하고 있었고 갑작스레 사슴이 절벽 가장자리에서 사라지면서 루피뉴와 그의 말은 낭떠러지로 떨어지기 직전이었다. 바로 그 순간 성모 마리아가 나타나 그의 말을 세웠다고 한다. 가까스로 생명을 구한 그는 성모 마리아를 기리기 위해 그 자리에 '기억의 사원'이라는 뜻의 메모리아 소성당을 세웠고

성모 마리아 성당의 아줄레주

성모 마리아 성당 기적의 성모상

나자레 메모리아 소성당   메모리아 소성당 루피뉴의 기적   메모리아 소성당 내부 아줄레주

그 이야기를 아줄레주로 남겼다. 이곳은 이후 수세기 동안 순례 성지가 되었으며, 15세기에는 탐험가 바스쿠 다 가마도 인도 항해 전 성모 마리아의 은총을 얻기 위해 방문했다고 전해진다. 예배당의 내부는 온통 기적을 암시하는 바로크식의 아줄레주로 가득 덮여 있었고, 17~18세기에 추가된 지붕 내부의 타일을 제외하고는 원래의 건축 양식을 잘 보존하고 있다.

바스쿠 다 가마 기념비(Monumento de Vasco da Gama)는 메모리아 소성당 근처에 십자가 기둥 형태로 세워져 있다. 기록에 의하면 바스쿠 다 가마는 인도로 가는 항로를 탐험하기에 앞서 나자레 성모 광장에 순례자로 기도를 드렸다고 전해진다. 여기서 그는 항해의 안전을 기원하며, 자신이 착용하고 있던 금목걸이를 동정녀의 구슬 목걸이로 교환했다. 전설에 따르면, 희망봉을 지나던 중 큰 폭풍이 몰아쳤고, 그 때 그가 동정녀의 목걸이를 물에 던지자 곧 잠잠해졌다고 한다. 무사히 항해를 마치고 포르투갈로 돌아온 그는 다시 나자레를 찾았고, 성

바스쿠 다 가마 기념비

모님께 받은 은총에 대해 감사 기도를 올렸다고 전해진다. 이 기념비는 1939년에 세워졌으며, 바스쿠 다 가마가 인도 항해 후 이곳을 방문한 것을 기념하고 있다. 그 비문에는 "나자레의 성모(Nossa Senhora da Nazaré)에게 안전한 귀환에 감사드립니다."라는 감사의 문구가 새겨져 있어 그의 신앙과 고백이 오늘날에도 여전히 많은 이들에게 감동을 주고 있다.

메모리아 소성당 옆 수베르쿠 전망대(Miradouro do Suberco)에 서니, 초승달 모양의 나자레 해변이 시원하게 펼쳐진다. 마치 하늘을 나는 갈매기의 눈으로 해변을 바라보는 느낌이라고나 할까? 포르투갈 해안선 중에서도 손꼽히는 아름다움으로, 그림 같은 풍경이 눈앞에 펼쳐진다. 거대한 파도가 하얀 물거품을 일으키며 해변을 쓰다듬는 청량한 모습에 눈길을 뗄 수가 없을 지경이었다. 대서양의 푸른 바다와 황금빛 모래 해변, 그리고 전 세계 서퍼들을 매료시키는 거대한 파도의 조화는 그야말로 명불허전이었다.

수베르쿠 전망대 절벽을 따라 10분쯤 내려가니 빨간 등대(Farol da Nazaré)가 나타난다. 등대를 이고 있는 건물은 상 미겔 요새(Forte de São Miguel)로, 현재는 전시관으로 변모했다. 전시관으로 내려가 보니 나자레 서핑의 역사를 보여 주는 사진과 나자레의 파도를 탄 서퍼들의 서프보드가 전시되어 있었다. 사진 속에는 나자레를 '서핑의 성지'로 만든 거대한 파도가 등장하고, 특히 2011년 하와이안 서퍼 가렛 맥나마라(Garrett McNamara)가 24미터 높

수베르쿠 전망대에서 바라다본 나자레 해변

나자레 서핑 전시관

나자레 서핑 대회장 입구

이의 파도를 타 기네스북에 오르면서 더욱 유명해졌다. 그러나 이 기록은 2020년 10월, 26.21미터 높이의 파도를 탄 브라질 출신 서퍼에 의해 깨졌으며, 전시관에는 당시 그의 서프보드와 기네스북 인증 사진이 함께 전시되어 있었다.

나자레 거대한 파도를 기다리는 조각상

서핑 장소로 내려가는 길에는 사람의 몸에 사슴의 얼굴을 하고 손에는 서핑보드를 쥔 채 바다를 바라보는 커다란 조각상이 있다. 이 조각상은 바로 거대한 파도를 기다리는 모습을 형상화한 것이다. 나자레 북쪽 해변은 거대한 파도를 기다리는 서퍼의 바다다. 서핑 대회 '투도르 나자레 토우 서핑 챌린지(Tudor Nazaré Tow Surffing Challenge)'가 열린다. 이곳의 파도는 큰 파도(Big Wave)를 넘어 거대한 파도(Giant Wave)로 불린다. 이처럼 거대한 파도가 형성되는 이유는 지형에 있다. 북쪽 해변 앞바다에는 유럽에서 가

나자레 서핑 대회가 열리는 북쪽 해변

장 깊은 5,000미터 바다 협곡이 있어, 이 협곡이 파도를 증폭시켜 엄청난 높이의 파도를 만들어 낸다. 이러한 거대한 파도는 겨울철에만 발생하며, 그중에서도 약 15일 정도의 짧은 기간에만 나타나기 때문에 서퍼들이 이 시기를 손꼽아 기다린다고 한다. 파도를 타는 서퍼 주변에는 제트스키가 대기하고 있는데, 서퍼가 위험에 처하면 즉시 구조하기 위함이라고 한다. 온다스 뷰 포인트(Ondas da Nazaré Viewpoint)에 자리를 잡고 북쪽 해변의 풍경을 음미해 보았다. 지금은 거대한 파도가 밀어닥치는 광경은 볼 수 없었지만 시원스럽게 몰아치는 파도가 눈앞에 펼쳐졌다. 목숨의 위험을 무릅쓰고 나자레의 거대한 파도에 도전하는 서퍼들의 열정을 상상하며, 그들의 숭고한 도전 의식에 마음속으로 뜨거운 박수를 보내며 나자레 성모 광장으로 발길을 돌렸다.

나자레는 인상적이고 기억에 남는 도시다. 서퍼들의 성지이자 가톨릭의 성지라는 독특한 조합이 이곳을 현지인들도 많이 찾는 매력적인 휴양지로 만들어주고 있다는 생각이 들었다. 해변의 기품 있는 풍경과 깊은 역사, 서핑을 즐기려는 사람들의 열정이 어우러져 생동감을 자아냈다. 자연의 힘과 경이로움을 직접 경험할 수 있는 이곳에서, 언젠가 거대한 파도가 몰아치는 겨울에 다시 한번 이곳을 찾아보고 싶다는 바람을 가슴 한켠에 묻어 두었다.

나자레의 따뜻한 사람들과 활기찬 분위기도 잊지 못할 추억으로 남았다.

광장에는 일곱 겹의 전통 플란넬 스커트(Flannel Skirt)를 입고 견과류를 파는 노점상 할머니들이 치마를 조금씩 걷어 올리며 여행객들의 눈길을 사로잡았다. 일곱 겹은 일주일과 무지개의 일곱 빛깔, 그리고 일곱 번째의 강한 파도를 의미한다고 한다. 여행사 측에서 일행 모두에게 기념으로 선물할 견과류를 이곳에서 사 두었다는 사실을 나중에 리스보아로 돌아가는 버스 안에서 알게 되었다.

마지막 목적지인 파티마(Fátima)까지는 나자레에서 약 한 시간이 소요되었다. 세계 각지에서 매년 400만 명 이상이 성지 순례를 오는

플란넬 스커트를 입은 노점상

파티마는 가톨릭 교회가 공식적으로 인정한 세계 3대 성모 발현지 중 한 곳으로, 포르투갈 중부 레이리아(Leiria) 교구에 속한 마을이다. 이곳에는 간절한 바람과 신실한 신앙을 지닌 가톨릭 신자들이 기도를 하러 모여든다. 성모 마리아 발현의 전모는 다음과 같다. 제1차 세계대전으로 유럽이 전화에 휩쓸려 있던 1917년 5월 13일 이 마을에서 양을 치던 사촌지간 일곱 살, 아홉 살, 열 살의 세 어린 목동이 놀던 곳 근처의 작은 떡갈나무에서 한 여인이 나타났다. 누구냐고 묻는 목동들에게 여인은 자신을 성모 마리아라고 말하며, 앞으로 5개월 동안 매월 13일에 이곳에 와서 평화를 기원하겠다고 말했다. 6월에 성모 마리아가 다시 나타나 세 아이에게 세 가지 비밀스러운 예언을 했으며 그중에는 전쟁이 끝날 것이라는 예언도 있었다. 어른들은 세 아이의 말을 전혀 믿지 않았지만 이 이야기는 확산되어 나갔다. 성모 마리아의 발현

파티마 성소의 코바 다 이리아 광장

과 성모 마리아의 모습을 묘사한 세 아이의 증언이 일치했다. '끝자락을 별로 장식한 드레스'를 입은 성모 마리아는 그해 10월 13일까지 매월 13일 여섯 차례에 걸쳐 루시아(Lucia)와 자신타(Jacinta), 프란시스쿠(Francisco) 세 어린이 앞에 나타났고, 성모님께서 자신의 정체를 밝히겠다고 약속하신 10월 13일에는 7만 명의 군중 앞에서 태양이 지상에 수직으로 떨어지며 회전하고 빛을 발하는 '태양의 기적'을 일으켰다고 한다. 세 아이 가운데 프란시스쿠와 자신타 남매는 스페인 독감에 걸려 곧 사망했으나, 루시아는 수녀가 되어 2005년 97세의 나이로 사망했다. 이들의 유해는 파티마 대성당 안에 안치되어 있다.

　파티마 성소(Santuário de Fátima)는 20세기의 산물이라 비록 오랜 역사를 지닌 장소는 아니지만, 바티칸에 위치한 성 베드로 광장보다 두 배가량 넓은 코바 다 이리아(Cova da Iria) 광장에는 5월부터 10월까지 매달 13일마다 순례자들로 인산인해를 이룬다. 특히 성모 발현이 처음 목격된 5월과 마지막 발현이 있었던 10월에 수많은 사람이 몰려든다. 순례자들이 밤낮으로 초를

| 파티마 성소 중앙 오벨리스크 위의 청동 예수 성심 동상 | 파티마 성소 광장에 자리한 교황 요한 바오르 2세 동상 | 파티마 성소 광장에 세워진 예수 그리스도 십자가 |

태우는 모습도, 간절한 바람을 품고 성모 마리아 발현 예배당까지 무릎으로 기어가는 모습도 파티마에서만 볼 수 있는 특별한 풍경이다.

광장에 들어서니 인구 7,800명의 작은 도시라고는 믿기 어려울 정도로 넓은 광장이 펼쳐졌다. 이 드넓은 광장에 성모 발현을 기념하기 위해 교황청의 명으로 건립된 파티마 대성당이 자리하고 있으며, 대성당의 맞은편에는 순례자들의 기부금으로 지은 대형 현대식 성당이 자리하고 있었다. 파티마 대성당을 바라보고 광장 좌측에 있는 파티마 성소의 심장이라 할 수 있는 성모 마리아 발현 예배당(Capelinha das Aparições, 아파리송이스 예배당)에서는 미사가 진행되고 있었다.

성소 중앙 오벨리스크 위에는 금박을 입힌 청동 예수 성심 동상(Monumento Ao Sagrado Coração de Jesus)이 세워져 있고, 현대식 대형 성당 앞으로는 교황 요한 바오르 2세의 동상과 매우 키가 크고 가늘어 마치 현대 예술 작품 같은 예수 그리스도 십자가가 여백의 미를 돋보이며 어우러져 있었다. 우리는 먼

파티마 삼위일체 성당

저 대형 현대식 성당인 삼위일체 성당(Basílica da Santíssima Trindade, 산티시마 트린다드 바실리카)을 둘러보았다. 삼위일체 성당은 파티마의 기적 90주년을 기념하여 2007년에 완공된 성당으로, 약 8,500명을 수용하는 규모로 세계에서 네 번째로 규모가 큰 성당이다. 그리스 건축가 알렉산드로스 톰바지스(Alexandros Tombazis)가 모던한 건축물로 설계했으며, 건설에 든 8,500만 유로는 모두 순례자들의 기부금으로 마련되었다.

교황 요한 바오르 2세는 로마의 성 베드로 성당이 지어질 때 베드로 무덤에서 나온 대리석 조각을 초석으로 기증했다. 이 초석은 완공 무렵 순례자들에게 보여 주기 위하여 건물 내부에 보관했다고 한다. 교회는 별다른 장식 없이 매우 심플한 흰색의 원형 건물로, 두 개의 빔으로 지지되는 형태를 띠고 있었다. 입구에 서면 8미터 높이의 청동문이 버티고 있으며, 청동문을 사이에 두고 묵주 기도의 20가지 신비를 나타내는 각각 10개씩의 패널을 양쪽에 설치했다. 청동 패널 아래에는 26개 언어로 쓰여진 성경 인용문 유리 패널이 있으며, '너희는 이 작은 이들 가운데 하나라도 업신여기지 않도록 주의하여라.'라고 쓰인 한글도 보였다. 내부로 들어서니 정말 규모가 어마어마

파티마 삼위일체 성당 내부

하게 컸다. 양편에 좌석들이 대열하고 중앙엔 회랑 형태의 널찍한 복도가 자리하고 있다. 정면엔 금색 제단화를 배경으로 십자가에 못 박힌 예수가 걸려 있으며, 양 옆으로 기도석이 정연하게 놓여 있어 거침없는 시야에 압도당하는 느낌이었다. 비잔틴 양식과 정교회 양식으로 장식된 이 성당은 이전에 보았던 성당과는 완전히 다른 분위기로, 단순하면서도 세련되고 현대적이었다.

파티마 대성당(Basílica de Nossa Senhora do Rosário de Fátima)은 세 명의 어린 목동 앞에 성모 마리아가 나타났다는 파티마의 기적 이후, 레이리아의 주교가 신빙성을 인정하고 바티칸의 명으로 성지로 정해졌다. 1928년 신고전주의 양식으로 건축이 시작되어 1953년 10월에 봉헌되었다. 정식 명칭은 '바실리카 드 노사 세뇨라 두 로사리오 드 파티마'로, 이는 성모 마리아(Nossa

파티마 삼위일체 성당 출입구의 청동 패널과 유리 패널

파티마 대성당(성모 바실리카)

Senhora)가 목동들에게 묵주(Rosário)를 들고 기도하라고 청했다는 이야기에서 유래한 이름이다. 대성당의 외관은 깔끔하고 하얀색 톤이 인상적이었으며, 마치 순수함과 성스러움을 나타내는 듯했다. 대성당 중앙의 65미터 종탑 끝에는 7톤에 달하는 마리아의 청동 왕관이 올려져 있고, 왕관 위에는 큰 십자가가 놓여 있다. 어느덧 해가 지고 광장과 대성당에 불빛이 들어오니 조명이 켜진 십자가와 어울려 그 모습이 아름답기 그지없었다.

내부로 들어서니 높은 천장과 넓은 예배당이 한눈에 들어온다. 성당 제단의 로마네스크 아치에는 "파티마의 거룩한 마리아여 우리를 위해 기도하

파티마 대성당의 웅장한 모습

파티마 대성당의 본당 내부   성모 발현을 목격한 자신타와 루시아의 무덤

  소서."라는 라틴어 문장이 쓰여 있고, 중앙 제단 뒤편의 무채색 제단화는 성모가 어린 아이들을 만나는 장면이다. 특히 제단 위에 위치한 마리아 성모의 모습은 경외심을 불러일으켰다.

    내부 제단 옆 왼쪽과 오른쪽에는 성모 발현을 최초로 접한 세 명의 어린 목자들의 무덤이 있고, 성당 스테인드글라스에는 파티마의 기적에 관한 이야기가 담겨 있다. 성당 내부는 하얀색과 금색의 조화로 깔끔하고 우아한 느낌을 주었고, 벽에 걸린 성화들은 대성당의 종교적 의미를 더욱 강조한다. 대성당 외부 양편으로 반원형 회랑엔 열주(Colonnade)가 길게 이어진다. 벽면

파티마 대성당의 반원형 회랑

파티마 대성당 회랑의 세라믹 패널 성화

에는 세라믹 패널로 예수님의 십자가 고난을 주제로 한 성화가 장식되어 있다. 우측 회랑 앞에는 스페인 독감으로 일찍 사망한 어린 두 목동인 자신타와 프란시스쿠의 석상이 서 있다. 대성당을 바라보며 우측 사이 길에 들어서면 베를린 장벽의 일부 조각을 전시한 공간을 볼 수 있다. 이 베를린 장벽 조각은 파티마 성모의 메시지에 근거한 묵주의 기도가 베를린 장벽을 무너뜨리는 데 영향을 미쳤다는 믿음을 강조하기 위해 전시된 것이다.

성모 마리아 발현 예배당은 성모 마리아가 발현한 정확한 장소를 표시하기 위해 지어진 작은 예배당으로, 코바 다 이리아(Cova da Iria) 광장 내에 위치해 있어 파티마 성소의 심장이라 할 수 있다. 예배당은 1919년에 처음 지어졌으며 여러 번의 중수를 거쳤다. 현재의 거대한 현관은 1982년에 지어진 것으로, 그해 5월 12일 교황 요한 바오르 2세의 방문 중에 봉헌되었다. 성모 발현 예배당에서도 정해진 시간에 미사가 진행되며, 우리가 방문한 시간

성모 발현을 목격한 자신타와 프란시스쿠의 석상   베를린 장벽의 일부 조각 전시실

파티마 성모 발현 예배당에서의 미사 장면

파티마 성모 발현 예배당

에도 미사가 진행되고 있었다.

잊지 못할 장면은 광장 입구에서 성모 발현 예배당까지 흰색의 천으로 덮힌 '고통의 길'을 무릎을 꿇고 묵주 기도를 하며 가는 장면이었다. 남편의 부축하에 고통을 감내하며 무릎으로 고통의 길을 기어가던 한 여성의 모습에서 간절함을 넘어 숭고함을 느낄 수 있었다. 그 길은 '고통의 길'이자 또한 '치유의 길'임을 온몸으로 전해 주고 있었다. 성모 발현 예배당 옆에는 각국에서 온 순례자들이 저마다의 염원을 담아서 촛불을 밝히는 기도소가 있어 밤낮으로 촛불이 꺼지지 않는다. 염원의 간절함과 숭고함으로 분신한 촛대들의 몸부림이 너무도 장렬하여 우리도 촛불을 밝히는 대열에 동참하고자 했지만, 초를 구입하려는 대기 줄이 너무나 길어 아쉬운 발길을 돌릴 수밖에 없었다.

파티마 고통의 길을 무릎으로 걷는 순례객

파티마 성소는 단순한 관광 명소가 아니라 신앙과 기도가 살아 숨 쉬는 장소였다. 광활한 대지를 품고 서 있는 웅장한 모습의 파티마 대성당은 종교적 의미뿐만 아니라 그 자체로도 아름다운 건축물이었다. 높은 첨탑은 성스러움과 경외

파티마 기도소에서 초를 태우는 의식

감을 불러일으키며 하늘을 향해 우뚝 솟아 있었고, 대성당 주변의 조경은 잘 관리된 정원과 조각상들이 어우러져 있어 성스러운 분위기를 한층 더했다. 성모 발현 예배당까지 이어지는 고통의 길에서는 숭고한 신앙의 힘을 다시 한번 느낄 수 있었다. 그 길을 걷는 순례자들의 헌신적인 모습은 우리에게 깊은 감동을 안겼고, 기도를 통해 전해지는 진정한 믿음의 힘을 목격하게 되었다. 파티마 성소는 가톨릭과 무관한 우리 부부에게도 단순한 종교적 장소를 넘어서는 진한 감동과 강렬한 인상을 주었다.

리스보아 아우구스타 거리의 야경

오늘의 일정을 마치고 리스보아로 돌아가는 버스에 올랐다. 오후 6시가 훌쩍 넘은 시간이었다. 예상대로 리스보아로 들어오는 도로는 수많은 차량들로 매우 혼잡했다. 당초 귀환 장소로 예정된 시내 중심부의 호시우 역 대신, 리스보아 유일의 대형 백화점인 엘 코르테 잉글레스(el corte inglés) 앞에서 하차하게 되었다. 굴벤키안 미술관이 옆으로 보였다. 오전에 리스보아를 출발하여 약 11시간의 일정을 소화했다. 몸은 다소 피곤했지만 인상적인 도시들을 효율적으로 방문한 느낌이었다. 특히 나자레와 파티마는 각기 독특한 매력을 지니고 있어 강렬한 인상을 남겨 주었다. 크리스마스 트리 점등식이 있는 리스보아로 돌아와 마주한 아우구스타 거리는 많은 인파들로 넘쳐나고 참으로 아름다운 야경을 뽐내고 있었다. 내일은 체력도 비축할 겸 무리하지 않는 일정으로 리스보아 시내를 둘러볼 계획이다.

11월 24일

언덕과 골목의 낭만, **알파마**와 **그라사**

　　　　　　　　　오늘은 흐린 날씨에 저녁엔 비 예보가 있다. 19일 리스보아에 도착한 이래 다소 강행군을 했던 탓인지 몸에 피로가 쌓인 느낌이다. 아내도 피로가 쌓여 다리가 조금 저리다고 한다. 아마 매일 2만 보 정도를 걸으며 무리가 간 것 같다. 그래서 오늘은 무리하지 않고 가볍게 들를 수 있는 장소로 일정을 구성하고 휴식을 취하기로 했다. 먼저 24시간 사용할 수 있는 1일권 교통카드를 구입하여 대중교통을 이용하기로 했다. 1일권 교통카드의 요금은 6.80유로로, 버스, 지하철, 트램 및 푸니쿨라를 24시간 무제한으로 이용할 수 있다. 리스보아의 버스와 지하철, 신형 트램 요금은 1.80유로, 구형 트램의 요금은 3.10유로다.
　　우선 지하철을 타고 카이스 두 소드레(Cais do Sodré) 기차역으로 향했다.

28번 트램을 타기 위한 승객들의 대기 줄

　내일 방문할 카스카이스행 열차를 위해 나베간트(Navegante) 카드에 미리 기차 요금을 충전해 두었다. 카이스 두 소드레 역에서 카스카이스 역까지의 완행 열차 요금은 왕복 4.80유로다. 카이스 두 소드레 역은 포르투의 캄파냥 역처럼 기차역과 지하철역이 함께 있다.
　리스보아의 마스코트인 28번 트램을 타기 위해 지하철을 타고 트램의 시발점인 마르팅 모니즈(Martim Moniz) 광장으로 향했다. 빛 바랜 건물들 사이를 닿을락 말락 아슬아슬하게 지나가는 노란색 28번 트램을 경험하지 않고는 알파마를 즐겼다고 말할 수 없다고들 한다. 28번 트램은 마르팅 모니즈에서 프라제레스(Prazeres)까지 35개의 정류장을 오간다. 광장에 도착하니 트램의 정류장은 쉽게 찾을 수가 있었다. 그러나 28번 트램을 타기 위해 수많은 사람들이 긴 줄을 서서 기다리고 있는 모습이 눈에 들어왔다. 어림잡아도 100명은 넘는 인파가 대기 중이었다. 지금 줄에 서서 기다린다면 한두 시간 이내에 트램을 타기는 힘들 것 같았다. 트램에 구비된 좌석은 30명이 타기에도 부족해 보였다.
　28번 트램 탑승은 다음 기회로 미루고, 광장에서 760번 버스를 타고 10분 정도 이동하여 리스보아 대성당으로 향했다. 며칠 전 저녁, 산타 루지아 전망대를 다녀오는 길에 외관을 잠시 볼 수 있었던 리스보아 대성당이었다.

대성당으로 가는 길에서 작고 아담한 성당이 눈에 들어왔다. 바로 산투 안토니우 성당(Igreja de Santo António de Lisboa)이었다. 수호성인 안토니우가 태어난 곳에 세워진 이 아담한 성당의 지하에는 안토니우의 성소가 마련되어 있다. 산투 안토니우는 잃어버린 물건이나 짝을 찾아주는 성인으로도 유명하다. 1982년에는 교황 바오르 2세도 다녀갔는데, 그 모습이 성당 안에 아줄레주로 아로새겨졌다.

산투 안토니우 성당 지하 성소에서 기도드리는 여성

지하 성소로 내려가 보니, 안토니우 성인을 모신 작은 예배당 앞에서 무릎을 꿇고 두 손을 모아 기도하는 한 여성의 모습에서 말로 표현할 수 없는 간절함이 느껴졌다.

아쉽게도 리스보아 대성당은 일요일에 문을 열지 않아, 모레 다시 올 수밖에 없었다. 모레 26일은 리스보아에서의 마지막 날이다. 대성당을 내려오면서 또 다른 작은 성당 하나를 마주했다. 성 마리아 막달레나 성당(Igreja de Santa Maria Madalena)이었다. 내부로 들어가 보니 미사가 진행 중이었다. 신부님의 설교를 잠시 듣고 보니, 미사는 포르투갈어가 아닌 영어로 진행되고

산타 마리아 막달레나 성당의 미사 장면

있었다. 아마도 휴일에 관광객들을 위해 영어로 미사를 드리는 것 같았다. 관광객 차림의 신도들이 자리에 앉는 모습도 속속 눈에 띄었다.

아내의 제안으로 일전에 방문했던 전망이 아주 좋았던 상 페드루 알칸타라 전망대로 다시 가 보기로 했다. 이전에는 오르막 언덕을 걸어 올라갔지만, 이번에는 아센소르 다 글로리아(Ascensor da Glória)를 타고 올라가기로 했다. 헤스타우라도르스 광장 옆에 있는 아센소르에 도착하자, 몇 명의 관광객이 줄을 서 기다리고 있는 모습이 보였다. 우리 앞에 선 두 명의 여성 관광객이 아센소르를 배경으로 열심히 셀카를 찍으려는 모습이 눈에 띄었다. 사진을 찍어 주겠다고 하자, 그들은 매우 기뻐하며 휴대폰을 건네주었다. 스페인에서 온 관광객이었고, 집에 어린아이들도 있어서 4~5일 짧은 휴가를 받아 친구와 함께 리스보아에 왔다고 했다. 스페인어로 잠시 대화를 하자, 우리도 스페인에서 왔냐고 되물었다. 2년 전 40일간의 산티아고 순례길에서 배운 스페인어라고 대답하곤 서로 웃었다. 앞의 승객들이 아센소르에 탑승하지 않아 앞으로 나가 보니 고장으로 인해 운행 중단이라는 안내문이 아센소르 출입문에 붙어 있었다. 오늘은 대성당을 비롯하여 가는 곳마다 운이 좋지 않은 것 같았다.

어제 그룹 투어 차량에서 보았던 폼발 광장(Praça do Marquês de Pombal)에 가 보고 싶어졌다. 헤스타우라도르스 역에서 폼발 광장까지는 지하철로 두 정거장만 가면 된다. 포르투갈의 지하철역에서는 화장실을 거의 찾아볼 수가 없었다. 우리나라의 지하철과 비교해 보면 많이 다른 수준이다. 스크린 도어는 설치되어 있지 않고, 승하차 지점 표시도 바닥에 없다. 역 출입구 게이트에 번호도 없어서 관광객들이 역사에서 나와 길을 찾는 데 다소 어려움을 겪는 모습이었다.

폼발 광장에 도착하니 사자를 거느리고 멀리 테주강을 바라보고 늠름하게 서 있는 폼발 후작의 동상이 멀리서도 눈에 띄었다. 본명이 세바스티앙

폼발 광장의 폼발 후작 동상

주제 드 카르발류 에 멜로(Sebastião José de Carvalho e Melo)인 폼발 후작(Marquês de Pombal)은 주제 1세(D. José I)의 통치 기간 동안 국무장관, 총리, 왕국군 총사령관을 겸임하며 실질적인 통치자로 군림한 인물이다. 그는 리스보아 대지진을 수습하고 다각도로 개혁을 단행하는 등 많은 업적을 남겼지만, 예수회 탄압과 같이 논란이 있는 행보와 잔혹한 정적 숙청을 단행해 기득권층의 증오를 산 끝에 주제 1세 사후 실각하게 된다. 그는 포르투갈 역사상 가장 논란이 많고 강력한 재상 중 한 명으로 평가받는다.

　　대지진으로 도시의 약 3/1이 붕괴된 리스보아의 재건을 진두지휘한 그가 지금 바라보고 있는 리스보아의 모습은 과연 어떤 것일까? 자신의 업적에 흐뭇해하고 있을지, 아니면 여전히 아쉬움을 느끼고 있을지 궁금해진다. 어제 차 안에서 스쳐 지나간 그의 동상을 보고 오늘 다시 찾아온 이유이기도 하다.

　　폼발 광장의 뒤쪽에는 에두아르도 7세 공원(Parque Eduardo VII)이 자리하고 있었다. 이 공원은 1902년 영국의 국왕 에드워드 7세의 리스보아 방문을

에두아르도 7세 공원 전망대에서 바라다본 전경

기념하기 위해 조성된 공원이다. 기하학 무늬의 화단이 있는 프랑스식 정원으로, 4~5월이면 아름다운 꽃이 만발한 풍경을 자랑한다. 공원 안으로 들어가 보니, 규모가 생각보다 상당히 컸고, 안쪽에서는 원더랜드 리스보아(Wonderland Lisboa)라는 놀이동산 공사가 진행 중이었다. 공원 입구에서 약 10여 분을 걸어 들어가니, 에두아르도 7세 공원을 한눈에 볼 수 있는 전망대(Observation Deck)가 마련되어 있었다. 전망대의 정면에는 아름다운 화단과 폼발 후작의 동상, 그리고 테주강이 일렬로 배치되어 멋진 경관을 연출하고 있었다. 전망대 바로 뒤편에는 4월 25일 기념비(Monumento ao 25 de Abril)의 대리석

4월 25일 기념비 대리석 조각

조각이 설치되어 있었다. 포르투갈의 국민 파두 가수인 아말리아 로드리게스의 이름을 딴 아말리아 로드리게스 정원(Jardim Amália Rodriguez)은 에두아르도 7세 공원과 길 하나를 사이에 두고 있었다.

근처에는 리스보아 유일의 대형 백화점인 엘 코르테 잉글레스(el corte inglés)가 위치해 있어 둘러보기로 했다. 백화점이 자리한 지역은 리스보아 신시가지로, 건물들이 깨끗하고 대형 아파트 단지도 자주 눈에 띄는 곳이다. 관광객들로 붐비는 구시가지와는 확연히 다른 분위기였다. 백화점 내부로 들어가 보니 한국의 백화점들과 큰 차이가 없었다. 잠시 백화점 내부를 둘러본 후, 지하에 있는 푸드 코트에서 점심을 해결하기로 했다. 지하 1층에는 푸드코트 외에도 대형 슈퍼마켓이 있었다. 아내는 빠에야와 치킨 윙 세 조각을 주문했고, 나는 갈비살 스테이크인 앙트레코트(Entrecote)와 감자칩, 야채

샐러드를 생맥주 두 잔과 함께 주문했다. 앙트레코트는 매우 부드러웠고 아내가 주문한 빠에야도 괜찮은 편이었다. 아내는 포르투에서 먹은 해물밥보다 낫다고 했다. 가격은 총 20유로로, 가격 대비 음식의 질이 상당히 좋았다. 점심을 마친 후, 아내가 대형 슈퍼마켓에 들어가 보자고 했다. 며칠 남은 기간 동안 먹을 과일과 물을 사야 하고, 대형 마트인 만큼 질 좋은 다양한 포르투갈 와인도 구입할 수 있을 것 같았다. 예상대로 다양한 품종과 지역의 와인이 진열되어 있었다. 포르투갈은 1인당 와인 소비량이 세계에서 가장 높은 나라로, 대부분의 와인이 내수 시장에서 소비되다 보니 수출할 물량이 부족하다고 한다. 한국에서 포르투갈 와인을 찾기가 쉽지 않은 이유다. 마트에서 판매되는 와인의 가격도 상당히 저렴했다. 대부분은 10유로 수준이며, 20유로를 넘어가면 고가의 와인으로 분류된다. 포르투에서는 여행 일정상 무게 때문에 사지 못했던 20년산 토니 포트와인과 도루(Douro) 지역 화이트 와인 각각 한 병을 구입하기로 했다. 이 두 병은 한국에 가지고 갈 계획이었다. 꽤 고가의 와인이라 혹시 택스 리펀드(Tax Refund)도 가능할 것 같아 계산대에서 확인하니, 가능하다고 했다. 택스 리펀드 업무를 취급하는 층으로 올라가 10%의 택스 리펀드 관련 서류를 받을 수 있었다. 재미있는 경험이었다.

    백 팩에 넣은 와인 두 병의 무게가 상당하여 일단 귀가하여 백 팩을 숙소에 두고, 아직 가 보지 못한 세뇨라 두 몬트 전망대(Miradouro da Senhora do

세뇨라 두 몬트 전망대에서 내려다본 리스보아 전경

Monte)에 올라가 보기로 했다. 성모의 언덕 위에 자리한 이곳은 고도로는 리스보아 상위 1%의 전망대다. 숙소에서 도보로 2분 이동한 후, 28E 트램을 타고 20여 분을 달리면 전망대 근처에 도착한다. 오늘 오전에 타지 못한 리스보아의 명물인 28번 트램이 떠올랐다. 28번 트램 대신에 28E 트램을 타는구나 싶었다. 전망대에 오르니 4월 25일 다리가 놓인 테주강부터 그라사 전망대까지 리스보아의 언덕들이 빚어내는 풍광에 가슴이 웅장해진다. 테주강을 내려다보며 두 팔을 벌린 거대한 예수상의 모습도 멀리서 눈에 들어온다. 이 예수상(Santuário do Cristo Rei)은 브라질 리우데자네이로의 예수상과 똑같은 모습이다.

리스보아 28E 트램 내부

82미터 높이의 기단 위에 28미터 높이의 예수상이 서 있는 형태로, 언제 보아도 눈길을 끈다. 예수상이 서 있는 테주강 건너편의 알마다(Almada) 지구를 한번 둘러보고 싶다는 마음이 앞선다.

돌아오는 길에 드디어 28번 트램을 탈 수 있게 되었다. 당초 28E 트램을 타야 했지만, 28E 트램이 오지 않고 대신에 28번 트램이 다니고 있었다. 집

리스보아 시내를 가로지르는 28번 트램

으로 가는 길에 두 트램 노선의 큰 차이가 없어서 28번 트램을 타고 집으로 귀가하기로 했다. 오전에 타보지 못했던 리스보아의 명물 28번 트램을 우연치 않게 탈 수 있는 행운을 얻은 것이었다. 비록 두 트램 간에 큰 차이는 없겠지만, 끼익 소리를 내며 닿을락 말락 코너를 돌거나 덜컹거리며 언덕을 내려올 때는 롤러코스터와 같은 스릴도 순간 순간 느낄 수 있었다.

집으로 돌아와 저녁을 먹고 나니 비오는 소리가 요란하게 귀청을 때린다. 내일은 근교 도시인 카스카이스와 유럽의 최서단인 호카곶을 방문할 계획이다. 밤사이 비가 그치고 내일은 밝은 해가 뜨기를 간절히 바라 본다.

11월 25일

카스카이스
그리고 땅의 끝
카보 다 호카

포르투갈을 이번 여행지로 정하며 가장 가보고 싶었던 곳 가운데 하나가 호카곶(Cabo da Roca)이었다. 땅의 끝은 과연 어떻게 생겼을까 하는 막연한 동경심과 호기심을 오래전부터 가지고 있던 터였다. 오늘은 이러한 궁금증을 해소하기 위하여 드디어 유럽대륙의 최서단 호카곶과 이를 가기 위해 지나야 하는 아름다운 해변 도시 카스카이스(Cascais)를 방문했다.

카스카이스와 카보 다 호카 여행은 리스보아의 카이스 두 소드레 역에서 기차를 타고 시작한다. 우리는 어제 미리 나베간트 카드에 기차 요금을 충전해 두었다. 기차를 타면 약 40분 만에 카스카이스 역에 도착한다. 카스카이스행 기차는 진행 방향 왼쪽에 앉아야 대서양의 푸르른 바다를 볼 수

땅의 끝 바다의 시작점 카보 다 호카

있다. 카스카이스를 먼저 둘러본 후 호카곶을 방문하거나, 카스카이스 역에서 버스로 먼저 호카곶을 다녀온 후 카스카이스를 둘러봐도 괜찮다. 우리는 오전에 호카곶을 다녀온 후 카스카이스로 돌아와 점심을 먹고, 그곳을 둘러보기로 했다. 카스카이스에서 카보 다 호카로 갈 때는 카스카이스 역 앞의 버스 터미널(Terminal Rodoviário de Cascais)에서 1624번 버스를 타고 카보 다 호카 정류장에 내리면 된다. 약 40분이면 도착하며 요금은 2.60유로로 현금 결제만 가능했다. 버스를 타고 가는 동안 현지 주민들은 모두 교통카드로 요금을 지불하는 모습이었고, 값비싼 현금 결제는 관광객들에게만 적용되는 관행인 듯했다. 카보 다 호카에서 리스보아로 돌아올 때도 다시 1624번 버스를 이용하여 카스카이스로 이동한 후, 기차를 타고 카이스 두 소드레 역으로 돌아오면 된다.

호카곶에 도착하니 오전 11시가 조금 넘은 시간이었다. 호카곶은 북위 38도 47분, 서경 9도 30분, 해발 140미터에 위치한 유럽 대륙 육지부의 가장 서쪽 끝 지점으로 유명하며, 리스보아에서 42킬로미터 떨어져 있다. '호카에 있는 곶'이라는 이름처럼 대서양으로 돌출된 이곳은 14세기 말까지 '세상의 끝'이라 여겨졌다. 세상의 끝자락, 완만한 언덕 너머로는 짙푸른 대서

카보 다 호카의 해안 풍광

양이 끝없이 일렁거리고 있었다. 2년 전 산티아고 순례길 대장정을 마무리하며 피스테라(Fisterra)의 조그만 바위에 걸터앉아 뭉클한 심정으로 바라보았던 바로 그 대서양이었다. 가슴 깊은 곳에서 뜨거운 기운이 솟구치는 것을 느꼈다. 땅이 끝나고 바다가 시작된다는 바로 그 지점에 서 있다는 사실 하나만으로도 가벼운 흥분이 몰려왔다. 대항해 시대를 개척한 포르투갈 인들의 탐험 정신과 미지의 세계에 대한 용기가 이곳에서 비롯된 것이 아닌가 싶다. 유라시아 대륙의 최서단이라는 상징적 의미뿐만 아니라, 깎아지른 절벽으로 이루어진 해안 풍광도 역시 매혹적이었다.

사람들이 모여 인증사진을 찍고 있는 커다란 기념비 쪽으로 발걸음을 옮겼다. 기념비에는 "여기 땅이 끝나고 바다가 시작된다(Aqui Onde a terra se acaba e o mar começa)."라는 16세기 포르투갈의 국민 시인 루이스 드 카몽이스의 시구가 새겨져 있었다. 서쪽의 대서양을 제외하고 국토가 스페인에 둘러싸인 포르투갈 사람들은 늘 서유럽의 변방에서 스페인의 공격에 시달려 왔다. 그래서 육지 대신 대서양으로 나갔다. 카몽이스의 이 시는 바다 너머 미지의 세계를 향해 떠난 포르투갈 탐험가들의 가슴에 용기의 불꽃을 지핀 시가 아니었을까? 세상의 끝으로 여겨졌던 그곳이 또 다른 세상의 문을 열

카보 다 호카 땅의 끝 지점의 기념비　　　기념비에 씌인 카몽이스의 시구

기 위한 출발점이 되었던 것이 아니었을까? 그리하여 그들은 이곳에서 돛을 올리고, 끝없는 망망대해를 가로지르며 서쪽으로 나아가 대항해 시대의 서막을 열게 되었던 것이 아니었을까?

　기념비 너머 언덕 위에는 주황색 지붕을 얹은 등대가 마치 그림처럼 우뚝 서 있다. 1772년에 세워진 포르투갈 최초의 등대로, 여전히 주변을 지나는 배들을 인도한다. 현재의 등대는 1842년에 재건된 건물이라고 전해진다. 나무로 만든 철책을 따라 발걸음을 옮기니, 깎아지른 화강암 절벽 아래로 파도가 쉼 없이 몰아치며 하얀 포말을 만들어 낸다. 철책에 기대어 절벽을 배경으로 인생 사진을 남기려는 관광객들의 모습에서 멋진 해안 풍경을 실감하게 된다. 포르투갈 사람들의 용기와 개척 정신에 경의를 표하는 마음을 안고 카스카이스로 돌아가는 버스 정류장으로 아쉬운 발길을 돌렸다. 정류장 앞쪽으로는 관광 안내소가 위치해 있었다. 안내소 안에는 멋진 그림엽서를 비롯해 아줄레주 무늬로 장식된 그릇 등 많은 기념품을 판매하고 있었다. 흥미로운 점은 여기서 유라시아 최서단 증명서를 발급해 준다는 것이다. 이름과 발행 번호가 적힌 증명서로서 가격은 11유로다. 꽤 비싼 감이 있는데다 효용 가치에 의문이 들어 우리는 증명서 발급은 생략했다.

카스카이스행 11시 52분으로 예정된 버스는 끝내 30분 지연되어 호카곶에 도착했고, 우리는 그 버스에 몸을 싣고 다시 카스카이스로 향했다. 카보 다 호카에서 카스카이스로 돌아올 때는 종점이 카스카이스가 맞는지 반드시 확인을 해야 한다. 신트라가 종점인 버스도 있기 때문이다.

카스카이스로 돌아오니 오후 1시가 되어 가고 있었다. 아내가 블로그를 통하여 입수한 정보에 따라 오샹(Auchan)이라고 하는 쇼핑몰 내에 있는 푸드 코트에서 점심을 해결하기로 했다. 오샹은 오픈한 지 얼마되지 않았는지 실내도 깨끗하고 분위기도 쾌적했다. 2층에 위치한 이탈리안 리퍼블릭(Italian Republic)이라는 이탈리안 식당이 특히 눈길을 끌었다. 아내는 새우가 들어간 감베리(Gamberi) 피자를 주문했고, 나는 오늘의 특선 중 하나인 아말피(Amalfi) 햄버거를 선택했다. 아말피 햄버거는 통상 마주하는 햄버거와는 달리 패티와 양파, 베이컨, 모짜렐라 치즈 등을 밀가루 반죽 속에 넣고 오븐에 구워서 나온 햄버거였다. 감자튀김과 야채샐러드가 사이드로 제공되었다. 아내는 주문한 피자에 흡족해했고, 나도 처음 경험한 특이한 햄버거에

카스카이스 이탈리안 리퍼블릭에서의 점심

카스카이스 하이나 해변

만족스러웠다. 생맥주 두 잔과 함께 29.65유로를 지불했다.

　모던한 리조트와 중세의 골목이 상존하는 카스카이스는 여름이면 유럽 각지에서 여행자들이 바캉스를 즐기려고 모여드는 해변 도시다. 포르투갈 왕실은 1870년부터 카스카이스에서 여름휴가를 보냈고, 1889년 리스보아와 철도가 연결되며 유럽인들의 휴양지로 거듭났다. 기암절벽이 많은 해안 사이로 아름다운 백사장과 요트가 즐비한 마리나를 품고 있는 데다, 1년 중 260일이 맑은 덕에 사계절 내내 인기 있는 휴양지로 알려진 도시이다. 점심을 끝내고 카스카이스 시내로 발길을 돌리자, 무수한 요트가 정박해 있는 마리나(Marina de Cascais)가 단번에 눈길을 사로잡았다. 요트 650척을 수용할 수 있는 세련된 요트 정박지로, 1889년에 즉위한 국왕 카를루스 1세(Dom Carlos I)가 카스카이스를 해양 스포츠의 중심지로 삼고자 조성했다고 한다. 마리나 주변에는 어부들의 배도 정박해 있어 고급 마리나와 어촌의 분위기가 어색하게 공존함을 느꼈다. 마리나와 얼마 떨어지지 않은 곳에는 카스카이스 시내에서 가장 가까운 해변인 하이나 해변(Praia de Rainha)이 자리해 있다. 19세기 아멜리아(Amelia) 여왕의 전용 해변으로 쓰여 '여왕의 해변'이라는 이름으로 불린다. 작고 아담한 분위기가 느껴지는 해변이었으나, 백사장에는 바다에서 떠내려온 해조류들이 온통 해변을 덮고 있었다.

　하이나 해변 맞은편에는 카스카이스에서 가장 상징적이고 화려한 건물

카스카이스 세이사스 궁전   카스카이스 히베이라 해변 길 주택의 모습

인 세이사스 궁전(Palacete Seixas)이 눈길을 사로잡는다. 1916년, 귀족 엔히크 세이사스(Henrique Maufroy de Seixas)가 지은 이 궁전은 오래된 산타 카타리나(Santa Catarina) 요새 위에 새롭게 지어진 여름 별장이었다. 현재 궁전은 포르투갈 해군의 소유로, 내부에 들어갈 수 없다는 점이 굉장히 아쉬웠다. 하이냐 해변에서 멀지 않은 곳에는 '어부들의 해변(Praia dos Pescadores)'으로 불리는 히베이라 해변(Praia da Ribeira)이 있다. 과거 어부들이 바다에 나가 잡은 생선을 판매하던 곳으로, 약 120미터 정도의 작은 해변이지만 카스카이스 정중앙에 위치해 있어서 관광객과 산책 나온 현지인들로 북적였다. 백사장에서는 배구와 같은 스포츠를 즐기는 사람들의 모습도 쉽게 눈에 띄었다. 히베이라 해변을 왼편에 두고 도로를 따라 걷다 보니, 우측에는 화려하고 멋있는 주택들이 야자수와 함께 아름다운 풍경을 자아내고 있었다. 동화 속 궁전처럼 보이는 집들도 눈에 띄었다. 카스카이스에 오기 전 블로그 등을 통해 부자 마을이라는 정보를 알고 있었지만, 직접 눈으로 확인하니 마치 포르투갈의 부자들이 모두 이곳에 모여 있는 듯한 인상을 받았다.

카스카이스 히베이라 해변

카스카이스 노사 세뇨라 다 루즈 요새의 벽과 카를루스 1세 국왕의 동상

　　카스카이스 역에서 도보로 약 10분 정도 이동하면 요새처럼 생긴 성을 만날 수 있다. 15~17세기에 리스보아 방어 강화를 위해 세워진 요새로 알려진 노사 세뇨라 다 루즈 요새(Fortaleza de Nossa Senhora da Luz)이다. 1755년 대지진으로 일부가 무너져 주요 벽만 남았다.

　　요새 앞 광장에는 카스카이스 지방 자치단체에서 국왕 카를루스 1세에게 바치는 헌사와 함께 국왕의 동상이 대서양을 바라보며 늠름하게 서 있다.

　　요새를 지나 해안선을 따라 포장된 도로를 올라가자 화려한 건물이 눈에 들어왔다. 마레샬 카르모나 공원(Parque Marechal Carmona) 안에 자리한 카스트루 기마랑이스 백작 박물관(Museu Condes de Castro Guimarães)이다. 이 저택은 원래 아일랜드 혈통의 귀족이자 금융가인 호르헤 오닐(Jorge O'Neil)이

카스카이스 카스트루 기마랑이스 백작 박물관

1897년에서 1900년 사이에 지은 것이며, 후에 마누엘 드 카스트루 기마랑이스 백작이 사들여 여름 별장으로 사용했다고 한다. 백작이 세상을 떠난 후 그의 유언에 따라 나라에 기부를 하게 되면서 1931년에 박물관으로 다시 문을 열었다. 아쉽게도 월요일은 휴관이라 우리는 외관만 보아야 했다.

카스카이스 산타 마르타 등대 박물관

산타 마르타 등대 박물관은 해안선 끝에 자리한 역사 깊은 등대를 새롭게 개조하여 만든 곳이다. 1868년에 세운 이 유서 깊은 등대의 하이라이트 중 하나는 8미터 높이의 파란 줄무늬 등대에 오르는 것이다. 나선형 계단을 따라 정상에 오르면 그림 같은 카스카이스 해변과 광활한 대서양이 빚어내는 절경을 감상할 수 있다고 한다. 아쉽게도 등대 박물관 역시 월요일은 휴관이라 외관밖에 감상할 수 없었다.

산타 마르타 등대 박물관을 지나 자전거 길을 따라 도보로 약 15분 정도 더 가면 카스카이스 하이라이트 중 하나인 지옥의 입(Boca do Inferno)에 도달하게 된다. 수백 년 동안 파도와 바람이 석회암 절벽을 깎아내어 만들어진 폭 20미터, 깊이 30미터의 동굴 협곡이다. 푸른 파도가 거친 석회암 절벽에

카스카이스 지옥의 입

부딪히며 물보라가 높이 치솟는 광경은 관광객을 매혹시키기에 충분하다.

파도가 가장 거센 성수기는 겨울이고, 여름은 파도 비수기여서 물보라를 보지 못할 수도 있다고 한다. 지옥의 입이라는 무서운 이름은 동굴 틈새에서 나오는 거친 물보라와 소리에 놀란 어부들이 붙였다고 전해진다. 지옥의 입을 바라보며 올해 2월에 다녀왔던 호주 타스매니어(Tasmania)의 데블스 키친(Devil's Kitchen)이 떠올랐다. 부서지는 파도에 의해 깎인 동굴과 절벽 기저부 주위를 소용돌이치는 거품이 이는 분노의 가마솥에서 그 이름이 연유된 데블스 키친은 지옥의 입과 아주 유사한 모습을 띠고 있었다.

카스카이스는 원래 카보 다 호카를 가기 위하여 거쳐야 하는 도시로만 인식하고, 애초에 큰 기대 없이 갔다. 그러나 예상과 달리 카스카이스는 작지만 매혹적이었고, 조용한 온기와 여유로움을 품고 있었다. 스페인에 태양의 해안 '코스타 델 솔(Costa del Sol)'이 있다면, 포르투갈에는 '코스타 두 솔(Costa do Sol)'이 있다. 카스카이스는 그 포르투갈의 태양의 해변 중심지다. 하이나 해변, 히베이라 해변, 콘세이상 해변(Praia da Conceição) & 두케사 해변(Praia da Duquesa) 같은 아름다운 백사장을 지닌 해변들이 시내에서 멀지 않은 남동쪽 해안가에 위치해 있으며, 야자수 나무가 심어진 도로 옆으로는 현대식 리조트와 함께 동화 속 집처럼 예쁜 주택들이 거리를 화사하게 빛내고 있다. 요트가 즐비한 마리나를 품고 있는 휴양 도시이자, 중세의 골목길이 고스란히 남아 있는 그림 같은 해변 도시이다. 카스카이스는 여행자에게 잠시 쉬어가기 좋은, 쉼표 같은 도시이다.

카스카이스 시내 거리의 모습

벨렝 지구에서 바라다본 4월 25일 다리와 예수상 야경

아쉬움을 뒤로한 채 오후 4시 24분 기차로 카스카이스를 떠나 리스보아의 카이스 두 소드레 역으로 향했다. 카이스 두 소드레 역에 도착해서는 오늘 저녁 야경을 보기 위하여 외출을 계획한 터라, 미리 24시간 교통카드를 충전해 두었다. 집에 돌아와서는 라면과 남은 반찬으로 저녁을 해결했다. 리스보아를 떠날 날이 가까워졌음을 실감하게 된다. 식사를 마친 뒤, 4월 25일 다리와 예수상 야경 명소로 알려진 벨렝 지구로 향했다. 밤이 되어 기온이 내려가고 바람도 제법 차갑게 느껴졌다.

벨렝 지구의 발견 기념비 앞에서 바라본 4월 25일 다리와 알마다 지구 예수상의 야경은 은은한 멋은 있었지만, 기대만큼 인상 깊지는 않았다. 아내도 나랑 비슷한 느낌을 받은 듯했고, 결국 아내는 내일 알마다 지구로 직접 건너가 예수상을 가까이에서 보고, 그곳에서 테주강과 4월 25일 다리를 감상해 보자고 제안했다.

나도 흔쾌히 동의하고, 리스보아를 떠나기 전에 반드시 들러야 할 곳을 찾았다. 파스테이스 드 벨렝(Pastéis de Belém)이다. 벨렝에서 제로니무스 수도원 다음으로 줄이 긴 곳이라고 한다. 리스보아에서 가장 오래되고 유명한 나타 전문점이다. 그것도 제로니무스 수도원 수녀들의 비밀 레시피를 전수받아 더욱 특별하다고 한다. 1837년에 문을 연 이 가게는 무려 200년에 가

리스보아와 근교 소도시

코메르시우 광장의 대형 크리스마스트리

까운 역사를 자랑한다. 낮에 보았을 때는 긴 줄이 늘어서 있었지만, 저녁 시간이라 그런지 가게 앞은 한산했다. 나타 한 개를 포장해 들고 나왔다.

파스테이스 드 벨렝 옆에는 또 다른 나타 전문점인 만테이가리아(Manteigaria)도 있다. 우리가 포르투에 체류하는 동안 나타를 사먹은 곳이기도 하다. 만테이가리아에서도 나타 한 개를 포장 주문했다. 가격은 파스테이스 드 벨렝이 1.40유로, 만테이가리아는 1.30유로였다. 파스테이스 드 벨렝에서는 시나몬 가루를 별도로 제공해 주었다. 나타 전문점인 두 곳의 나타 맛을 비교해 보기로 하고, 우리는 코메르시우 광장으로 향했다. 코메르시우 광장에 도착하니, 광장 우측에서는 대형 크리스마스 트리가 밝은 빛을 뿜어내고 있었다. 크리스마스 트리에 점등식이 있던 지난 토요일, 리스보아 시내는 인산인해를 이루었고 교통 혼잡은 이루 말할 수 없을 정도였다. 여행 가이드의 말을 빌리면, 포르투갈 사람들은 크리스마스에 정말 진심이라고 한다. 거리마다 형형색색의 등으로 밝게 빛나는 장식물이 거리를 더욱 화사하게 비추고, 성탄절 분위기를 한껏 고조시킨다. 이방인의 눈에 비친 그들의 크리스마스에 대한 열정은 마치 축제와 같았다. 11월에 이러할진대, 성탄절이 가까워지는 12월은 얼마나 더 화려할지 짐작이 되고도 남았다.

광장 한편에 앉아 포장해 온 두 곳의 나타를 시식해 보았다. 파스테이스 드 벨렝의 나타는 페이스트리 가운데 부분을 커스타드 크림으로 꽉 채워 부드러운 맛이었지만, 너무 크리미(Creamy)한 감이 느껴졌다. 반면에 만테이가리아 나타는 크리미한 정도가 덜했지만, 달콤함에서는 파스테이스 드 벨렝에 미치지 못했다.

개인적으로는 만테이가리아 나타가 내 입맛에 좀 더 맞는 듯했다. 아내는 원래 나타와 같은 달고 크리미한 타르트를 좋아하는 입맛이 아니다. 200년의 역사를 자랑하지만 개인의 입맛에 따라 호불호가 갈리는 건 어쩔 수 없는가 보다.

이제 내일은 리스보아 체류의 마지막 날이다. 리스보아 근교 도시 중 방문 예정지로 계획했던 에보라(Evora)는 이번 여행에서는 아쉽지만 제외하기로 했다. 리스보아에서 하루 더 머물며 시간 제약으로 둘러보지 못한 몇몇 곳을 더 둘러보는 것이 이번 여행을 보다 더 알차게 마무리할 수 있는 방안이라 판단했다. 일단 내일 오전에는 리스보아 대성당과 벼룩시장을 둘러보아야 할 것 같다.

11월 26일

리스보아의
마지막 여운을
담아

      오늘은 리스보아, 아니 포르투갈 체류의 마지막 날이다. 근교 도시인 에보라를 방문하지 않기로 하여 리스보아를 여유롭게 둘러볼 하루의 시간이 생겼다. 아침을 먹으며 아내와 상의한 끝에, 일단 벼룩시장을 둘러본 후에 그동안 외관만 봐 왔던 리스보아 대성당에 가기로 했다.

      벼룩 시장(Feira da Ladra)은 매주 화요일과 토요일에만 상 비센트 드 포라 수도원과 국립 판테옹 사이의 넓은 공터에서 열리는 전통 시장이다. 우리가 일주일 전 리스보아에 도착한 날이 마침 화요일이라 가 볼까 했지만, 시간 여유가 없어 아쉬웠던 곳이다. 이 시장은 도둑들이 훔친 장물을 팔던 곳에서 유래해 도둑 시장이라는 이름이 붙었다. 포르투갈어로 페이라(Feira)는 시장,

라드라(Ladra)는 도둑을 뜻한다. 고풍스러운 골동품, 추억의 LP 음반, 헌책, 핸드메이드 악세서리, 아줄레주 무늬로 장식한 찻잔과 접시, 코르크로 만든 가방과 모자, 의복, 감성적인 사진, 옛날 동전까지 온갖 아이템을 망라한다. 대부분의 상인들은 야외 공터에서 자리를 잡고 있

야외 벼룩 시장

었으나, 일부 상인은 광장에 마련된 실내 건물에 제품을 진열하여 판매하고 있었다. 유심히 관찰해 보니 실내에서 판매하는 제품들은 야외에서 판매하는 제품들과 달리 모두 새 제품으로 보였다. 간단한 음료와 음식을 즐길 수 있는 테이블도 비치되어 있었다. 우리는 이곳저곳을 기웃거리며 물건들을 구경하다 냄비 받침대로 쓸 만한 제품 2개를 10유로에 구입하고는 시장을 나왔다.

리스보아 대성당으로 가는 길에 그동안 가 보지 못했던 포르타스 두 솔 전망대(Miradouro das Portas do Sol)를 들러보기로 했다. 도보로 10분 정도 이동하여 도착한 전망대 앞에는 리스보아의 수호성인인 상 비센트의 석상이 우뚝 서 있었다. 전망대에 서니 파란 하늘, 크루즈가 떠 있는 테주강, 오렌지

포르타스 두 솔 전망대에서 바라다본 리스보아 전경

색 지붕으로 뒤덮인 언덕 위로 우아한 자태를 뽐내는 상 비센트 드 포라 수도원과 백색 돔의 국립 판테옹이 황금 비율로 어우러졌다. 이틀 전에 올랐던 세뇨라 두 몬트 전망대에서 바라본 수도원과 국립 판테옹의 모습이 훨씬 가까이 다가온 듯한 전경이었다. 바로 아래에 위치한 산타 루지아 전망대보다 훨씬 더 아름다운 풍경을 자랑하고 있었다. 아내와 함께 카메라 셔터를 누르고 있으니, 옆에 서 있던 한국인 커플이 우리가 하는 말을 듣고 다가와 사진을 찍어 주겠다고 했다. 웃으며 인사하고는 서로 사진을 찍어 주었다.

리스보아 대성당(Sé de Lisboa)은 성모 마리아 대성당으로 불리며, 리스보아에서 가장 오래된 성당이다. 원래 무어인이 모스크로 지었으나, 포르투갈을 건국한 아폰수 1세가 리스보아를 탈환한 후, 1147년에 로마네스크 양식의 가톨릭 성당으로 재건했다. 1755년 대지진으로 리스보아가 폐허가 되었음에도 이 성당은 파괴되지 않고 남아 있는 견고함의 상징과도 같다. 내부와 외부 모두 로마네스크 양식이 주를 이루지만, 13세기 말 디니스 왕이 건조한 고딕 양식의 회랑과 대지진 이후 다시 지어진 바로크 양식의 제단 등 다양한 건축 양식이 혼합되어 오랜 역사적 변천을 보여 준다. 이곳은 1910년부터 국가 기념물로 지정되어 있다. 삐걱거리는 트램이 오르내리는 언덕 위에 세워진 두 개의 종탑은 매우 단단하게 생겼고, 성당의 외관은 중앙 출입구 위에 위치한 커다란 장미창 덕분에 특유의 압도감을 자아낸다. 대성당의 주요 파사드는 요새처럼 보이며 벽에는 총안이 뚫려 있다. 당시의 다른 포

리스보아 대성당 파사드

리스보아 대성당 내부

르투갈 성당에서도 볼 수 있는 이 위협적인 총안의 모습은 성당이 포위 공격 중 적을 방어하기 위한 기지로 사용될 수 있었던 헤콩키스타 시대의 유물이다. 성당 내부로 들어서니 수호성인 안토니우의 탄생화가 시선을 끌고, 바로크 양식의 제단 옆에는 성모 마리아의 어머니인 성녀 안나의 성소가 자리 잡고 있다. 촛대와 예배 때 사용했던 무릎 방석도 눈에 들어온다. 특이한 점은 보통 중앙제단 뒤쪽이 비어 있는 것과 달리, 이 대성당은 중앙제단 뒤쪽이 회랑으로 연결되어 있어 여러 예배당이 자리하고 있다. 17세기 바로크 양식으로 지어진 성구실의 화려한 전시물들도 충분히 감탄을 자아냈다. 본당은 둥근 천장으로 덮여 있으며, 중앙에 원형의 장미창과 아치형 갤러리를 통해 들어오는 빛은 독특하면서도 인상적이다. 장미의 창 앞쪽의 좁은 통로를 통해 외부에서 시내를 내려다볼 수 있도록 설계되었다. 디니스 왕때 지어

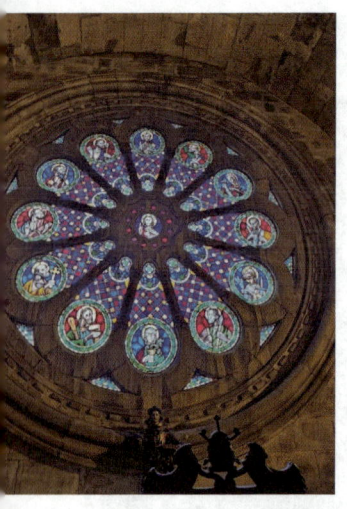

리스보아 대성당 내부 장미의 창

진 클로이스터에서는 1990년부터 고고학 발굴 작업이 진행되고 있다.

리스보아 대성당은 현지인들이 결혼식을 하고 싶어 하는 장소 1위로 꼽히는데, 과거에는 왕족 전용이었지만 지금은 누구나 이곳에서 웨딩 마치를 울릴 수 있다. 대성당의 입장료는 5유로다. 대성당을 배경으로 리스보아의 명물인 28번 트램을 한 프레임에 담으려고 애썼으나, 원하는 순간을 기억으로 남기지는 못했다.

점심을 먹기에는 이른 시간이라 아내와 나는 욕심을 내어 어제 아내가 제안한 알마다(Almada) 지구의 예수상을 직접 보러 가기로 의기 투합했다. 어젯밤 벨렝 지구에서 바라본 4월 25일 다리와 예수상의 모습이 썩 만족스럽지 않았던 탓이다. 예수상이 세워진 알마다 지역으로 가기 위해서는 카이스 두 소드레 역에서 페리를 타고 테주강을 건너거나, 차량을 이용하여 4월 25일 다리(Ponte 25 de Abril)를 건너면 갈 수 있다. 4월 25일 다리는 1966년에 완공된 붉은 현수교로, 수도 리스보아와 남쪽의 알마다를 이어 주는 중요한 교량이다. 길이는 2,278미터로 세계에서 스물세 번째, 유럽에서 네 번째로 긴 현수교로 알려져 있다. 원래 이름은 독재 정권 시절 독재자의 이름을 따 '살라자르 다리'였지만, 1974년 4월 25일 독재자를 몰아냈던 무혈 혁명을 기념하기 위해 4월 25일 다리로 이름이 바뀌었다. 다리의 형태는 미국의 금문교와 유사하며, 이 다리의 설계 팀이 미국의 샌프란시스코와 오클랜드를 연결하는 '베이 브리지'의 시공사였기 때문에 비슷한 외관을 가지고 있다. 우리는 버스를 타고 다리를 건너기로 결정하고 구글맵을 이용해 환승하기로 했다. 그러나 환승 지점인 알칸타라-마르(Alcântara-Mar) 부근에서 탑승한 3705번 버스에서 일일권 교

예수상　　　　　　　　　　　　　　　예수상 광장에 설치된 철제 대형 십자가

통카드를 인식시키니, 유효하지 않다는 표시가 떴다. 버스 기사의 설명에 따르면 리스보아의 교통카드는 알마다 지역에서부터 더 이상 유효하지 않다고 했다. 버스 번호 또한 네 자리 숫자이며, 리스보아 시내의 세 자리와는 차이가 있어 처음부터 의문을 품고 있었는데 우리의 예감이 틀리지 않았다. 결국 우리는 현금으로 2.60유로를 지불하고 4월 25일 다리를 건넜다. 다리를 지나며 오른쪽으로 보이는 테주강과 벨렝 지구의 모습은 마치 영화의 한 장면과 같았다. 다리를 건너 알마다 지역에서 보는 리스보아의 모습이 한층 더 궁금해졌다. 4월 25일 다리를 건너 버스에서 하차한 후, 도보로 15분 정도 이동하니 테주강을 내려다보며 두 팔을 벌리고 웅장하게 서 있는 예수상의 모습이 시야를 가득 채웠다. 예수상이 서 있는 광장은 아주 깨끗하게 단장되어 관광객을 기다리고 있었으며, 입구로 들어서서 오른편 정원에는 노란색 꽃들이 예쁘게 피어 있었다. 광장 중앙에는 45도 각도로 기울어져 있는 철제 대형 십자가가 참으로 인상적이었다. 이 십자가가 예수상 아래에 어떻게 얽혀 있는지 그 의미를 헤아리기는 쉽지 않았다.

　　예수상(Santuário Nacional de Cristo Rei)은 포르투갈 전역에서 모금에 참여해, 제2차 세계대전 당시 큰 희생이 없었던 것에 대해 예수 그리스도에게 감사하는 마음을 담아 1959년에 지었다고 한다. 입장료 6유로를 지불한 뒤 엘

알마다 지구에서 바라다본 4월 25일 다리와 리스보아 전경

   리베이터를 타고 올라가면 약 82미터 높이에서 4월 25일 다리와 테주강 건너편의 리스보아 전역을 한눈에 담을 수 있다. 우리는 광장 앞마당에서 바라보는 테주강 일대의 전경도 너무나 아름다워, 전망대까지는 오르지 않았다.

   광장을 에워싼 나무 철책 너머로 보이는 테주강과 그 위를 가로지르는 붉은 4월 25일 다리의 모습은 실로 장관이었다. 테주강 건너편의 리스보아는 더욱 아름답게 다가왔다. 알마다 지구에서 바라본 강 건너 리스보아의 모습에 한동안 입을 다물지 못했다. 아내는 오늘 자신이 선택한 알마다 지구 방문이 최고의 결정이었다며 흐뭇한 미소를 지었다. 나 역시 아내의 의견에 공감하며 맞장구를 쳤다.

   리스보아에서 내려다보는 테주강의 모습보다 훨씬 인상적이고 강렬했다. 리스보아에서의 마지막 날, 이 환상적인 풍경은 리스보아를 내 기억의 한켠에 깊이 새기기에 더할 나위 없는 완벽한 장면이었다.

   예수상을 뒤로 하고 아쉬운 발걸음을 돌려 볼트 택시를 타고 리스보아로 돌아왔다. 이미 오후 2시를 넘어가고 있었다. 알마다 지구를 다녀오는데 두 시간이 훌쩍 지나버린 셈이다. 며칠 전부터 방문하기로 생각했던 '타임아웃(Time Out)'에 오늘 아니면 기회가 없겠다 생각하여 그곳에서 점심 식사를 하기로 했다.

타임아웃 마켓

　내부로 들어서자 일단 그 규모에 입이 쩍 벌어진다. 많은 인파가 함께 식사를 하고 있었지만, 공간이 워낙 넓어 회전율이 높았고, 음식을 먹은 접시를 치우는 종업원들의 손놀림도 굉장히 빨랐다. 여러 가게를 둘러보던 중, 아내는 새우, 홍합 등이 들어간 해물스튜를 주문했고, 나는 유난히 맛있어 보이는 햄버거를 선택했다. 리스보아에 와서는 점심으로 간단한 걸 찾다 보니 햄버거를 주문하는 횟수가 자꾸 늘어나는 것 같았다. 아내가 또 다시 햄버거를 주문하는 나에게 살짝 눈치를 주었다. 아내는 자신이 선택한 해물스튜에 대단히 만족해했으며, 내가 주문한 햄버거는 리스보아에서 먹은 햄버거 중 최고였다. 슈퍼복 생맥주 두 잔과 함께 41.20유로를 지불했다.

　점심을 먹고 소화도 시킬 겸, 예전에 다녀왔던 아주 인상적인 상 페드루 알칸타라 전망대에 다시 올라가기로 했다. 이번에는 아센소르 다 글로리아라는 이름의 푸니쿨라를 타기로 했다. 어제 오후 늦게 충전한 24시간 교통카드로 푸니쿨라도 무료로 이용할 수 있다는 정보를 아내가 입수한 터였다. 리스보아 카드나 1일권 교통카드가 없이 현금으로 요금을 지불 시, 4.10유

타임아웃의 해물 스튜와 햄버거

아센소르 다 글로리아

로로 265미터의 언덕을 오르는데 상당히 높은 요금을 지불해야 한다. 전망대에 서면 리스보아 시내 풍경이 파노라마처럼 펼쳐지는 걸 느낄 수가 있다. 포르타스 두 솔 전망대에서는 볼 수 없었던 상 조르즈 성이 눈 앞에 들어온다. 상 조르즈 성 뒤쪽으로는 상 비센트 드 포라 수도원의 쌍둥이 첨탑이 아련하게 비친다. 오른쪽으로는 멀리 테주강이 잔잔히 흐르고, 강 위를 떠있는 페리의 모습이 그림처럼 다가온다. 다시 보기 힘들 리스보아의 아름다운 풍광을 눈에 한가득 담아 넣었다.

리스보아에서는 곳곳에 자리한 많은 전망대에서 리스보아의 아름다운 풍경을 감상할 수 있다. 시아두 지구에 위치한 산타 카타리나 전망대와 상 페드루 알칸타라 전망대는 물론, 언덕이 많은 알파마-그라사 지구에는 산타 루지아 전망대, 포르타스 두 솔 전망대, 그라사 전망대, 세뇨라 두 몬트 전망대와 같은 근사한 전망대들이 리스보아를 더욱 화려하게 만든다. 언덕 위에서 리스보아를 굽어보는 풍경이 압권인 상 조르즈 성도 빠질 수 없는 곳이다.

개인적으로는 오전에 방문했던 알마다 지구에서 바라본 리스보아의 풍경과 상 페드루 알칸타라 전망대에서의 리스보아 전경이 가장 인상적이었다. 푸니쿨라를 타고 다시 헤스타우라도르스 광장으로 내려와 귀갓길에 올랐다. 리스보아 체류 마지막 날이라 오전 중에 간단하게 일정을 마무리할 생각이었으나, 또다시 욕심이 발동해 오후 4시가 되어 버렸다. 아내가 인근에 플랫 화이트 커피를 제공하는 카페가 있다는 것을 알아내어, 그곳에서 커피 한 잔을 즐기기로 했다. 리스보아에서는 플랫 화이트 커피를 만드는 카페가 흔치 않아, 아주 반가운 이야기였다. 다행히 우리 숙소에서 운영하는 브

상 페드루 알칸타라 전망대에서 바라다본 리스보아 전경

런치 카페에서는 매일 아침 맛있는 플랫 화이트를 맛볼 수 있었고, 이는 우리 숙소의 큰 장점 중 하나였다. '더 커피'에서 주문한 플랫 화이트를 카페 앞 벤치에 앉아 마시며, 포르투갈 여정이 드디어 끝나감을 실감했다.

이제 내일이면 리스보아 공항을 거쳐 서울로 향하게 된다. 포르투에서 시작된 우리의 여정이 리스보아에서 서서히 막을 내리고 있는 것이다. 하지만 포르투와 리스보아 사이에서 보낸 수많은 날의 추억은 우리의 뇌리 속에 생생히 살아 숨쉬고 있다. 좁고 구불거리는 골목과 주황빛 지붕을 얹은 집들 사이에 우리의 그림자가 오랜 시간 남아 있길 바란다. 한 달여간의 여행 동안 보고 느낀 포르투갈의 향기는 여전히 내 몸을 감싸고 있으며, 그 여운은 쉽게 사라질 것 같지 않다. 이제 짐을 챙겨야 할 시간이다. 마음속 깊이 새겨진 이곳의 아름다운 추억들도 함께 담아야겠다. 지구의 반대편, 그중에서도 '세상의 끝'이라 불리는 이곳에 아주 작은 그리움만을 남겨 둔 채, 포르투갈의 마지막 날이 서서히 저물어 간다. 저녁노을이 하늘을 붉게 물들이며, 우리의 떠남을 아쉬워하는 듯 잔잔한 여운을 남긴다. 이곳의 풍경과 기억들은 먼 훗날에도 여전히 내 마음속에 남아, 언젠가 다시 나를 그리운 추억의 바다로 이끌어 주길 소망해 본다.

11월 27일

리스보아를
등지고
귀국길에!

　　　　　　　　리스보아를 떠나는 비행기 출발 시간은 오후 3시 25분이다. 암스테르담을 경유하여 인천 공항에 도착하는 KLM 에어라인이다. 네덜란드 국적기인 KLM을 이용하는 건 처음이라 기내 서비스는 어떨지 자못 궁금하기도 했다. 늦은 아침을 먹고 남은 시간을 활용해 숙소 근처에 위치한 코메르시우 광장으로 향했다. 이곳 코메르시우 광장은 언제 와도 인상적이다. 입구에 우뚝 솟은 승리의 아치는 포르투갈의 자긍심을 압축해 놓은 듯했고, 광장 중앙에 자리한 주제 1세의 기마상 앞에 서면 자연스레 대항해 시대의 기개와 용기가 떠오른다. 거대한 시대의 물결을 일으켰던 포르투갈의 옛 영광이 이곳에 고스란히 깃들어 있는 듯했다. 광장 앞 테주강은 오늘도 작열하는 태양 아래 은빛으로 반짝이고, 이곳이 명실공히 리스보아

코메르시우 광장 테주강을 바라보며

의 중심임을 실감하게 된다. 수많은 사람들이 광장 곳곳에서 사진을 찍으며 여행의 추억을 담고 있었다.

코메르시우 광장의 풍경을 마지막으로 사진에 담아 두고, 오전 11시가 조금 넘은 시간에 볼트 택시를 타고 공항으로 향했다. 리스보아 국제 공항 (Aeropuerto Internacional Lisboa Humberto Delgado)은 리스보아 시내에서 북쪽으로 약 30분 거리에 있다. 여느 도시와 달리 이 공항은 시내와 매우 가까운 곳에 자리 잡고 있었다. 최근 포르투갈에서는 관광객 수가 급증함에 따라 리스보아에 새로운 공항을 건설하기로 결정했고, 그 위치는 리스보아 시내에서 약 35킬로미터 떨어진 테주강 남쪽에 위치한 알코셰트(Alcochete) 마을 근처 군사 기지로 정해졌다. 새 공항의 예상 비용은 약 9조 원으로 추산되며, 완공까지는 약 10년에서 15년이 소요될 것으로 예상된다. 2023년 포르투갈은 3,000만 명 이상의 관광객을 유치하여, 관광 산업 성장

코메르시우 광장 트램의 모습

가능성을 보여 주었다. 공항에 도착하니 진입로에서 병목 현상이 발생해 차량이 쉽게 빠져나가지 못하는 모습이었다. 40여 분이 걸려 공항에 도착했고, 택시 요금은 약 10유로 정도였다. 서울에서 인천 공항으로 가는 택시 요금을 떠올리며, 이 가격에 다시 한번 놀라움을 금치 못했다.

KLM 체크인 카운터는 아직 오픈하지 않았다. 통상 비행기 출발 3시간 전에 오픈하니, 30여 분 정도 공항 내부를 둘러본 뒤 다시 체크인 카운터로 돌아왔다. 공항 규모는 크지 않았으나 내부는 복잡하게 얽혀 있었다. KLM 카운터에는 직원들의 모습도 보이질 않았고, 승객들도 거의 눈에 띄지 않았다. 궁금하던 차에 근처의 공항 관리 직원에게 문의했더니, 카운터는 출발 2시간 전에 오픈한다고 친절히 설명해 주었다. 유럽 내 생겐 조약에 가입한 국가 간 이동 시에도 체크인 카운터는 3시간 전이 아닌 2시간 전에 오픈한다는 사실을 처음으로 알게 되었다.

1시 30분경 체크인 수속을 마치고, 며칠 전 백화점 엘 코르테 잉글레스에서 구입한 와인 두 병에 대한 세금 환불을 받아야 했다. 아내가 리스보아 공항에서의 택스 리펀드 방법을 자세히 설명한 블로그를 찾아 두었기에, 어제 저녁에 미리 읽어두었다. 항공사 카운터에서 체크인을 진행하고 탑승권을 수령한다. 이때 항공사 직원에게 이야기하여 면세품이 들어 있는 수하물은 부치지 말고, 수하물 태그만 붙인 상태에서 세관원으로 가지고 가야 한다. 세관원의 위치는 항공사 카운터 근처 택스 프리(Tax Free)라고 쓰여진 곳에 있다. 온라인 체크인을 했더라도 반드시 종이 탑승권을 받아 세관원에 가지고 가야 한다. 여권, 탑승권, 물품 영수증 등을 세관원에게 전달하면 포르투갈에서 구매한 면세품은 전자로 처리하고, 타 국가에서 구입한 면세품은 물품 영수증과 택스 리펀드 서류에 직접 도장을 찍는다.

유럽 여행 시 구입한 물품에 대한 세금 환불은 규정에 의거해 마지막 EU 국가에서 세금 환불 신청을 해야 한다. 이때 세관원이 면세품을 보여 달라고

할 수도 있지만, 우리는 면세금액이 작아서인지 따로 보여 달라는 요청은 없었다. 절차가 원만하게 끝나면, 면세품이 들어 있는 수하물은 세관원이 있는 곳에서 직접 부치거나 또는 수속을 완료한 항공사 카운터로 다시 돌아가 부치라고 지시받는다. 우리는 세관원이 있는 곳에서 바로 수하물을 부칠 수 있었다. 수하물을 다시 부치고 보안검색대를 통과하면 세금 환불 대행사 세 곳이 나온다. 면세품을 구입할 당시 판매처에서 지정한 대행사에 여권, 탑승권, 면세품 영수증을 제출하면 환불 절차가 완료된다. 우리는 대행사 가운데 글로벌 블루(Global Blue)에서 환불을 받았다. 환불은 현금으로 받을 수 있지만, 현금 환불 시 3유로의 수수료가 공제되고, 카드 환불의 경우 수수료는 없으나 입금까지 며칠이 소요된다.

택스 리펀드 절차를 마친 후 비행기 탑승 전까지 남은 시간을 보내기 위해 라운지를 찾았다. KLM을 비롯한 대한항공, 에어프랑스 등 대부분의 스카이팀 소속 항공사들은 ANA 라운지를 공동으로 이용했다. 라운지 내부는 넓고 깨끗했지만, 많은 승객들로 복잡했다. 음식은 기대에 미치지 못했지만, 여유로운 휴식을 취할 수 있었다. 한 시간 정도 휴식을 취한 후, 암스테르담으로 향하는 비행기의 탑승 게이트에 도착하니 많은 승객들로 게이트 앞이 북적였다. 우리가 탑승할 비행기가 아직 도착하지 않아 탑승 시간이 지연되었고, 결국 출발 시간은 40여 분 넘게 미뤄졌다. 암스테르담 공항에서의 환승 시간이 애초에 1시간 정도로 여유롭지 않았고, 거기에 지연 출발까지 겹쳐 암스테르담 공항에 도착해서는 거의 뛰다시피 하여 간신히 탑승할 수 있었다. 아내는 공항에서 이토록 바쁜 걸음으로 서둘러 탑승한 것이 처음이라며 가쁜 숨을 몰아쉬었다. 시계를 확인해 보니, 족히 20여 분을 잰 걸음으로 이동했다. 긴 여행의 끝자락이 이렇게까지 숨 가쁠 줄은 미처 예상하지 못했다.

11월 28일

포르투갈의
온기를
품고

암스테르담 공항에서 힘겹게 몸을 실은 KLM 항공기는 예정보다 20분가량 늦게 인천 공항에 착륙했다. 리스보아에서 암스테르담까지 약 3시간 30분, 환승 대기 40분, 암스테르담에서 인천까지 12시간 20분으로 총 16시간 30분에 걸친 긴 여정이었다. 비행기 안에서는 한국인 승무원 몇 명이 눈에 띄었고, 전반적인 기내 서비스는 세심하고 정성스러웠다. 불편함이 없도록 세심하게 배려하는 승무원들의 애쓰는 모습이 느껴졌다. 아내는 넓은 좌석 덕분에 한결 편하게 이동할 수 있었다며 만족스러워했다. 인천행 항공편에서는 잠을 청하려 했지만 깊은 잠에 들지는 못했다. 깨어 있는 동안에는 포르투갈 관련 책을 읽거나 여행기를 작성했다.

포르투갈을 떠나기 직전, 한국에 폭설이 내렸다는 소식에 다소 놀라움을 금할 수가 없었다. 11월인데 벌써 눈이 내렸다니, 올 겨울은 유난히 매서울 것 같은 예감이 들었다. 공항 밖으로 나서 리무진 버스를 기다리는 동안, 포르투갈에서는 한 번도 겪어 보지 못했던 영하의 찬바람이 얼굴을 세차게 스쳐 지나간다. 벌써 포르투갈의 따스한 날씨가 그리워진다. 11월은 포르투갈의 우기인데도 여행 내내 비는 좀처럼 모습을 드러내지 않았다. 포르투와 리스보아의 하늘은 유난히 너그러웠고, 18도에서 22도를 오가는 기온은 마치 초가을의 포근함처럼 우리를 따스히 감싸 주었다. 매 순간이 뜻밖의 선물처럼 다가왔고, 날씨마저도 이 여정을 축복해 주는 듯했다. 그렇게 포르투갈에서의 한 달은 어느새 따뜻한 기억으로 다듬어져, 모든 순간이 고요한 잔상으로 마음 한켠에 스며들며 조용히 막을 내렸다.

에필로그

　포르투갈은 한 달간 머무르기에 더없이 매력적인 여행지였다. 아름다운 해변과 풍부한 역사, 다양한 문화적 경험이 조화를 이루며 여행자의 감성을 깊이 자극했다.

　해외에서 한 달간 체류할 나라를 선택할 때, 우리는 일반적으로 여러 요소들을 신중하게 따져 보게 된다. 그 나라만의 고유한 매력이 뚜렷한지, 도시마다의 개성이 충분한지, 안전과 기후는 적절한지, 물가는 감당할 만한 수준인지, 일정은 무리 없이 소화 가능한지 등 다양한 기준을 살핀다. 이러한 조건들을 기준으로 삼았을 때, 포르투갈은 대부분을 만족시키는 훌륭한 선택지였다.

　바다와 강이 어우러져 멀리서 바라보는 풍경만으로도 숨이 멎을 듯 아름다웠으며, 그 풍경 너머로는 다른 나라에서는 쉽게 찾을 수 없는 포르투갈만의 독창적인 매력이 고스란히 배어 있었다. 푸른 아줄레주가 건축물마다 낭만을 입히고, 성당의 구석구석을 채운 탈랴 도라다는 화려함의 극치를 보여 주었으며, 민중의 한을 담은 파두는 마음 깊숙이 절절한 울림을 주었다. 게다가 한국인의 입맛에도 잘 맞는 다양한 음식과 언제나 따뜻하게 다가와 주던 친절한 사람들까지, 포르투갈은 머무는 내내 예상했던 것 이상으로 다채롭고 만족스러웠다. 포르투의 밤을 수놓아 마음을 빼앗는 야경, 전망대에서 펼쳐지는 주황빛 지붕들의 향연, 발끝에 느껴지던 오돌토돌한 물결무늬의 바닥길, 그리고 대서양과 마주한 '세상의 끝' 같은 풍경을 떠올리면, 아직도 그 생생한 기억의 조각들이 주마등처럼 스쳐 지나간다. 훌쩍 지나가 버린

한 달의 여행이 끝난 후, 포르투갈은 어느새 다시 살아 보고 싶은 나라로 내 마음속에 깊이 자리 잡았고, 그곳에서 느꼈던 향기와 풍경, 마주했던 찬란한 순간들은 지금도 꿈결처럼 아련한 여운으로 내 마음 한쪽에 머물러 있다.

  새로운 여행지에 첫발을 디딜 때면, 낯선 모든 것들이 반짝이는 보석처럼 다가온다. 거리의 돌 하나, 나무 그늘 아래의 고요마저도 특별한 의미를 띠게 되고, 눈길 닿는 모든 풍경이 새로움을 선물한다. 그런데 그 여행지가 포르투라면, 단순한 감탄은 이내 가슴 깊은 곳을 울리는 감동으로 바뀌고 만다. 포르투는 한마디로, 고요하게 아름다운 도시다. 새파란 하늘을 배경으로 사방에 펼쳐진 주황색 지붕과, 구시가지 앞을 흐르는 도루강의 반짝이는 물결만으로도 마음을 빼앗기에 부족함이 없다. 유럽의 전통적인 분위기 속에서 은은한 여유와 아기자기한 매력이 스며 있는 이 도시는, 작지만 여유로운 아름다움이 넘쳐난다. 도루강을 따라 도보로 대부분의 명소를 둘러볼 수 있는 크기 덕분에, 마치 소도시처럼 느껴지기도 한다. 포르투는 한때 해리포터의 작가 조앤 롤링이 거주하며 영감을 얻은 곳으로, 그 거리마다 마치 마법처럼 특별한 분위기가 깃들어 있다. 좁고 구불구불한 골목길들은 마치 영화 속 장면처럼 은은한 아름다움을 뿜어내며, 그 풍경과 함께 흐르던 감정마저도 선명한 기억으로 남았다. 시내 가까운 바닷가에서는 산책을 즐기기에 좋고, 중세의 흔적이 남아 있는 구시가지를 바라보는 것만으로도 힐링이 된다. 언덕배기에서는 빛바랜 건물들이 고요하게 시간의 흔적을 품고, 강가에서는 밤낮으로 버스킹 공연이 펼쳐져 도시의 정수를 더한다. 도루강 앞의 히베이라 광장과 은은한 불빛에 물든 동 루이스 1세 다리는 잊을 수 없는 추억을 선사했다. 해 질 녘에 동 루이스 1세 다리를 건너 모후 정원에서 바라본 일몰과 포르투의 야경은, 낭만이 넘치는 포르투의 진면목을 여실히 보여 준다. 주황색 지붕들을 온통 붉고 선명하게 물들이며 서쪽으로 넘어가는 해를 지켜보는 동안, 나도 모르게 어느새 낭만적이고 로맨틱한 분위기에 흠뻑 빠져

들게 된다.

포르투는 그 자체로 낭만이 넘치는 로맨틱한 도시다. 포르투에서 우연히 만난 프랑스 여자와 미국 남자의 로맨스를 다룬 영화 〈포르투〉에서처럼 포르투는 하나로 와서 둘이 되어 가는 그런 도시다. 상 벤투 역, 포르투 대성당, 카르무 성당, 볼사 궁전 등을 통해 포르투의 역사를 체험할 수 있었고, 세계에서 가장 아름답다고 손꼽히는 렐루 서점과 거리 악사들의 천국인 히베이라 광장은 포르투 여행의 마지막 한 방울까지 다채로운 감동을 안겨 주었다. 그러나 그 모든 매력에도 불구하고, 구시가지의 넘쳐나는 관광객들과 상 벤투 역을 비롯한 곳곳에서 진행 중인 공사들로 인해 혼잡함이 눈에 띄었고, 그 소란 속에서는 여행의 여운이 살짝 흐려지기도 했다. 그럼에도 불구하고 포르투의 매력은 여전히 빛을 발하며, 마음을 흔드는 감동은 잔잔하게 이어졌다.

포르투는 볼거리가 많은 인근 도시들을 탐방하기에 최적의 거점 도시로도 손색이 없었다. 남쪽으로는 아베이루와 코스타 노바, 북쪽으로는 브라가와 기마랑이스 같은 주요 소도시들이 완행 열차로 한 시간 남짓 거리에 위치해 있다. 중부 지역의 코임브라 역시 급행열차를 이용하면 두 시간도 채 걸리지 않는 가까운 거리였다. 무엇보다 이들 도시의 가장 큰 매력은, 주요 명소들이 모두 도보로 충분히 둘러볼 수 있을 정도로 구시가지에 오밀조밀 모여 있어, 느긋한 걸음으로 천천히 도시의 숨결을 느끼기에도 안성맞춤이라는 점이다.

포르투의 주변 도시들 또한 저마다의 빛깔로 여행의 폭을 한층 넓혀 주었다. '포르투갈의 베네치아'로 불리는 아베이루에서는 다채로운 색의 몰리세이루가 잔잔한 운하 위를 오가며 한 폭의 수채화를 완성했고, 동화 속에서 툭 튀어나온 것 같은 형형색색의 줄무늬 집들이 줄지어 선 코스타 노바에서는 한 장의 엽서 같은 장면들이 연이어 펼쳐졌다. '포르투갈의 로마'라는 별칭을 지닌 브라가는 기도의 도시로, 그 정점에 선 봉 제수스 두 몬트 성소는 마치 하늘로 오르는 듯한 계단과 함께 성스러운 침묵을 간직한 공간이었다. 특히 기하학적 조형미가 인상적인 순백의 계단은 보는 이의 숨을 멎게 할 만큼 강렬한 아름다움을 자랑했다.

포르투갈의 시작을 품은 도시 기마랑이스는 고풍스러운 건축물들과 정성스럽게 가꿔진 조경이 어우러져 단정하고 우아한 분위기를 자아냈다. 브라질 헤푸블리카 광장과 페냐 성소는 이 도시의 품격을 더욱 높여 주었고, 골목골목을 거닐다 보면 과거와 현재가 나란히 숨 쉬는 듯한 시간의 결이 느껴졌다. 건국 도시 성벽에 새겨진 "포르투갈은 이곳에서 탄생했다."는 문구는 마치 시간의 무게를 응축한 듯 가슴 깊이 다가왔다. 코임브라는 학문과 문화의 향기를 머금은 도시였다. 포르투갈 최초의 대학이자 유네스코 세계문화유산으로 등재된 코임브라대학교는 중세의 숨결이 고스란히 배어 있는 공간으로, 검은 망토를 두른 학생들이 영화 속 주인공처럼 대학의 신비로움을 더해 주었다. 화려한 바로크 양식으로 지어진 조아나 도서관의 '장엄 홀'은 사진으로 남길 수 없어 더욱 아쉬웠지만, 오히려 그 웅장하고 고풍스러운 아름다움은 내 기억 속에 더 선명히 새겨졌다.

포르투갈의 수도 리스보아는 일곱 개의 언덕 위에 자리한, 포르투보다 훨씬 더 크고 복잡한 결을 지닌 대도시다. 코메르시우 광장과 아우구스타 거리 주변의 평지를 벗어나면 발길 닿는 곳마다 언덕이고, 눈길 머무는 곳마다 그림엽서 같은 풍경이 펼쳐진다. 아름다운 아줄레주 타일로 빛나는 역사적 건물들, 대서양으로 이어지는 강과 바다, 그리고 낡은 골목 사이를 오가는 노란색의 빈티지 트램은 리스보아를 상징하는 장면이자 기억의 풍경이다. 하지만 이 도시의 진짜 매력은 가파른 언덕을 오르내리는 트램에만 머물지 않는다. 햇살에 익은 파스텔빛 건물들, 그 사이를 흐르는 따스한 공기, 빨랫줄에 걸린 옷가지들의 일상적인 정겨움, 저녁 어스름 속 와인바에서 피어나는 조용한 이야기들, 그리고 바다의 풍미를 가득 담은 해산물 요리들. 이 모든 요소들이 겹겹이 포개져 리스보아는 그 자체로 한 편의 서정시처럼 아름다운 서사를 천천히 써내려 간다.

테주강변에 펼쳐진 코메르시우 광장은 리스보아의 역사와 현재가 교차하는 상징적인 공간이다. 도시 곳곳에서 출발한 길들이 이곳으로 자연스레 모여들고, 언덕을 오르내리는 노란 트램과 강 위를 가르는 페리도 이 광장을 향해 나아간다. 상 페드루 알칸타라 전망대를 비롯하여 포르타스 두 솔 전망대에 서면, 붉은 지붕이 빽빽이 이어지고, 성당의 첨탑과 테주강이 어우러진 리스보아의 전경이 한눈에 펼쳐진다. 높은 언덕과 골목골목의 풍경은 마치 오래된 영화의 한 장면처럼 잔잔한 감동을 안겨 준다. 대지진의 흔적을 간직한 카르무 수도원, 알파마 언덕 꼭대기에 우뚝 선 상 조르즈 성, 도시의 상징인 리스보아 대성당, 위인들이 잠든 국립 판테옹 등 이들 유적은 리스보아의 깊은 속살을 조용히 들춰 보이며, 시간을 따라 천천히 말을 건넨다. 서쪽 끝 벨렝 지구에 다다르면 대항해 시대의 꿈이 건축물로 생동감 있게 펼쳐진다. 제로니무스 수도원과 벨렝탑, 발견 기념비는 바다를 향한 열망이 남긴 자취이자 찬란한 역사의 메아리다.

리스보아는 그 자체로 예술 작품과도 같은 도시임이 분명하다. 겹겹이 이어진 언덕 너머로 붉은 지붕과 종탑, 테주강이 유화처럼 어우러지며, 그 풍경은 문득 현실의 감각을 잠시 잊게 만든다. 자연과 건축, 시간과 기억이 조용히 녹아든 이 도시는 여행자의 마음에 깊고 잔잔한 인상을 남긴다. 테주강을 건너 알마다 지역에서 바라본 4월 25일 다리와 벨렝의 실루엣은, 아련한 여운처럼 가슴에 남아 오랫동안 잊히질 않을 것 같다. 알파마 지구의 낡고 정겨운 골목길은 리스보아의 영혼이 고스란히 스며든 공간으로, 리스보아의 매력을 더욱 선명하게 드러내었다.

리스보아 역시 주변 도시들을 방문하기에 이상적인 위치를 자랑한다. 서쪽에 위치한 신트라와 유럽 최서단의 카스카이스, 그리고 호카곶은 모두 쉽게 접근할 수 있어 여행자들에게 매력적인 방문지로 손꼽힌다. 북쪽에 자리한 오비두스, 나자레, 파티마는 소그룹 투어를 이용하여 세 도시를 하루에 모두 다녀올 수 있었다.

    신트라에서 마주한 오색찬란한 페나 성은 마치 동화 속 궁전처럼 초록의 낙원에 자리 잡고 있었고, 무어 성에서 내려다본 신트라 시내의 파노라마 전망은 너무나 아름다워 말문을 잃을 정도였다. 이번 포르투갈 여행 중 최고의 전망을 고르라면, 주저 없이 무어 성의 전망을 선택할 것이다.

    '여왕의 해변'으로 불리는 휴양지 카스카이스에는 모던한 리조트와 중세의 골목이 공존하고 있었으며, 유럽 대륙의 최서단이자 짙푸른 대서양이 일렁이는 카보 다 호카(호카곶)에서는 바다 너머 미지의 세계를 향해 떠난 포르투갈 탐험가들의 가슴에 불을 지핀 국민 시인 카몽이스의 "여기 땅이 끝나고 바다가 시작된다."는 시구를 나도 모르게 몇 차례나 되뇌어 보았다.

    '여왕의 도시'라 불리는 작고 예쁜 중세 성곽 마을 오비두스에서는 달콤한 체리주 진지냐를 맛보았고, 서핑의 성지인 나자레의 해안 절벽에서는 평화롭고 아름다운 바다 마을에 탄성을 질렀으며, 성모 발현지로 알려진 파티마에서는 간절한 바람과 신실한 신앙을 지닌 가톨릭 신자들의 경건한 모습을 마주하고는 절로 고개를 숙였다.

    이번 포르투갈 여행에서는 알가르브(Algarve) 지역을 방문하지는 못했다. 포르투갈 남부의 알가르브는 지중해와는 차별되는 대서양을 품은 아름다운 지역으로, 사암이 만든 절벽들이 장관을 이루는 곳으로 유명하다. 하지만 한 달이라는 시간은 포르투와 리스보아 두 도시를 체험하기에도 길지 않은 시간이었으며, 다른 한편으로는 기회가 되어 훗날 다시 포르투갈을 찾을 때를 대비해 남겨 두었다.

    베나질(Benagil) 동굴로 유명한 그림 같은 어촌 마을인 카르부에이루

(Carvoeiro), 환상적인 일몰과 맛있는 해산물로 이름난 파루(Faro), 그리고 영혼마저 쉬어 갈 수 있는 천상의 낙원으로 알려진 알부페이라(Albufeira) 등의 아름다운 도시들은 미래의 버킷 리스트에 남겨 두기로 했다.

포르투에서 21박 22일, 리스보아에서 8박 9일, 총 29박 30일간의 '포르투갈 한 달 살기'를 무사히 마쳤다. 짧지 않은 한 달이라는 시간 동안 포르투와 리스보아로 대표되는 도시의 계절과 거리들, 그리고 현지의 문화와 음식들을 경험하며 가능한 한 그들의 일상에 동화되는 '살기에 방점'을 찍는 여행을 체험해 보고자 노력했다. 하지만 늘 부지런하고 열심히 살아야 한다고 믿어 온 평범한 나는, 이번 한 달간의 여행을 통해 포르투갈의 느긋한 삶의 리듬을 조금이나마 체득해 보려 했지만, 결국은 그 느긋함의 한 자락만을 간신히 맛볼 수 있었을 뿐이었다. 특히, 일정이 상대적으로 짧았던 리스보아에서는 바쁜 일정에 쫓겨 기대했던 여유로움을 충분히 만끽하지 못했다. 그럼에도 불구하고, 이번 여행이 '한 달 살기'의 의미를 잘 담은 소중한 경험이었다는 사실을 부인하고 싶지는 않다. 비록 공원이나 해변 벤치에 앉아 책을 읽으며 사색에 잠길 여유는 없었지만, 동네 마켓에서 장을 보고 숙소에서 저녁을 차려 먹으며, 아내와 마주 앉아 식사를 하고, 다음 날 일정을 함께 계획하는 그런 일상 속에서 소박한 삶의 기쁨을 충분히 느낄 수 있었다. 다음 번 새로운 곳에서의 '한 달 살기'는 조금 더 느긋하고, 조금 더 여유롭고, 조금 더 평범한 여행이 되길 기대해 본다.

나는 아직도 포르투갈의 숨겨진 곳들에 대한 갈망이 가득하다. 언젠가 다시 그 땅을 밟을 수 있을지는 알 수 없지만, 지금의 나는 기억의 서랍 속에 간직한 소중한 포르투갈의 기억들을 하나하나 꺼내어 정성스럽게 되새겨 보려 한다. 그 기억들은 마치 흐르는 강물 속에 반짝이는 별처럼, 영원히 내 마음 한 구석에서 빛나고 있다. 벌써 몇 번을 거닐었던 동 루이스 1세 다리와 낭만적인 포르투의 야경이 눈에 선하고 황금빛 물살의 도루강과 붉은 지봉의 마을 풍경이 뇌리를 스친다.

해안길을 걸으며 마주한 대서양의 푸른 바다와 햇살이 어우러진 풍경은 오랫동안 잊히지 않을 추억의 한 장면이다. 이제는 파도처럼 밀려오는 추억의 조각들을 하나하나 주워 담으며 다시 여행의 첫 장을 펼쳐 보려 한다. 그 조각들은 고요한 바다 속의 숨결처럼 내 안에 머무르며, 언젠가 또다시 나를 그곳으로 이끌어 줄 것이다.

포르투갈에서 보낸 한 달의 시간은, 삶의 페이지 사이에 조심스레 끼워 둔 북마크처럼 오래도록 기억될 소중한 여정이었다. 그 시간을 글로 옮기기란 결코 쉬운 일이 아니었다. 부족한 필력이 때로는 기억을 온전히 담아내지 못해 아쉬움이 컸고, 문장과 문장 사이에서 망설이기를 반복했다.

우리가 포르투갈에서 경험한 장면들은 누군가에게는 평범한 스냅샷일지 모른다. 그러나 그 일상의 결이 만들어 낸 순간들은 우리에게는 무엇과도 바꿀 수 없는 찬란한 기억이었다. 이 작은 기록이 언젠가 '한 달 살기'를 꿈꾸는 누군가에게 따뜻한 영감이 되기를, 그리고 그 길 위에 서 있는 기분을 조금이나마 느끼게 해 주기를 바란다.

이 여정의 끝자락에서, 우리의 여행길에 등불이 되어 준 여러 포르투갈 여행서의 저자들께 감사드리며, 무엇보다도 이 모든 여정을 함께 하며 그날의 햇살과 바람, 웃음과 침묵을 함께 나눈 아내에게 깊은 애정과 진심 어린 고마움을 전한다. 아울러 이 책이 세상에 닿을 수 있도록 다방면에서 힘을 보태 준 사랑하는 두 딸에게도 고개 숙여 감사의 마음을 바친다.

이제 이 책을 덮으며, 가끔은 기억의 서랍을 열어 그때의 풍경을 살며시 꺼내어 보고 싶다. 어둠 속에 피어난 황홀한 포르투의 야경, 석양 아래 반짝이던 붉은 지붕들, 바닷바람을 타고 흐르던 테주강의 물결. 그 순간들이 여전히 내 안에서 조용히 숨 쉬고 있음을 느끼며, 나는 오늘도 그리움이라는 또 다른 여행을 조용히 시작하려 한다.

작가 인터뷰

이 책을 출간하게 된 계기는 무엇인가요?

퇴직 후 인생 1막을 마무리하면서 새로운 영감과 위로가 필요했어요. 단순한 여행보다는 낯선 땅의 숨결을 온전히 느껴보고 싶어서 한 달 살기를 계획하게 되었죠. 포르투갈을 택한 가장 큰 이유는 오래전부터 더 이상 이어질 수 없는 땅끝에 대한 막연한 끌림과 동경 때문이었어요.

산티아고 순례를 갔을 때는 영상으로 기록을 남겼었어요. 길 위의 순간은 금방 흘러가 버리니까 그 순간을 그대로 잡아두려면 영상이 유용했어요. 하지만 포르투갈 한 달 살기는 여행이 아니라 '살아보기'였잖아요. 하루하루 살다 보니까 작은 순간들이 쌓이고, 생각이 번져 나가고, 감정이 깊어지더라고요. 제 안에 천천히 자리 잡은 울림을 담아내려면 '글'이라야 했어요. 여행 중 간단히 써두었던 메모나 문장을 보면서 회상하다 보면 당시에는 생각지 못한 것들도 많이 떠올랐어요. 책을 쓰는 과정 자체가 또 한 번의 여행이었던 거죠. 저의 여정이 독자들에게는 잠시 멈추어 서서 자신만의 길을 돌아보게 하는 작은 쉼표가 되면 좋겠어요.

책 제목 '세상의 끝, 포르투갈의 숨결'에는 어떤 의미가 담겨 있나요?

포르투갈이 유럽의 서쪽 끝, 대서양을 마주한 나라잖아요. 리스보아에서 바라본 대서양은 정말 '더 이상 갈 수 없는 끝'이었지만, 이상하게도 그 너머로 뭔가 더 있는 것처럼 느껴졌어요. 마치 새로운 세상이 열리는 문 같았죠. 대항해 시대의 수많은 선원이 새로운 세상을 향해 나아갔던 출발점이기도 하고요. 은퇴 후 새로운 챕터를 여는 제 인생 시기와도 맞물리는 지점이 있었어요. 그래서 제목에 '세상의 끝'이라는 표현을 썼어요. 또, 제가 그곳에서 느낀 일상의 공기, 사람들의 온기, 역사와 풍경은 단순한 여행 경험과는 분명 달랐거든요. 삶의 끝에서 '숨결'이 다시금 제 안에 은은하게 스며드는 듯한 시간이었죠. 이런 의미들을 담아 '세상의 끝, 포르투갈의 숨결'이라는 제목을 지었어요.

많은 이들의 로망인 산티아고 순례와 포르투갈 한 달 살기를 모두 경험하셨어요. 각각의 소회를 나눠주신다면요.

짧게 표현하자면, 산티아고 순례길은 '비움'이었고, 포르투갈 한 달 살기는 '채움'이었어요. 산티아고 순례는 하루하루 발걸음으로만 시간을 쌓아 올리는 경험이었어요. 불필요한 게 다 떨어져 나간 후 마주한 건 '나 자신'이었죠. 그야말로 영혼을 다지는 시간이었어요. 포르투갈 한 달 살기는 좀 달랐어요. '살아본다'는 감각이 참 특별했어요. 동네 주민처럼 장을 보고, 같은 카페에 앉아 커피를 마시고, 매일 같은 골목을 걸었죠. 그 나라가 제 안에 들어오는 느낌이었달까요. 내면의 허기가 채워지고 풍요로워지는 시간이었어요.

한 달 살기 준비는 어떤 기준을 가지고 하셨나요?

이번 한 달 살기 준비의 기준은 '정보, 유연성, 생활성, 안전' 네 가지였어요. 첫째, 정보는 믿을 만한 출처로 폭넓게 모았어요. 포르투와 리스보아의 역사, 문화, 교통, 날씨까지 사전 조사를 하고, 실제 동선과 체류 리듬을 미리 그려봤죠. 둘째, 유연성을 최우선으로 했어요. 매일의 상세 일정을 정하지는 않았고, 크게 들러봐야 할 곳들 위주로 흐름만 잡았어요. 순례길과 근교 도시 방문은 그날그날의 날씨와 컨디션에 맞춰 탄력적으로 조정했어요. 셋째, 머물 수 있는 생활성에 초점을 두었어요. 주방과 세탁이 가능한 아파트형 숙소, 마트와 시장, 역과의 도보 접근성, 조식 제공 여부가 핵심 조건이었죠. 넷째, 치안과 안전이었어요. 포르투와 리스보아 모두 유럽 내에서 비교적 안전한 도시로 평가되지만, 관광객이 많은 지역에서는 소매치기 같은 사소한 위험이 늘 존재하잖아요. 그래서 숙소를 정할 때도 밤늦게 도보 이동이 안전한가, 조용하면서도 중심지와 가까운지를 중요한 기준으로 삼았어요. 큰 틀로 보자면, '많이 정하되 너무 촘촘히는 정하지 않는 것', 그리고 '살아보듯 머물 준비'가 이번 계획의 핵심 기준이었어요.

가장 인상 깊었던 일화를 나눠주신다면요.

리스보아의 낯선 길 위에서 구글맵을 보고 있던 저와 아내를 보고 한 노신사가 먼저 말을 건 적이 있어요. 어딜 가냐고 묻더니 트램을 타고 가면 된다면서 저희를 역까지 데려다 주셨죠. 그것만으로도 무척 감사한 일인데, 그분이 트램이 출발할 때까지 같은 자리에 서서 묵묵히 지켜보고 계시는 거예요. 그 친절함에 마음이 찡해지더라고요. 한 달 살기 동안 얻은 가장 큰 선물 같은 기억이에요.

또 하나는 포르투갈 해안 순례길을 걷던 중 이스포젠드에서 만난 다정다감한 스페인 부부와의 만남이었어요. 저희에게 산티아고 순례길의 북쪽 길(Camino del Norte)을 꼭 걸어보라며 권유해 주었는데요. 그때의 따뜻한 조언과 진심 어린 눈빛이 마음에 오래 남았어요. 이번 9월 중순에 실제로 북쪽 길을 걸을 계획인데요. 우연한 만남이 훗날의 여정을 결정지은 계기가 되었다는 게 참 특별하게 느껴져요.

포르투갈을 떠올릴 때 가장 그리운 '맛'은 무엇인가요?

신선한 해산물로 조리한 해물밥과 문어 요리가 제일 그리워요. 포르투갈식 페이스트리인 '파스텔 드 나타'와 포르투 와인, 올리브 오일로 풍미를 더한 간단한 요리들도 아른거리네요. 단순하지만 재료의 맛과 향이 살아 있는 음식이 참 많았거든요. 한 끼 식사만으로도 그곳의 일상과 바다의 기운을 동시에 느낄 수 있었죠.

한 달 살기 중 제일 힘들었던 점은 무엇이었나요?

여행 초반에는 시차와 피로 때문에 가장 힘들었어요. 처음 사나흘 동안은 숙면을 취하지 못했죠. 또한 포르투에 체류하는 동안 사흘간의 해안 순례길에서는 마지막에 무릎에 문제가 생겨 제대로 걷지 못하고 며칠간 고생하기도

했어요. 하지만 이런 어려움도 여행의 일부라고 봐요. 스스로 몸 상태를 살피면서 일정을 유연하게 조정하는 과정도 의미가 있었다고 생각해요.

만약 일주일 정도 짧게 다시 포르투갈을 여행한다면, 꼭 다시 찾고 싶은 곳은 어디인가요?

단연 '포르투'예요. 도루 강변의 풍경과 히베이라 지구의 역사적인 건물들, 매혹적인 포르투의 야경 그리고 골목골목 숨어 있는 카페와 맛집들까지, 하루만 돌아보아도 그 매력을 충분히 느낄 수 있는 도시였어요. 물론 리스보아의 알파마 지역이나 벨렝 지구도 좋았는데요. 짧은 일정이라면 포르투에서 느꼈던 여유와 색채, 강변 산책의 즐거움을 다시 경험하고 싶어요.

여행이 아닌 '살기'에 방점을 둔 이번 여정을 통해 얻게 된 색다른 영감이나 깨달음이 있으신가요?

한 달 동안 포르투갈에서 살면서 현지인들의 일상과 삶의 리듬을 직접 느꼈는데요. 자연스럽게 스며드는 도시의 소리와 냄새를 체험하면서 짧은 여행으로는 알 수 없었던 '진짜 삶의 풍경'을 관찰할 수 있었어요. 사소한 순간을 온전히 누릴 때 느껴지는 '감사함'이 곧 새로운 영감이었던 것 같아요. 평소에는 느끼지 못했던 감정들도 참 많이 느꼈고요.

한국의 일상으로 돌아왔을 때 가장 먼저 어떤 감정이 드셨나요?

아쉬움이었어요. 작년 11월 말쯤 들어왔는데 한국의 공기가 어찌나 차갑던지, 포르투갈의 온기가 그립더라고요. 한 달 동안 느꼈던 포르투갈의 느긋한 삶의 리듬과 거리의 소리, 시장과 카페에서 마주한 사람들의 모습 하나하나가 참 소중하게 느껴졌죠. 한국에 돌아와서도 그 여유로운 감각을 잊지 않고 이어가고 싶었어요. 삶을 여행하듯 살면 참 좋겠다는 생각도 하게 됐고요.

앞으로 도전하고 싶은 새로운 목표나 버킷 리스트가 있으신가요?

세계 각지에서 머무르면서 그곳의 일상과 문화를 직접 체험하고 기록하는 '한 달 살기 프로젝트'를 이어가고 싶어요. 특히 아테네나 피렌체처럼 역사와 예술이 살아 숨 쉬는 도시를 거점으로 하루하루를 살아보는 게 제 버킷 리스트예요. 또, 한 달 이상 소요되는 장거리 코스를 트레킹하며 자신을 되돌아보는 '비움의 여행'도 해 볼 계획이에요. 그 안에서 발견한 소소한 감정과 영감들은 글과 영상으로 남겨보려고 해요.

한 달 살기를 꿈꾸는 독자들에게 꼭 해주고 싶은 조언이 있다면요.

'관광'에서 탈피하세요. 저도 이번이 첫 한 달 살기 도전이었는데, 당초 목표했던 '살기' 경험이 충분하지 않았던 게 제일 아쉬웠어요. 너무 세세한 일정을 촘촘하게 짜기보다는 여유와 느림을 즐겨보셨으면 좋겠어요. 현지의 문화와 사람들을 직접 느끼고, 작은 변화에도 마음을 열면 한 달 동안의 생활이 단순한 여행을 넘어 훨씬 깊은 경험으로 남을 거예요.

인생의 새로운 챕터를 준비하는 은퇴한 독자들에게도 한 말씀해 주세요.

나이가 아니라, 마음가짐이 새로운 챕터를 여는 열쇠라고 생각해요. 은퇴는 끝이 아니라 새로운 시작이에요. 그동안 일과 책임에 쫓겨 미뤄두었던 꿈과 호기심을 마음껏 펼쳐보세요. 뭐부터 할지 잘 모르겠다면, '한 달 살기'처럼 작은 도전부터 해보시기를 권해요. 새로운 환경에서 경험하고 느끼는 모든 순간이 삶에 활력을 불어넣고, 자신만의 이야기를 만들어 줄 거예요.

작가 홈페이지

세상의 끝, 포르투갈의 숨결
낯선 도시에서 발견한 새로운 날들

발행일 2025년 9월 18일

지은이 고경일
펴낸이 마형민
기획 강채영
편집 곽하늘 강채영 김예은
디자인 김안석 표진아
펴낸곳 주식회사 페스트북
홈페이지 festbook.co.kr
편집부 경기도 안양시 동안구 관악대로 488

ⓒ 고경일 2025

ISBN 979-11-6929-889-6 03810
값 19,000원

* 이 책은 저작권법에 의해 보호를 받는 저작물이므로 무단 전재와 무단 복제를 금합니다.
* 페스트북은 작가중심주의를 고수합니다. 누구나 인생의 새로운 챕터를 쓰도록 돕습니다.
  creative@festbook.co.kr로 자신만의 목소리를 보내주세요.